城乡均衡

县域经济产业化与
城乡发展一体化之路

朱云◎著

Urban rural balance

the path of industrialization of
county-level economy and integration of
urban and rural development

中国社会科学出版社

图书在版编目（CIP）数据

城乡均衡：县域经济产业化与城乡发展一体化之路 /
朱云著. -- 北京 ： 中国社会科学出版社，2024. 9.
ISBN 978-7-5227-4347-9

Ⅰ．F127；F299. 21

中国国家版本馆 CIP 数据核字第 2024NN6058 号

出 版 人	赵剑英	
责任编辑	郭 鹏　马 明	
责任校对	高 俐	
责任印制	李寡寡	

出　　　版	中国社会科学出版社	
社　　　址	北京鼓楼西大街甲 158 号	
邮　　　编	100720	
网　　　址	http://www.csspw.cn	
发 行 部	010-84083685	
门 市 部	010-84029450	
经　　　销	新华书店及其他书店	

印　　　刷	北京明恒达印务有限公司	
装　　　订	廊坊市广阳区广增装订厂	
版　　　次	2024 年 9 月第 1 版	
印　　　次	2024 年 9 月第 1 次印刷	

开　　　本	710×1000　1/16	
印　　　张	16	
插　　　页	2	
字　　　数	238 千字	
定　　　价	89.00 元	

序

县域经济社会发展是观察中国内生经济活力的一个重要窗口，其中对县域产业社会的研究是学界和政界极为关注的主题。新时代中国县域经济高质量发展离不开产业经济的支撑，面对新的复杂生产关系，中国产业经济亟需新的生产力理论作为指导。以此来看，产业政策能否促进经济高质量发展取决于它在增长与发展的过程中能否改善社会生产关系。构建县域产业经济与社会的良性循环系统应该首先把注意力放在经济政策怎样改善社会生产关系上而非单纯的经济发展结果上。而要做到这一点，需要从历史唯物主义角度看我国县域产业发展的根本基础和最大优势。

20世纪八九十年代，笔者在中国接受教育后赴美国留学，这一阶段恰好与中国改革开放相交融，为我从国外学界观察中国经济发展模式提供了重要的田野场域。在美国留学的这段经历，我观察到，许多研究把西方经济学的比较优势理论视为中国经济发展模式的一个指导理论。一方面，它们认为中国"人口红利"与西方资本、技术的结合是改革取得经济发展成就的主要原因。另一方面，它们以此为据进行历史反证，指出新中国头30年经济发展模式和指导理论的重大错误之一是没有在这个理论指导下以中国的"人口红利"与西方国家开展贸易关系，结果经济发展缓慢、国家贫困落后。这两个方面观点汇集而成的综合认识、概念和思想方法，以及对西方经济学比较优势理论的"伟大"之崇拜、正确之渲染，不仅对中国学界、教育界，而且对思想界甚至一些政策制定都产生了巨大影响。而这一"西学东渐"却在理论上忽略了其西方经济学的制度基础，在方法论上忽略了其"封闭系统"的局限性和价值观本质，从而在中国经济发展模式和指导理论等问题的分析上，呈现出教条主义和形而上学特征。首先，西方经济学是以西方资本主义经济制度为基础，以在这个基础上几百年发展而形成的市场机制为范畴，以这个基础、范畴里的宏微观行为、现象、关系特征、发展规律为对象，并由诸多流派所构成的知识体系。而比较优势理论只是西方经济学诸多流派中的诸多国际贸易理论中的一个用以论证国际贸易关系合理性的一个解释性、概念性理论。但它被视为中国改革发展模式的指导理论并产生"划时代"影响，却是西方经济学（家）始料不及的。其次，根据这些推崇比较优势的观点、思想方法和逻辑曲线，中国是人口大国，劳动力众多，"人口红利"就应该成为其经济发展模式的实践和理论依据。但劳动力众多、廉价、过剩本身是李嘉图理论所确立、界定的"比较优势"吗？赫克歇尔－俄林－萨缪尔森的 H－O－S 要素禀赋理论（Heckscher－Ohlin－Samuelsontheory of factor endowments）基于要素禀赋的比较优势理论是指任何条件下、任何性质的劳动力吗？中国的改革发展是依靠这种所谓的劳动力众多、廉价、过剩的"比较优势"来成功的吗？如果真的如此，许多发展中国家都存在劳动力众多、廉价并与西方资本和技术发生各种方式的结合，岂不都应该取得经济发展的成功吗？

我在获取美国终身教授和正教授后，又返回中国大学从事科研工作，中美两国科研生活经历使我对不同社会、经济发展模式的有了一个认识与再认识积累，大量的研究集中于从经济学科学性的方法论角度探索中国本土经济学构建问题，从方法论角度分析自然科学与社会科学的研究对象、范式、方法、价值观属性，比较它们的异同，论证社会科学（如经济学）的研究对象不具有自然科学研究对象那样的统一性、同质性、相对稳定性、时空条件一致性属性，而且价值观可以对方法论的任何一个方面产生影响。因此，西方经济学既不"普适"也不"中性"。不仅西方经济学与资本主义社会、经济制度的价值观"有涉"，而且世界上从来不存在"与价值观无涉"的经济学。其次，西方经济学基于"理性主义""经济人"方法论思想抽象出研究对象的"同质性"特征，以证实自身理论的"普适"与"中性"。然而这种"同质性"只限于对西方市场现实的假设且以资本利益最大化为前提。这就是我提出构建中国本土经济学的原始出发点。

朱云博士这本著作聚焦于不同产业基础的乡村社会农民城镇化实践问题，他在走访调研过程中看到存在不同区域、不同乡情的部分乡村通过发展乡村产业，创造出经济空间和就业机会，解决了乡村社会剩余劳动力就业的问题，并吸纳了青壮年劳动力的回流，实现了农民可"城"可"乡"的协调式发展的城镇化，农民既能够在县城买房，又可以在具有产业基础的县乡社会中找到务工机会，实现安居在城的城镇化生活。这是其探索县域长期经济增长课题的有益尝试，书中涵盖了不同县域类型在探索产业发展与城乡融合过程中的实践样态和学理思考，其中蕴涵的中国本土经济学机理是他今后持续关注县域产业研究的富矿！

是为序。

龙斧教授
2024 年 3 月 14 日

目　录

第一章 导论

第一节 引言

　　城镇化,作为城乡社会结构的重要转型,长期以来连接着城乡社会两端,是基层社会现代化的重要指标。第七次全国人口普查显示,2020 年全国流动人口 3.7582 亿人,与 2010 年相比,流动人口规模增加 1.5439 亿人;2020 年由农村向城市流动的人口为 2.49 亿人,占全部流动人口的 66.26%,比 2010 年提高 3.06%。乡村长期的、大规模的高素质青壮年劳动力流出,使部分乡村面临空心化、产业凋零、老龄化严重等困境[①],造成了广大中西部地区部分乡村经济资源、人口结构、地理空间结构的空心化趋势,呈现出去产业化的社会特征。城镇社会由于人口承载量的增加,显现了一些社会问题,如失业、高消费、农民社会负担增加[②]。当前,我国正处于推进城乡一体化和提升乡村发展能力的重要时期,城镇化发展质量直接关乎国家经济发展成果在乡村的共享程度与社会发展水平的现代化。正如有学者指出,"城镇化是城乡发展转型的主导驱动力,正在日益凸显其协调城乡关系的引领作用"[③]。乡村社会结构的深刻转型具有牵一发而动全身的影响。那么,乡村社会向城镇社会流变过程中,农民城镇化受到什么因素影响呢?不同区域的乡村县域城镇化是否有城镇化实践模

---

① 何颖、刘洪:《乡村振兴战略背景下劳动力回流机制与引导对策》,《云南民族大学学报》(哲学社会科学版) 2020 年第 5 期。

② 任浩琦:《浅谈"空心村"现象及其发展构想》,《建筑与文化》2022 年第 3 期。

③ 刘彦随、杨忍:《中国县域城镇化的空间特征与形成机理》,《地理学报》2012 年第 8 期。

1

式的差异？我国农民城镇化的内在逻辑是什么？换句话说，农民县域城镇化呈现怎样的实践状态呢？

因而，如何理解新时期的城镇化战略，它对乡村社会发展乃至国家现代化转型产生怎样的影响，就构成了重要的学术研究议题。改革开放四十多年来，我国城镇化速度和规模均处于较高水平。然而，与城镇化发展在量上日新月异相对应的却是城镇化质量有限、城乡差距和农民生活水平提升的难题①。

中国共产党第十九届中央委员会第五次全体会议提出，要培育新技术、新产品、新业态、新模式，并要加快发展现代产业体系，推动经济体系优化升级，推进以人为核心的新型城镇化，在政策层面印证了乡村产业与农民城镇化实践的关联。近日，中共中央办公厅、国务院办公厅出台《关于推进以县城为重要载体的城镇化建设的意见》（下称《意见》），系统提出县城建设的目标和任务，凸显了推进以县城为重要载体的城镇化建设在城镇化战略中的独特地位和作用。《意见》出台意味着，今后几年甚至更长一段时间，县城将成为城镇化的主战场，这必将影响中国现代化的进程。因此，准确定位县城建设和县域城镇化十分重要②。《国家新型城镇化规划（2014—2020年）》中明确了我国新型城镇化的发展路径、主要目标和战略任务，提出以产业为抓手实现新型城镇化的路径③，围绕产业结构调整合理调配城镇化背景下的城乡经济资源、人口结构和地理空间结构，以减轻农民负担，提供均等化的城乡公共服务，从而实现人的城镇化目标。然而，以产业协调发展推动城乡一体化的高质量城镇化建设与不同产业基础的乡村社会类型之间存有一定张力，乡村产业基础对经济社会产生最直接的关联，并最终通过农民城镇化实践的差异凸显出来。基于此，产业发展与农民县域城镇化之间有何关联呢？不同产业基础的乡村县域城镇化对农民家庭又有何影响？又要如何构建农民县域城镇化

---

① 王长江：《乡村振兴战略研究中应避免的若干"误区"——基于现代化视角的思考》，《云南民族大学学报》（哲学社会科学版）2020年第1期。

② 吕德文：《县域城镇化如何服务乡村振兴》，《乡村振兴》2022年第6期。

③ 马骏、童中贤、杨盛海：《我国县域新型城镇化推进模式研究——以湖南省域71县为例》，《求索》2016年第4期。

背景下的均衡性城乡关系？这成为本书的问题起源，在反复探索和通过对县域城镇化、乡村社会农民家庭现代化转型等问题进行研究的基础上，最终聚焦于"不同产业基础的乡村社会农民城镇化实践"这一学术问题上。

在城乡二元体制下，持经济理性主义发展观的学者认为，围绕劳动力价格、技术和专业分工等市场要素展开的产业竞争，与乡村产业发展条件相比，处在经济发展上游的城市市场具有生产要素、需求条件、相关和支持性产业及企业战略、结构和同业竞争的资源优势、成本优势、创新优势、市场优势和扩张优势①，乡村产业面临上游市场的强大竞争和城镇化进程挤压下的弱化优势，乡村产业发展陷入空心化危机，导致产业空壳化的乡村无法维持农民完整性的家庭生活，不得不跳脱县域—乡村的生活空间，而进入并不具有稳定性的大城市务工。乡村塌陷论带来的乡村产业空心化危机似乎是社会定律。然而，事实真是如此吗？从全国人口流动情况看，乡村向城市的人口流动仍然是不可逆的趋势，突出表现在城市对乡村人口吸附在规模和速度上均处在增长状态。按此推论，县城人口流失也会相当严重，但与此相反的是，近几年少数县城的人口数量不减反增，如山东省菏泽市东明县和郓城县、四川省眉山市彭山县（区）和丹棱县、安徽省亳州市利辛县和蒙城县、安徽省阜阳市临泉县、江西省赣州市南康县等②。第七次全国人口普查数据显示，乡村人口总数占到全国人口的36.11%。这些事实均说明，县城已经成为农民实现城镇化目标的一种选择，相比离土又离乡的异地大城市，县域城镇化承载着乡村社会内在的发展活力，对于疏解大城市公共服务体系供给压力和通过发展县域经济带动乡村发展具有重要的现实意义。

笔者在中西部多个县城调研时发现，农民进城买房多数是奔着完成子代婚姻和让第三代享受更优质的教育资源的目的，却因为县城产

---

① 郑胜利、周丽群、朱有国：《论产业集群的竞争优势》，《当代经济研究》2004年第3期。

② 吴重庆：《超越"空心化"：内发型发展视角下的县域城乡流动》，《南京农业大学学报》（社会科学版）2021年第6期。

业基础不足，难以落脚县城，"县城买房，十年只住十五天"① 引起了普遍共鸣。这不禁令笔者思考，"鬼城" 就是人们要的城镇化？显然不是。

人力资本外流、劳动力结构断层、资金实力不足、技术落后等，此类现实问题构成了大部分中西部乡村地区产业发展现状的缩影，这些比较一致的评价为乡村贴上了经济洼地性质的标签，乡村成为产业发展空间中的 "塌陷区"，以至于得出乡村资源枯竭导致农民城镇化这一总体判断。相关研究表明，我国农村社会老年人中有超过半数仍然在从事农业生产，主要分布在 60—74 岁年龄段，即无论是低龄老人还是高龄老人，都有相当一部分比例的人在从事农业生产②，也就是说，农村留守老人和妇女成了农业生产的主力军。另外，农村的青壮年劳动力外出务工，生活习性的城镇化淡化了这部分群体的返乡意愿。有关统计数据表明，在新一代农民工中，20—30 岁的接近 40% 没有承包地，其中没有宅基地的约占 35%，有意愿返乡定居生活的新一代农民工不到 10%。乡村空心化的不可逆趋势给乡村产业发展环境带来了挑战。诸如产业技术、产业发展所需要的经济支持和及时的信息资源等难以在乡村长期稳定存在，导致了乡村产业的空心化状态。城镇化加速了人口快速流动，使农村传统产业（即农业）的生产效益低下，导致部分农民选择放弃耕种现有土地而外出打工，传统农业逐渐衰退。尤为重要的是，大部分中西部乡村地区没有发展现代化农业的资源条件，留守乡村的农民不仅无法依靠农业维持生计，而且在非农化就业体系缺位的情况下无法获得足够经济收入③。乡村产业空心化限制了农民家庭劳动力资源灵活调配的空间，加剧了农村劳动力价值低水平的现实困境，形成产业空心化—劳动力价值难以实

---

① 详情参见刘超《县城买房，十年只住十五天》，头条新闻，https://weibo.com/ttar-ticle/p/show? id=2309404775602149524584，最后访问时间：2022 年 6 月 1 日。

② 陈家喜、刘王裔：《我国农村空心化的生成形态与治理路径》，《中州学刊》2012 年第 5 期。

③ 刘永飞、徐孝昶、许佳君：《断裂与重构：农村的 "空心化" 到 "产业化"》，《南京农业大学学报》（社会科学版）2014 年第 3 期。

现—农村资本无法积累—产业空壳化—县域城镇化低质量的恶性循环①，农民背井离乡进入大城市务工成为常态，即使在县城买房也难以安居于县城，从而形成一种低质量的城镇化。

根据一项对全国产业结构的相关调查数据，在大量人口向城镇社会流动的背景下，乡村地区从事农业生产的人口仅占乡村人口数量的33%左右，这部分群体文化水平普遍偏低，年龄普遍偏大，50岁以上的农民达到50%以上，并且多数以分散、低成本投入为主，因此，多数农民家庭的劳动力只能选择进城打工以增加经济收入。其中，从事二、三产业的人口中，部分去往大城市异地务工，部分则由于乡村地区工业发展而留守县域范围内，由此，中国形成了不同乡村地区产业基础的区域差异，造成了不同乡村社会农民城镇化的实践差异——包括劳动力配置方式、城乡空间形态和产业支撑方式等方面的差异——而呈现出不同的农民城镇化样态，并且倒逼农民家庭调试进城策略以实现城镇化目标。

笔者在调研过程中发现，存在不同区域、不同乡情的部分乡村通过发展乡村产业，创造出经济空间和就业机会，解决了乡村社会剩余劳动力就业的问题，并吸纳了青壮年劳动力的回流，实现了农民可"城"可"乡"的协调式发展的城镇化，农民既能够在县城买房，又可以在具有产业基础的县乡社会中找到务工机会，实现安居在城的城镇化生活。这部分乡村实现了劳动力回流与乡村产业发展的双效循环互动，最终推动了城乡融合发展。

既有的乡村城镇化研究将注意力更多集中于符号意义较重的两类乡村：一类是专业镇；一类是特色小镇。笔者尝试以"乡村产业""城镇化"等关键词查阅 CNKI 数据库发现，专门研究专业镇和特色产业小镇的文章数量可以占到83.3%。这两类乡村的城镇化进程，其共同点在于政策环境红利影响和强大资源的集中打造，特殊性不言而喻。因此，专业镇的产业和特色小镇的城镇化难以扩大化到认识县域城镇化的普遍情况，即不具有一般性和代表性。相比较于这一类超

---

① 许佳君、孙安琪：《农村空心化背景下乡村文化治理困境及对策研究》，《湖北农业科学》2020 年第 19 期。

级乡村，占全国数量绝大多数的普通型乡村资源不足、技术设备缺乏、劳动力流失，县域城镇化面临巨大考验。以这些乡村为主体，2020年全国农村居民人均可支配收入17131.5元，如果以低收入户人均可支配收入为100元，那么在农村居民中的高收入户、中等偏上收入户、中等收入户、中等偏下收入户人均可支配收入分别为822.8元、446.1元、314.3元和222.0元，在城镇居民中的高收入户、中等偏上收入户、中等收入户、中等偏下收入户人均可支配收入分别为615.9元、352.0元、251.8元和176.3元[①]。而专业镇和特色小镇的经济发展由于资源优势占优，与城区经济发展趋同。因此，在超级乡村之外的多数乡村才具有中国乡村乡情的普遍性和代表性，也就是说，通过分析这绝大多数乡村的城镇化实践，将有可能探索出县域城镇化的一般化实践机制，并且进一步分析产业基础差异化背景下的农民县域城镇化的推进方向。需要说明的是，乡村产业发展问题绝不是单独指乡村场域的，而往往都是与县域产业相得益彰，乡村主导的产业结构，无论是农业生产还是工业生产，均是县域产业结构的延伸。具体来说，乡村地区农业发展较好的地方，其县域发展重点为农业，乡村地区工业发展较好的地方，其县域发展重点也是工业，而传统农业型乡村，其县域工业发展和农业发展均比较薄弱，产业基础较弱。

基于以上问题和调研发现，本书以不同产业基础的乡村社会城镇化为研究对象，在具体分析上，本书将考察不同产业基础的乡村农民城镇化实践，着重分析乡村产业基础对城镇化的影响，以及由此带来的县域城乡关系均衡发展问题。

概括而言，从产业基础的视角研究县域城镇化有以下两个层面的意义。

（一）理论意义

从经验的层次对农民城镇化的研究进行丰富，凸显了乡村经济社会学中的本土社会实践理论。本书以不同产业基础的乡村社会城镇化为研究对象，讨论空心化背景下，乡村产业社会对农民城镇化的影

---

① 姜长云：《新发展格局、共同富裕与乡村产业振兴》，《南京农业大学学报》（社会科学版）2022年第1期。

响，剖析产业发展中的乡村社会微观结构，力图探索农民就近城镇化的一般机制。理性选择理论作为经济理性发展观可以从经济角度看到乡村产业发展的问题，但是难免忽略人及其社会行为的结构性微观机制分析。20 世纪 90 年代，费孝通[①]提出关于乡村产业研究要逐步从"社会生态"转向社会心态的解释，即不仅要看到社会结构，还要看到人，这正是经济社会学研究更加贴近微观实践研究的开始。基于此，本书从不同产业基础的乡村社会类型中抽象归纳出产业发展与农民城镇化策略的相互作用关系，以期丰富农民城镇化的本土社会实践理论。

本书丰富了介于经济发展的一般抽象理论和具体经验性细节命题之间的乡村经济社会学理论。本书不以经济理性发展观下的乡村内部资源不足[②]这一理论假设为支撑，通过深入分析乡村社会发展产业的社会运行机制，提炼出乡村产业基础对农民县域城镇化的影响。在乡村社会现代化转型背景下，城镇化的快速发展伴随着乡村空心化，经济理性发展观下的乡村内部资源不足问题多被议论，而且希冀通过对专业镇[③]、特色小镇[④]的同类乡村城镇化路径来对其他众多乡村的城镇化发展进行一般化复制。但是纯粹从经济理性角度看，乡村在产业资源、技术、资金等方面的简单模糊论断，难免遮蔽乡村产业基础与农民城镇化行为之间的关联。本书始终围绕不同产业基础的乡村社会形塑的城镇化实践展开研究，并且进一步分析县域城镇化要如何平衡城乡经济社会发展，实现城乡融合。

以不同产业基础的乡村社会农民城镇化为研究对象，分析产业基础与城镇化实践路径两者之间的互动。一方面，研究不同产业背景下的乡村社会类型差异，丰富对基层现代化转型中的乡村社会结构

① 费孝通：《个人·群体·社会——一生学术历程的自我思考》，《北京大学学报》（哲学社会科学版）1994 年第 1 期。

② 洪秀敏、杜海军、张明珠：《乡村振兴战略背景下幼儿园教师队伍建设"中部塌陷"的审思与治理》，《华中师范大学学报》（人文社会科学版）2021 年第 2 期。

③ 石忆邵：《专业镇：中国小城镇发展的特色之路》，《城市规划》2003 年第 7 期。

④ 盛世豪、张伟明：《特色小镇：一种产业空间组织形式》，《浙江社会科学》2016 年第 3 期。

的认识；另一方面，在大多数关于农民城镇化的研究中，乡村社会产业发展的支撑性作用和农民家庭的主体性容易被掩盖。乡村社会结构的微观运行机制构成了农民家庭城镇化和现代化转型的动力来源，充分证明了中国农民以家庭为经济实践单元的韧性空间和生活制度能够持续为中国乡村社会转型提供基础性经济支撑。

（二）实践意义

第一，研究不同产业基础的乡村社会农民城镇化实践，探讨基层社会转型中的城乡协调发展路径。首先，城镇化过程中的乡村定位问题。在高速城镇化背景下，农民工进城务工仅实现了就业谋生的城镇化，但是未能在城镇定居，乡村的经济功能可以为农民在城务工受阻之后保有退路，还可以解决剩余劳动力就业。其次，产业发展过程中的乡村定位问题。在市场化进程中，乡村产业空间受到城区产业经济的挤压陷入空心化危局，然而，数据表明乡村社会仍有相当部分人口，探索乡村产业发展与城镇化的关联将为空心化、落后乡村提供经济社会发展的借鉴。最后，基层治理现代化进程中的乡村定位问题。推动城乡一体化的目的是实现"人的城镇化"，乡村社会是中国农民的退路，农民的根在乡村，要实现城乡融合发展和让所有人共享改革发展成果就要注重乡村社会的公共服务建设，逐步推动城乡公共服务均等化发展，吸纳青壮年回乡，推动乡村振兴发展。

第二，产业振兴的政策背景下，对县域产业发展与城乡经济—社会关系的互动机制进行研判，对于不同产业基础的乡村社会规划和发展具有较强的实践参考价值。首先，乡村产业发展与农民就近城镇化之间的关联性为我们提供了一种深化乡村经济空间的思路，其实践路径和带来的综合效益具有很强的借鉴意义。为了推动乡村建设与发展，国家提出"产业兴旺、生态宜居、乡风文明、治理有效、生活富裕"战略方针，其中，产业兴旺是基础，只有维系和巩固乡村产业基础，乡村经济才能有发展，并以此支撑农民城镇化目标，推动乡村振兴和县域经济发展。否则，没有产业基础支撑，乡村社会人口流失将进一步加速，经济—社会生态系统难以维系，造成乡村社会衰退[①]。

---

① 孔祥智：《产业兴旺是乡村振兴的基础》，《农村金融研究》2018 年第 2 期。

这充分认可了乡村产业发展的重要性，以及振兴乡村的现实意义。其次，发展乡村产业是充分激活和利用内生资源的实践模式，证明了乡村社会内部经济空间的巨大活力，解决了乡村社会剩余劳动力就业，吸引了外流劳动力的回归，提供了建设完整型乡村社会秩序，促进城乡融合发展的可能性路径。尤其是在当前城乡一体化和共同富裕要求下，乡村产业发展对于提升农民收入水平，缩小城乡差距，建设均等化城乡公共服务体系具有重大现实意义。

第二节 既有研究爬梳

城镇化研究是多重学科关注的重点命题，其问题域关乎城镇和乡村两个重要场域。在这两个载体中，城镇是具备优质的公共服务体系的一端，乡村则是面临公共服务体系升级的一端，两个端口的推拉力作用促进了城乡之间的流动，其中最为显著的是农民群体的城镇化融入。在学术研究中，众多学者关注到了这种伴随着人类社会发展变迁而进行的乡村社会向城乡社会转型的城镇化现象。

从1760年工业革命推动城镇化的兴起，城镇化的发展程度无不与一国的产业发展相联系[①]。中国国情决定了我国的城镇化道路与西方国家有显著区别，不同于西方国家工业化和城镇化的同步发展，我国的城镇化随着工业化在不同阶段的发展呈现出不同的特点。中华人民共和国成立至1978年，中国在工业化发展中采取优先发展重工业的政策，而重工业的发展并未带动这一阶段的城镇化水平的提升；1978年之后，全国的工业产业结构虽有大幅度调整，但由于工业发展的贡献主要来自乡镇企业"离土不离乡、进厂不进城"的模式，因此工业上的进步并未转化为城镇化率的大幅度提升；1994年以来，乡镇企业大量破产，倒逼地方政府改变发展模式，通过经营土地、推动城镇化来实现工业化发展，这也构成了由土地、财政、金融三个要素组成的循环机制，这个机制把我国城镇化发展定位为由资金和土地

---

① 周加来：《城市化·城镇化·农村城市化·城乡一体化——城市化概念辨析》，《中国农村经济》2001年第5期。

等要素推动的乡村社会向城市社会的变迁，认为正是由于这些要素的流动造就了日新月异的繁荣城市，有学者将其称作"三位一体"的新城镇化模式①，城镇化水平由1978年的17.92%提高到2007年的44.9%，年均增长0.90个百分点②。这一阶段的城镇化模式中，我国城镇化正在进入加速发展阶段③，然而，在这一阶段的城镇化发展过程中，许多矛盾和问题也逐渐暴露，如城镇化发展中的土地扩张规模明显快于人口城镇化的规模，而且产业结构的调整也满足不了这一阶段人口进城的生产生活问题，造成低水平城镇化与乡村建设落后等④，人口与产业相对土地和资金仅是辅助因素。

2011年，我国城镇化率达到51.27%。城镇常住人口数量首次超过农村人口数量，表明我国以乡村中国为底色的基层社会秩序开始转向以城乡中国为主流的现代化社会秩序变迁，预示着中国的经济社会和城镇化进入新阶段⑤。2012年至今，从中共十八大提出新型城镇化概念以来，如何使流动人口"落地""市民化"，如何推动一般中西部地区的农民就近城镇化，是当下城镇化发展的核心关键所在⑥。中国农村人口向城镇的集中过程实质上是中国现代化进程中面临的一场深刻的制度变迁过程⑦，最后一个阶段正好解决了前一阶段的遗留问题，三个阶段相互衔接，形成了明显的持续性发展格局和中国特色的城镇化发展道路。截至2021年末，中国常住人口城镇化率为64.72%，拥有9.14亿城镇人口，最新数据显示，2021年我国共有

① 周飞舟：《地方产业和就地就近城镇化》，《城市与环境研究》2016年第2期。

② 中华人民共和国国家统计局：《2008中国统计年鉴》，中国统计出版社2008年版，第173页。

③ Liang L. , Chen, M. & Lu, D. , "Revisiting the Relationship Between Urbanization and Economic Development in China Since the Reform and Opening – up", *Chinese Geographical Science*, 2022, 32, p. 36.

④ 彭红碧、杨峰：《新型城镇化道路的科学内涵》，《理论探索》2010年第4期。

⑤ 张占斌：《新型城镇化的战略意义和改革难题》，《国家行政学院学报》2013年第1期。

⑥ 周飞舟、吴柳财、左雯敏、李松涛：《从工业城镇化、土地城镇化到人口城镇化：中国特色城镇化道路的社会学考察》，《社会发展研究》2018年第1期。

⑦ 辜胜阻、李正友：《中国自下而上城镇化的制度分析》，《中国社会科学》1998年第2期。

2843 个县级行政单位，其中包括 1301 个县、394 个县级市、977 个市辖区、117 个自治县、49 个旗、3 个自治旗，此外还有 1 个特区和 1 个林区①，在我国城镇化发展和经济发展改革新阶段，中国已经形成以大城市为中心、中小城市为骨干、小城镇为基础的多层次的城镇体系②。正如有的学者所指出的，中国当前所经历的城镇化进程，无论是发展规模还是推进速度，在人类历史上都是没有过的③，学界关于城镇化的讨论也一直在不断丰富。

一 多元视角下的城镇化讨论

西方国家的城镇化进程是兼顾城市建设与农村改造的两头，有着较为雄厚的原始资本积累过程。与西方国家的城镇化进程，它包含着殖民掠夺其他国家的物质资源和人力资源，我国的城镇化主要依靠乡村社会内部的农业资源支持与数量众多的劳动力资源供给④。20 世纪中后期，发展中国家进入经济快速发展阶段，工业化和城镇化的飞速增长是重要标志，但是在取得巨大经济发展成就的同时也出现了高速城镇化过程中的新问题和新现象，以中国为例，在计划经济时期，赶超型战略下的"城乡二元结构"制度能够使经济资源向城市重工业集中，以户籍制度为基本制度的管理体制限制了城乡之间的人口流动和迁移，为重工业的发展创造了条件；改革开放以来，传统体制下形成的城乡二元分离局面得以存续，尤其表现在农民工城市融入权利限制问题，农民工在城市受到社会保障、义务教育、公共服务和权益保护等方面的歧视，限制了城乡之间的劳动力流动⑤。

我国的城镇化从起步至今横跨 50 多年历史，从发展速度看，

---

① 中共中央办公厅、国务院办公厅：《关于推进以县城为重要载体的城镇化建设的意见》，https://www.gov.cn，最后访问时间：2022 年 8 月 17 日。

② 林挺进、宣超：《中国新型城镇化发展报告》，北京大学出版社 2015 年版。

③ 姚士谋、张平宇、余成、李广宇、王成新：《中国新型城镇化理论与实践问题》，《地理科学》2014 年第 6 期。

④ 陆大道、姚士谋、李国平、刘慧、高晓路：《基于我国国情的城镇化过程综合分析》，《经济地理》2007 年第 6 期。

⑤ 宁薛平、文启湘：《金融中介发展与城乡收入差距——基于我国经济发展战略的经验研究》，《北京工商大学学报》（社会科学版）2011 年第 3 期。

2010 年至 2020 年的十年间我国城镇化率从 49.68% 提升到 63.89%，这个速度明显高于西方发达国家城镇化率的增长速度。回溯中国近 50 年的城镇化发展变迁过程，根据城镇化发展速度，可以将其划分为中华人民共和国建立初期至改革开放之前的起步阶段、1979 年至 1995 年的过渡阶段、1995 年至 2014 年的快速发展阶段（这一时期的最快增长速度甚至达到了 80%）和 2014 年至今的新型城镇化发展阶段。但是，应该清醒认识到的是，城镇化率并不代表现代化的完成，解决不好产业和就业问题，就落入了"中等收入陷阱"[①]，比如拉美一些国家的城镇化率也高达 80%，但是它们的城镇建设仍然相对落后。梳理既有研究，当前关于农民城镇化的研究主要有以下几种视角。

第一种研究视角是权利—融入视角，认为城乡二元结构下的户籍制度、农村模糊化地权制度、市民偏向的公共政策限制农村人口融入城市的程度，以此为出发点提出城乡一体化改革的一系列制度[②][③]，围绕城市中心主义讨论乡村向城市、农民向市民、农业向非农业转变的整体性问题。在中国县乡社会中，发展县域经济与推进城镇化往往被看作互为一体的，作为基层政府，其经济发展职能驱动相关部门忽略乡村建设而大力推进城市社会对乡村社会的吸附，造成城区中心主义[④]。因此，破除城乡二元体制格局，平衡城乡之间的发展关系，才能推进乡村城镇化、农民市民化和农业非农化。有学者从土地利用角度测算，在农村空心化趋势加速情况下，全国空心村的土地资源可整合利用的潜在面积高达 1.14 亿亩，而且农村空心化的趋势仍在加剧[⑤]，造成了农民进城打工难以安居在城的同时，也很

①　李克强：《协调推进城镇化是实现现代化的重大战略选择》，《行政管理改革》2012 年第 11 期；郑秉文：《"中等收入陷阱"与中国发展道路——基于国际经验教训的视角》，《中国人口科学》2011 年第 1 期。

②　王春光：《农村流动人口的"半城市化"问题研究》，《社会学研究》2006 年第 5 期。

③　林永新：《乡村治理视角下半城镇化地区的农村工业化——基于珠三角、苏南、温州的比较研究》，《城市规划学刊》2015 年第 3 期。

④　熊万胜、袁中华：《城市与地方关系视角下的城乡融合发展》，《浙江社会科学》2021 年第 10 期。

⑤　刘彦随、龙花楼、陈玉福、王介勇等：《中国乡村发展研究报告——农村空心化及其整治策略》，科学出版社 2011 年版。

难再返回农村依靠土地资源谋求生计，导致农村土地资源的浪费和低效使用①，打破了保护型城乡二元结构下农民返回乡土的退路。乡村社会以土地资源为要素的产业生态是乡村经济社会发展的关键，但是由于乡村青壮年劳动力的流失和土地资源的荒废，农业生产体系缺少人力资源维持，非农就业体系也缺乏地方社会的支持，产业生态结构呈现失衡状态，并且逐步走向产业空心化的境地，直接造成农民去异地大城市务工以增加家庭经济收入，县域城镇化仅仅停留在土地、资金等乡村社会要素的城镇化，而偏离了人的城镇化目标②。乡村发展产业必然受到城市经济空间的高强度竞争，被上游产业挤压，因而按照市场资源配置规律，乡村产业被吸纳进城市经济扩张的版图是最终结果。乡村空心化不仅冲击了乡村生产体系，而且削减了基层消费市场的潜在消费群体，乡村产业生态结构的社会基础难以维系，阻碍了县域非农就业体系的转型升级和乡村产业发展③。施坚雅④指出，虽然一些偏僻村落自然资源禀赋不足以支持产业的扎根、开枝和繁衍，但是从底层视角看乡村社会结构，其发达的民间社会网络构成的基本市场乃是中国乡村最为重要的交往空间，其自成一个具有"地方色彩"的社会文化体系。

第二种研究视角是能力—融入视角，认为在城镇化的背景下，农民在收入有限而进城成本高昂的情况下，其消费行为从乡土社会进入城市社会空间，农民及其家庭以"进城"完成继替和阶层上升的途径受到消费能力的挑战，提出扩大县域范围内需以拉动经济增长的关键在于提升农民收入水平⑤。这一视角从现代化发展角度出发讨论在

① 刘彦随、严镔、王艳飞：《新时期中国城乡发展的主要问题与转型对策》，《经济地理》2016 年第 7 期。

② 曲衍波、赵丽銎、柴异凡、李砚芬、朱伟亚、平宗莉：《乡村振兴视角下空心村多维形态识别与分类治理——以山东省禹城市房寺镇为例》，《资源科学》2021 年第 4 期。

③ 刘爱梅：《农村空心化对乡村建设的制约与化解思路》，《东岳论丛》2021 年第 11 期。

④ 施坚雅：《中国农村的市场和社会结构》，史建云、徐秀丽译，中国社会科学出版社 1998 年版。

⑤ 王国刚：《城镇化：中国经济发展方式转变的重心所在》，《经济研究》2010 年第 12 期；王黎：《城镇化背景下农民家庭消费策略》，《华南农业大学学报》（社会科学版）2021 年第 4 期。

乡村社会转型过程中的城市融入问题。乡村社会向城乡社会转型过程中，由于受到非农就业体系、市场辐射、自然资源禀赋和地方政策等影响，乡村经济—社会相互支撑形成的均衡结构逐渐失衡，难以推动城乡一体化状态下的县域城镇化建设，并且加速了乡村社会的衰落①。从乡村社会融入城市的结果来看，以工业文明为标志的城镇化，不可避免地带来了城乡文化的对立与冲突，直接或间接导致了乡村文化的空心化和乡村精神的边缘化②。因此，在乡村社会向城乡社会转型过程中，把城市文明、先进标签化，并对立形成乡村社会愚昧、落后的印象，是典型的城市中心主义，与城乡一体化的乡村振兴战略相悖。有学者指出，重构乡村文化，通过发展农业现代化、激活农民主体参与意识，建立城乡文化互为补充机制、在城乡文化建设中完善城市与乡村的互动性关系，推动城乡社会均衡发展③。但是也有学者发现，城乡融入的问题不在于乡村社会与城市社会的文化冲突，其根源在于城乡二元体制下的人口流动组织问题，而不是城与乡的关系对立问题④，中国以往的城镇化之所以未能有效释放内需潜力，关键原因是没有将人的城镇化放在第一位⑤。

第三种研究视角是功能—融合视角，认为随着家庭化迁居的普及化，农民群体在流入地呈现多元化需求，对城市管理的供给体制造成压力，农民城市社会融入的本质就是建立农民群体与当地治理主体、社区居民及公共服务体系之间的有效沟通协商平台⑥。这是在实践路径下探讨农民流入城市后的组织化问题。首先，现代市场经济冲击了

---

① 郑殿元、文琦、黄晓军：《农村贫困化与空心化耦合发展的空间分异及影响因素研究》，《人文地理》2020 年第 4 期。
② 刘志刚、陈安国：《乡村振兴视域下城乡文化的冲突、融合与互哺》，《行政管理改革》2019 年第 12 期。
③ 沈妩：《城乡一体化进程中乡村文化的困境与重构》，《理论与改革》2013 年第 4 期。
④ 王春光：《农村流动人口的"半城市化"问题研究》，《社会学研究》2006 年第 5 期。
⑤ 张杨波：《新型城镇化、扩大内需与消费升级》，《浙江学刊》2017 年第 3 期。
⑥ 关信平、刘建娥：《我国农民工社区融入的问题与政策研究》，《人口与经济》2009 年第 3 期；黄佳鹏：《农民工城市社会融入的组织整合路径》，《华南农业大学学报》（社会科学版）2019 年第 1 期。

乡村社会内部非市场关系的交往，农村中青年劳动力开始从基层市场流向城市务工市场，冲击了乡村社会农民之间以互助形式为主的换工和帮工关系[①]，认为传统用工体系的瓦解是现代化和理性化的必然后果[②]。乡村市场转型过程中农民市民化、劳动力价值经济衡量趋向的市场理性，改变了原有的乡村社会交往关系规则。其次，农业生产关系的变化冲击了农民耕种家计策略。税费改革以后，城镇化背景下，乡村劳动力人口流失严重，农村土地资源抛荒现象普遍，如何推动农业生产社会化服务体系建设，提高农业生产效率和土地利用率成为接下来乡村农业发展的挑战。部分地方政府根据形势变化，积极引进农业机械化生产手段，以推动农业产业发展[③]。作为一个人口众多的农业大国，农业机械化在中国的深度推进，确实是一场革命性的变化，对中国的农业经营形态、城乡关系格局等都产生了重大影响[④]。

此外，有学者提出，传统农业是一种特殊类型的经济均衡状态，以牺牲效率为代价，只能造成隐蔽性失业和农民兼业化的非稳定状态。有学者提出，要想打破这种特殊类型的均衡状态，提高农业生产效率，推动传统农业向现代化农业过渡，实现非农就业体系的升级，必须要有新的现代要素投入，这就要求农业资本化，农业资本化是驱动传统农业转向现代农业的必由之路[⑤]。然而，就中国乡村社会的复杂性差异而言，并不是所有地区都有条件推动农业现代化，多数中西部乡村地区仍然是小农生产体系的农业经济基础，在经营主体上以老人种田为主。此外，乡村社会结构的变迁也影响到产业生态结构的调整。因此，新型农业经营主体如何影响目前在数量上仍占大多数的普

---

①　叶青、向德平、万兰芳：《中国小农的生存策略与乡村社会的团结再造——基于农民间换工与雇工现象的分析》，《学习与实践》2017年第9期。

②　李永萍：《维持型家庭与贫困再生产——基于对贵州石阡县集中连片贫困地区的实证调查》，《吉首大学学报》（社会科学版）2020年第4期。

③　张培丽、张培梅：《"三农"问题研究新进展》，《黄河科技学院学报》2020年第4期。

④　焦长权、董磊明：《从"过密化"到"机械化"：中国农业机械化革命的历程、动力和影响（1980—2015年）》，《管理世界》2018年第10期。

⑤　翟文华、周志太：《农业资本化替代小农经济势在必然》，《现代经济探讨》2014年第10期。

通小农，二者如何互动①，不是简单以"农业资本化""农业现代化"就可以理解乡村社会产业转型。乡村社会老龄化、市场经济渗透导致乡村社会空心化容易解释，但是要怎么理解乡村衰落这一结论呢？谢志岿②指出，除非进行有效的破除二元结构的制度转型安排，制度意义上的乡村社会将难以被城市替代。

改革开放以来，由于国家治理能力的全面提升，乡村社会作为底层架构的关键组成部分，从城乡二元体制到乡村政治、经济和文化都在经历现代化的重要转型，人们不禁要问，乡村究竟要往哪里去？由于不同区域治理能力、经济发展水平各有差异，乡村社会转型面临的难点各有不同。斯科特③在《国家的视角：那些试图改善人类状况的项目是如何失败的》一书中就发出疑问，为什么有些国家项目会走向失败，其中很重要的一点就是国家政府顶层治理的精准性和高效率要求。因此，既有研究多数把专业镇、特色小镇④的模式一般化，寻求在这样一种特殊性乡村社会关系、先赋资源条件下打造出来的乡村繁荣中找到乡村衰败的慰藉，便是一种"偷懒式"的政策回应。有学者将中国的专业镇划分为内生型与嵌入型两种类型，并从多方面比较了两种专业镇类型的差异，以期在专业镇建设过程中能够根据乡村的不同类型采取相应的策略⑤。对于专业镇或者特色小镇这一特殊类型的定位，其实质是一种集聚地方政府资源打造的乡村城镇化发展模式，它日益成为中国城乡经济未来发展的重要空间和增长中心⑥。此

---

① 陈义媛：《资本下乡：农业中的隐蔽雇佣关系与资本积累》，《开放时代》2016年第5期。

② 谢志岿：《村落如何终结？——中国农村城市化的制度研究》，《城市发展研究》2005年第5期。

③ 詹姆斯·C.斯科特：《国家的视角：那些试图改善人类状况的项目是如何失败的》，王晓毅译，社会科学文献出版社2012年版。

④ 王珺：《衍生型集群：珠江三角洲西岸地区产业集群生成机制研究》，《管理世界》2005年第8期；熊晓云：《珠江三角洲产业集群的机制分析》，《中国软科学》2004年第6期；方创琳：《中国新型城镇化高质量发展的规律性与重点方向》，《地理研究》2019年第1期。

⑤ 白景坤、张双喜：《专业镇的内涵及中国专业镇的类型分析》，《农业经济问题》2003年第12期。

⑥ 沈山、田广增：《专业镇：一种创新的农村小城镇发展模式》，《农村经济》2005年第1期。

外，特色小镇的建设和培育是对传统小城镇发展模式的突破与超越，将有力打破城乡二元结构中的要素流动障碍，缩小城乡差距，实现城市群内区域协调发展①。

然而，以上问题的讨论没有跳出城乡二元分析框架，而且仍然是从理性发展观出发考察城镇化背景下的乡村转型。不论是乡村市场化转型还是空心化，均是单线性的乡村衰败观点预设下的城市中心主义论，乡村社会转型的命运要么是乡村城镇化，要么是城市工业型发展的农业型功能补充，乡村的主体性和发展性均被弱化，乡村成为与市场资源发达的城市相对落后的生产生活空间和社会关系场域，城镇化成为以城市为中心的单场域实践。

在理性发展观的支持者看来，以外部性市场为主导的资源输入是挽救乡村衰败危机的出路，最突出的表现在资本下乡和国家项目资源对乡村社会的推动，这也被看作新时期重建乡村社会的运动。在农村经济形势变化和国家政策导向的作用下，农村兴起了新一轮资本下乡热潮，工商资本成为振兴乡村的重要力量，强调资本下乡具有不可替代的作用，可以带来农村缺乏的生产要素、先进生产方式和提高农民组织化程度②，是推进农民致富的必然选择③。此外，地方政府通过资源的持续性输入打造亮点，借助行政力量对村级组织的替代主导村级发展，并利用招商引资对乡村景观进行资本公司化运作，从而实现对村庄的整体性经营④。需要肯定的一点是，在市场化进程中，乡村社会在弱市场资源和内部资源流失的双重作用下会出现整体性发展的低谷，但是同时我们看到不少乡村社会通过吸纳青壮年回流发展乡村产业⑤，实现了留住本地劳动力资源和乡村产业发展的良性互动，而

---

① 张蔚文、卓何佳、麻玉琦：《特色小镇融入城市群发展的路径探讨》，《浙江大学学报》（人文社会科学版）2018 年第 5 期。

② 涂圣伟：《工商资本下乡的适宜领域及其困境摆脱》，《改革》2014 年第 9 期。

③ 李炳坤：《发展现代农业与龙头企业的历史责任》，《农业经济问题》2006 年第 9 期。

④ 卢青青：《经营村庄：项目资源下乡的实践与困境》，《西北农林科技大学学报》（社会科学版）2021 年第 6 期。

⑤ 吴重庆：《超越"空心化"：内发型发展视角下的县域城乡流动》，《南京农业大学学报》（社会科学版）2021 年第 6 期。

且这种现象的出现绝非偶然，乡村市场化进程中的生产空间得以维系和再造，为乡村转型的前途提供了实践上的借鉴，为新一阶段的乡村建设运动提供了实验参照，成为乡村发展产业和吸纳青壮年劳动力回流的实践样板。总之，以乡村产业发展为基点的城乡流动是中国基层社会的重要构成，尤其是乡村社会的转型作为国家现代化转型的基本盘，乡村社会的有序过渡和现代化适应关乎现代化中国的建设。从这一点看来，探索乡村产业对农民城镇化的影响问题是认识乡村振兴战略背景下乡村社会定位问题的关键步骤。

二　农民城镇化的产业基础研究

城镇化的扩张与发展建立在特定的产业基础上，乡村社会作为城镇化流动的一端，为城镇建设和扩张提供源源不断的动力，乡村社会与城镇社会的融合发展依赖于一定的产业基础，城镇社会产业的扩张需要一定的乡村社会要素支持和维系，比如劳动力要素和资源要素等，乡村社会产业的发展也需要城镇社会这一更为广阔的市场，城镇化过程中的城乡社会以产业基础保持经济社会活力。对城镇化的产业基础进行专门研究的理论相对较少，与此相关的论述主要集中在以下两个方面：一是西方理论对城镇化与工业化发展的关联性研究，二是关于本土城镇化理论与乡村社会性质的研究。

1. 西方城镇化进程中的产业基础条件

西方现代化社会理论基于"传统—现代"的分析视角，认为城镇化发展就是从传统到现代、从乡村社会到城乡社会、从农业社会到工业社会的转型，现代化的城市社会是人类社会发展变迁的最终归宿[①]。从历史纵向的视角看，传统社会与现代社会都是人类社会的理想类型。但是社会的接续必然伴随着社会结构的变动发展，古典社会理论家将此看作传统社会向现代社会的现代化进程，城镇化是现代化发展的重要指标，在西方国家的城镇化发展过程中，工业化不仅在城镇社会发挥作用，还为乡村社会发展做出了巨大贡献，因此，工业化是西

---

① 朱战辉：《城市化背景下乡村教育转型与农民家庭策略——基于已婚青年妇女陪读现象的经验考察》，《中共宁波市委党校学报》2020 年第 1 期。

方城镇化发展的不竭动力，西方城乡社会在工业化进程中发展了较为完整且成熟的产业基础。在社会进步与发展的角度上，涂尔干[①]提出了分工带来的变化。从最初单纯并且还不发达的交换到贸易的产生和发展，在这样一个过程中，集体意识的退化以及劳动分工的发展适应着人们对幸福的欲望以及不断增加的社会容量和社会密度。与此同时，古典社会学理论家也敏锐地提出，这种适应并不能随时与社会分工的发展达到一种积极的适应，分工的速度过快和程度过深导致新的社会形态产生过程中，传统意识失去了优势并且没有新的意识可以替代，达到了一种无法调节的局面，成为一种失范的状态。这种失范危机不仅在于涂尔干所提出的个体性增强带来的对集体社会的冲击，还在于经济层面上的产业基础支撑不了城镇化的快速发展。

由此可见，健全的乡村向城镇社会的现代化过渡需要较为成熟的产业基础。事实上，不只涂尔干等西方古典社会学家在关注社会现代化过程中关注到了现代社会城镇化扩张与产业基础之间的密切关联。马克思[②]认为，生产决定消费，经济基础决定上层建筑，城镇的建设和发展与生产力的发展水平有关，传统农业社会向工业社会进步体现了人类社会的进步性。工业文明带来了产业化的发展，加快了城镇化的进程，促使农民打破乡村生活的封闭性状态。芝加哥学派作为城市社会学研究的重镇，立足于城市社会学和现代性研究，承接了经典社会理论家对现代化和城镇化的研究[③]，为现代理论的宏大建构提供了现实的素材。芝加哥学派中的城市社会学研究认为工业化建立的产业体系是乡村社会和工业城市社会的界限，认为乡村产业体系的崩塌使传统乡村社会关系的传统基础趋于瓦解，因此，以工业化建设为载体建立起产业基础将是乡村社会现代化的"生活方式"转型路径[④]。可

① 埃米尔·涂尔干：《社会分工论》，渠敬东译，生活·读书·新知三联书店 2017年版。

② 卡尔·马克思：《资本论·第一卷》，马克思恩格斯列宁斯大林著作编译局编译，人民出版社 2012 年版。

③ 朱战辉：《落脚县城：县域城镇化的农民参与机制研究》，中国社会科学出版社 2023 年版。

④ 马尔图切利：《现代性社会学：二十世纪的历程》，姜志辉译，译林出版社 2007年版。

以看到，无论是古典社会学理论家，还是后现代社会学的城市社会学派，都认识到城镇化的本质是一种经济基础之上的生活方式建设，它的扩展建立在特定的产业基础上。

2. 本土城镇化理论与乡村产业发展的研究

追溯中国本土关于城镇化的研究，虽然学界并未产生众多关于城镇化的产业基础的直接研究，但是产业作为经济社会的关键变量成为不少学者观察乡村社会农民城镇化的一个重要切口，这为进一步从产业基础来思考乡村社会现代化进程提供了重要启发。

一是周飞舟等①把中国城镇化置于中国市场经济社会发展进程中，表现出明显的阶段性，即从工业城镇化、土地城镇化到人口城镇化的三个阶段，这三个阶段的城镇化发展动力和目标各有不同，呈现出前后接续和渐进式发展特征，这部分研究认为，新型城镇化战略实施阶段的核心问题就是解决土地城镇化阶段所遗留的人口问题，如何使流动人口"落地""市民化"，如何使中西部地区的农民"就地""就近"城镇化，是这个阶段城镇化的核心内容，而人口城镇化的核心问题无疑是流动人口的"沉淀"和"落地"问题，对此，大力推动乡村产业化、完善地方公共品供给、有效吸纳返乡就业人口，让他们有家可回、有事可做、乐业安居，是中西部地区新型城镇化的重要任务②。此外，第一、二、三产业融合发展的产业路径也为探索农民参与城镇化在新形势下的未来发展道路提供了一个基础设想③，这一思路的落实依赖区域融合发展的整体水平和产业经济比较优势④的挖掘。

二是王春光把乡村社会向城乡社会的转移与工业化等非农化产业发展直接关联，认为人们从乡村向城市转移是非农活动向城市集中带

① 周飞舟、吴柳财、左雯敏、李松涛：《从工业城镇化、土地城镇化到人口城镇化：中国特色城镇化道路的社会学考察》，《社会发展研究》2018 年第 1 期。
② 周飞舟：《地方产业和就地就近城镇化》，《城市与环境研究》2016 年第 2 期。
③ 王绍琛、周飞舟：《困局与突破：城乡融合发展中小城镇问题再探究》，《学习与实践》2022 年第 5 期。
④ 林毅夫、李永军：《比较优势、竞争优势与发展中国家的经济发展》，《管理世界》2003 年第 7 期。

来的结果，"半城镇化"是不彻底的城镇化，要使进城的流动人口在城乡之间找到就业与生活、个人与家庭、性别之间、代际之间、进城与回归乡里、人生不同阶段等的平衡，需要解决城乡市场地位不平等问题，赋予乡村资源更多的价值，使乡村资源能够获得应有的市场地位、文化价值和社会意义①。苏永乐等②从产业基础和制度创新分析模型提出，我国小城镇的发展水平取决于产业基础和制度创新二维因素的优化组合，产业基础是小城镇发展的根本，制度创新则是其保障。付伟认为，在中国县域工业化进程中，产业的劳动力配置方式和生产组织过程紧密嵌入经营者的家庭生活，与乡土社会的人际关系和行动伦理产生深刻互动，县域产业发展需要更好地扎根乡土，推动城乡社会均衡发展③。

可以看到，本土城镇化的研究从不同方面对乡村社会的产业基础进行分析，透过产业这一变量反思传统乡村社会现代化进程中的农民城镇化条件，为实现新型城镇化战略下人的城镇化目标提供了有益借鉴，对于当前农民城镇化的研究具有重要意义。

三　家庭视域下的城镇化问题

学界对城镇化主体的定位大多数是基于农民从乡村社会进入城市社会务工的实践来做出分析。如项飙④早在 20 世纪 90 年代中期通过对"浙江村"的调研，观察农民进入城市务工之后的生产生活以考察农民的城市融入问题。在此之后，众多学者关注到了农民城市融入的问题。概括起来，大致有以下三种观点。第一种是基于公平视野下的农民进入城市的公共服务共享权利研究，如对农民工随迁子女的教育公平问题的研究，集中关注到了农民工随迁子女教育在城市中的起

① 王春光：《我国城镇化发展的"量"与"质"》，《人民论坛》2018 年第 18 期。
② 苏永乐、王竹林：《产业基础与制度创新：小城镇发展的二维因素分析——兼论西部地区农村城镇化的路径选择》，《农村经济》2007 年第 6 期。
③ 付伟：《乡土社会与产业扎根——脱贫攻坚背景下特色农业发展的社会学研究》，《北京工业大学学报》（社会科学版）2019 年第 5 期。
④ 项飙：《跨越边界的社区：北京"浙江村"的生活史》，生活·读书·新知三联书店 2000 年版。

点公平、过程公平和结果公平等方面的公共服务享有问题①；第二种是从综合视角出发分析农民工进入城市的权能问题，认为农民工完整的市民化过程必然包含多个维度权能的充分发展，任何权能的缺失都将导致其在城市的"半融合"甚至"不融合"②；第三种是代际分化视角下对于新生代农民工的县域城镇化问题研究，认为中小城市或县城社会资源与大城市相比虽有劣势，但它能提供优于农村的公共服务和现代化的生活条件，因而经济成本和文化成本都相对较低的县域城镇化，成为新生代农民工实现体面进城的最优选择③。

可以看到，以农民为主体的城镇化问题研究都不能脱离家庭视域的讨论框架，其中关于农民工子女教育城镇化问题、农民工进城之后的乡村留守问题④、农民工城镇化的经济成本等问题的讨论丰富了家庭视域下的城镇化问题研究。然而，可进一步挖掘的研究空间在于，通过对个体与城镇化关联背后的家庭生活方式的复杂微观经验的分析，深入了解家庭内部分工、家庭发展目标、城镇化策略来探索农民县域城镇化的实践逻辑，以进一步理解不同产业基础下的乡村社会农民家庭生活方式样态和城镇化实践之间的关联。

四　产业基础视野下的城镇化问题

既有研究从不同层次的视角进行了丰富有深度的城镇化分析，但是仍有可深入挖掘的研究学术空间。一方面，关于农民城镇化过程中的主体定位，多数研究偏重层次性分析，即只看到农民工个体式进城，却没有看到以家庭为基本单元的农民城镇化实践的丰富性和复杂

---

①　雷万鹏、张子涵：《公平视野下农民工随迁子女教育政策研究》，《华中师范大学学报》（人文社会科学版）2022 年第 6 期；李晓琳：《进一步完善农民工随迁子女教育政策——基于对 46 个地级及以上城市的问卷调查》，《宏观经济管理》2022 年第 6 期。

②　熊景维、张冠兰：《农民工市民化权能：一个综合视角的理论》，《社会主义研究》2022 年第 4 期；王春光：《第三条城镇化之路："城乡两栖"》，《四川大学学报》（哲学社会科学版）2019 年第 6 期。

③　刘丽娟：《新生代农民工就近城镇化形成机制、实践基础及发展路径》，《重庆社会科学》2020 年第 10 期。

④　聂飞：《农村留守家庭研究综述》，《华南农业大学学报》（社会科学版）2017 年第 4 期。

性；另一方面，着重关注到城镇化过程中外部干预对农民城镇化的影响，但是较少关注城镇化内部区域差异的比较，如何研判农民在规模化城市与县域城镇的城镇化进程中的实践差异，以为县域经济发展精准施策。因此，应当跳出城镇化主体的认识角度，明确以家庭为行动单元的主流农民城镇化，转而从家庭—县域社会的工农互动视野来认识城镇化问题，通过产业基础的分析视角探索县域范围城镇化的实践差异和机制，并且立足于人民对美好生活的追求与生产力发展不平衡的社会主要矛盾，进一步分析如何实现县域经济发展效益和农民家庭城镇化生活融入质量的双向驱动。其中，乡村社会产业基础是构成城乡工农互动的一个切口，也是观察农民家庭进城实践策略的载体。

　　比较中外城镇化推进模式来看，根据城镇化与经济发展、工业化的关系可以分为同步城镇化模式、过度城镇化模式、滞后城镇化模式和逆城镇化模式[①]。之后的一些有关中国城镇化的研究主要集中于城镇化的实践机制，并且基于不同的模式和经济社会基础做出了更加细致的类型化分析，如李强等[②]将中国城镇化的动力机制分为七种类型，涵盖城市扩展、旧城改造、建设新城新区、建设中央商务区、建立开发区、村庄产业化和乡镇产业化。辜胜阻等[③]认为，乡村人口向城镇的流动是基层社会现代化转型的一种表现，背后反映出县乡经济社会的深刻转变和农民家庭生活方式的变革，随着县城在基层社会转型过程中的异军突起，城镇吸附农村的单向度城乡发展关系已经不符合城镇化发展质量要求，并且成为以人为核心的城镇化的一种阻碍。从县域城镇化的研究来看，相关研究认为在推进县域城镇化进程中，城镇化作为现代化的必经过程，其发展受到产业形态、农民收入水平以及进城成本等多种因素的综合影响。新发展阶段，推进县域城镇化高质量发展需结合工业化、产业升级、农村政策、土地制度、社会治理体

---

　　①　崔援民、刘金霞：《中外城市化模式比较与我国城市化道路选择》，《河北学刊》1999 年第 4 期。

　　②　李强、陈宇琳、刘精明：《中国城镇化"推进模式"研究》，《中国社会科学》2012 年第 7 期。

　　③　辜胜阻、李正友：《中国自下而上城镇化的制度分析》，《中国社会科学》1998 年第 2 期。

系建设等方面进行通盘考虑①。

综合以上具体研究的梳理，农民城镇化研究较少从家庭视角来看待城镇化问题，也较少从乡村产业发展与农民城镇化的互动实践来考察农民就近城镇化的社会学意涵。基于此，本书关于不同产业基础乡村社会的农民城镇化研究将从两个方面进行拓展，一是在考察乡村产业发展特征的基础上讨论发展乡村产业的社会正向效益，即乡村产业发展对农民城镇化产生的影响。二是进一步将产业振兴、农民家庭现代化与乡村发展放在就近城镇化的互动体系中，探讨产业基础与城镇化的有机统一机制。尝试从乡村产业基础对农民家庭城镇化的影响来分析乡村产业发展与城乡发展的关系，研究发现，在乡村产业发展较好的情况下，农民家庭可以就近生活、就近就业，从而实现县域范围内的就近城镇化，最终实现均衡性的城乡关系。

第三节　研究思路与分析框架

受到上述理论资源的启发，本书尝试从产业基础的分析视角出发，建立"资源环境与行动取向"的分析框架，以求达到的目标在于以下两个方面：其一，跳出城乡二元主体视角下的城镇化讨论，在当前农民家庭现代化转型和新型城镇化建设的背景下，将城乡均衡关系，即城镇化可以推动城镇和乡村的共同发展，以分析城镇化建设实现对公共服务供给体系、就业与生活、个人与家庭、性别之间、代际之间、进城与回归乡里、人生不同阶段等的相对平衡机制为核心；其二，将产业基础作为分析城镇化实践是否实现农民市民化转型的核心变量。后文首先以前述理论资源为基础对产业基础的内涵、维度、分析意义进行论述，之后再进入分析框架和研究进路的呈现中。

一　产业基础的内涵与维度

产业基础是对产业生态的一个广义理解，本书所指产业基础是将

---

① 桂华：《城乡"第三极"与县域城镇化风险应对——基于中西部地区与东部地区比较的视野》，《中州学刊》2022 年第 2 期。

产业生态的主体范围放置于县域社会中，包括城市产业和乡村产业，并且基于中国县域社会产业结构的现实情况，主要将产业结构集中到工业和农业这两类在多数县域社会尤其是乡村社会中占主导的产业形态，诸如旅游业、服务业等第三产业近年来开始吸引很多县域社会的关注，但是这类产业在多数县域社会的产业结构中尚未成气候，也就无法与当地城乡社会产生较多互动，因此，本书不作重点分析。在研究领域，产业基础通常被作为特定经济与社会现象产生的基础原因。由此，经济与社会行为策略能够通过对一定的产业基础分析来探究根源，建立逻辑上的关联。谢勒①就明确主张，市场结构首先决定市场行为，继而市场行为又决定市场绩效，在看到市场绩效意义的同时，更强调市场行为的重要性，指出产业基础对于经济社会行为的重要性。我国学者吴福象等同样在研究新型城镇化与地方产业结构的关系时指出，形成地方产业的合理分工和专业化，促进人才和产业的区际互动，助推地区产业结构升级对于新型城镇化建设有重要意义②。在更微观的研究领域，前文已经详细呈现了西方与本土社会在城镇化研究领域，产业基础被广泛应用于经济社会现象的解释，学者们将其作为重要的变量，强调经济资源、乡村社会结构、产业生态、经济组织之形式等多个方面产业基础因素对城镇化建设产生的影响。可见，城镇化的产业基础研究无论在西方学界还是我国都具有深厚的研究传统。

　　显然，在不同的问题研究领域，产业基础发挥影响、占主导地位的因素不同，因而，对产业基础分析的侧重点也不同。要将其运用于本书的城镇化具体问题研究中，就要进一步对产业基础进行操作化，确认产业基础的基本维度。基于前文的理论资源与笔者的调研表明，在农民城镇化的研究领域，经济资源与产业生态结构是影响产业基础这一变量的两个基本维度，经济资源非农化剩余程度和产业生态结构将直接影响到城镇化中的农民参与机制与质量。以下对这两个基本维

---

　　① 谢勒：《产业市场结构与经济绩效》，萧峰雄译，台湾：国民出版社1991年版。

　　② 吴福象、沈浩平：《新型城镇化、基础设施空间溢出与地区产业结构升级——基于长三角城市群16个核心城市的实证分析》，《财经科学》2013年第7期。

度的基本概念与科学性进行阐释。

其一，社会经济剩余是产业基础影响农民城镇化实践的第一个基本维度。经济剩余是指一个社会所生产的产品与生产它的成本之间的差额①。也就是说地方生产体系中的利润越大，则凭借经济空间可以再生产出经济效益和社会效益的机会更大。之所以采用经济剩余这一概念，而非直接从经济生产总值来衡量产业基础的维度，原因在于经济剩余还反映了不同产业结构和产业类型对地方经济发展水平的影响，用经济剩余能够更好地体现城乡产业发展水平对社会现代化转型的影响。

前述理论资源表明，城镇化的建设和发展依赖于一定的产业基础。在中国现代化发展进程中，传统农业型社会以农业生产为主导，但没有第二、三产业的生产体系，农业生产中的剩余劳动力没有经济空间创造经济价值，导致中西部地区的乡村社会人口大量流失。而人力资源的流失与产业建设需求形成了恶性循环，相对完整的生产市场欠缺，也就没有办法形成消费市场，市场经济受到产业结构和发展水平的牵制。当前我国推动新型城镇化战略的实施，以求实现人的城镇化目标必然受到地方经济剩余创造产业活力和经济空间能力的影响。因而，经济剩余也就构成了产业基础影响城镇化的基本维度之一。

其二，产业生态是产业基础影响农民城镇化的第二个维度。产业生态是指包括特定区域范围内经济、政治、文化各要素呈现出的微观和宏观、个体与整体、动态与静态相互交织的状态特征的描述。相比静态的乡村社会，城乡社会明显具有显著流动性特征，因此，产业生态对它的影响主要表现在流动状态中的乡村社会是呈现出现代市场还是传统市场，其中传统基层市场的延续，说明当地维系了较为完整的社会形态，没有被市场化过度吸纳，现代市场则是乡村社会向城乡社会转型的结果，如城镇化进程中的乡村产业生态的状态将对城乡社会的走向产生影响。帕森斯②、哈贝马斯③、布迪厄④等在关于社会现代

①　保罗·巴兰：《增长的政治经济学》，蔡中兴等译，商务印书馆2014年版。
②　塔尔科特·帕森斯：《社会行动的结构》，张明德等译，译林出版社2003年版。
③　尤尔根·哈贝马斯：《重建历史唯物主义》，社会科学文献出版社2000年版。
④　皮埃尔·布迪厄、华康德：《实践与反思》，李猛、李康译，中央编译出版社1998年版。

化理论中，从传统基层市场向现代市场的变迁提出社会建构的各自特点，论述了生态结构对现代社会建立产生的影响。基于此，本书将以区域性为中心区分传统型产业生态结构与现代产业生态结构的差异，建立对产业基础的分析。

产业生态结构对地方社会的影响虽然在表面上是由改变空间形态、生产方式、家庭劳动力配置等来实现社会的发展，但是背后的关键在于如何理解市场化和工业化进程中的扩大化社会，乡村社会现代化进程中，由于传统产业生态结构被冲击、乡村劳动力被发达地区市场经济中心吸纳，产业结构传统性一面被消解而走向现代化，但是乡村产业生态结构的现代化一定代表社会进步吗？如果这种传统社会形态的消解过快，农民离土又离乡的高速现代化将无法承载原有传统产业生态结构对生产生活秩序的承载，反倒是以一定的经济基础，比如以产业基础为核心的乡村建设可以维系较为完整的乡村社会，兼具现代化性和传统性一面的乡村社会能够为现代化提供更充足的动力。从本质上说，产业生态深刻影响基层社会现代化转型秩序，决定农民城镇化的负担和质量。

综上所述，产业基础是影响农民城镇化的基本变量，其中经济剩余的资源体量的多少关系到农民城镇化的经济基础，为乡村社会向现代社会的有序过渡提供基本的资源条件；产业生态则是农民城镇化过程中乡村社会能否承载起城镇扩张发展溢出以支持城镇建设的基本条件。产业基础因以上两个维度的不同将对农民城镇化实践逻辑产生差异化的影响，并能够对当前我国的新型城镇化战略的实施提供分析的基础。基于社会经济剩余（资源）和产业生态（结构）这两个维度，本书从"资源—结构"和"行为—策略"的综合分析框架出发，将沿着县域工业资源、县域农业资源和市场辐射程度三个方面分析不同产业基础的乡村社会县域城镇化的机制，此为本书的研究进路。

二　产业基础变量的分析意义

强调城镇化的产业基础，就是把农民城镇化的实践与产业基础建立起理论上的关联，在产业基础的语境中来阐释当前背景下农民城镇化出现显著区域差异的原因与机制，同时，以此为基础能够进一步对产业基础与城乡关系建设之间的关联进行归纳和抽象，在国家新型城镇化建设的理论脉络中回答产业基础的理论意涵。显然，在上述分析中，产业基础构成了重要的分析视角与自变量，即产业基础差异是不同乡村社会类型的关键变量，这些不同乡村社会类型产生了不同的城镇化实践逻辑，并且继而影响到农民家庭完成城镇化目标的策略，即产业基础是引发城镇化的各种现象与城乡关系差异的基本原因。将产业基础作为关键的解释变量，或者说城镇化的产业基础研究的科学性同时表现在理论与现实两个层面。

在理论上，本书通过理论爬梳已经表明了无论是西方的城乡社会变迁，还是本土城乡社会传统社会结构都与产业基础条件联系紧密。虽然，产业基础的分析视角放置在不同问题域上，意义有所不同，但是进入通过城乡社会的现代化转型来实现乡村社会和城镇社会协调发展，以及减轻农民负担，提升农民生活质量的基层社会建设问题上，有序的城乡社会或者说符合当下发展实际的城乡社会，离不开产业资源作为经济资源基础和社会基础条件来实现城乡公共利益和农民公共需求的平衡，产业基础的形态将深刻影响到人的城镇化体系的建立。产业基础必然更加凸显其作为影响农民城镇化实践逻辑的变量而介入城乡关系协调发展体系中。

在现实中，我国城乡社会发展的阶段性特征和当前快速城镇化的背景都决定了，需要进入城镇化的产业基础研究中，并将产业基础作为影响城镇化的关键变量。总体而言，城镇化的质量同时受到市场力量和社会力量的塑造。当前，国家在经济战略上重视县域经济发展，支持小城镇和中等城市的城镇化建设，中国共产党第十九届中央委员会第五次全体会议也提出，加快产业结构优化调整，推动人的城镇化目标和城乡关系协调发展格局的实现。可见，从国家上层建筑的动力和目标出发，城镇化的推进需要与国家新型城镇化战略相对一致。由于我国各地乡村社会经济发展不平衡不充分的基本情况，从经济剩余的资源基础和产业生态结构出发，不同乡村社会存在不同的类型，经济剩余和产业生态结构通过产业基础对乡村社会类型化的划分将是短期内难以更改的现实。

因此，基于统一的上层建筑目标和现代化建设任务的农民城镇化，在具体推进过程中深刻受到乡村产业基础的影响，呈现出类型上的差异。而对这一区域差异的解释也构成了本书的重要目标。正是基于此，需要将产业基础作为自变量，才能够区分不同产业基础下的乡村社会类型，并进一步考察不同类型的产业基础将对城镇化产生何种影响，实现对我国城镇化实践的分析与解释。同时，产业基础本身的丰富性也为进一步提炼出其与城乡关系建设、基层社会现代化转型的理论关联提供了基础。

三 "资源环境与行动取向"的分析框架

乡村产业发展背景下，农民家庭在县域范围内的城镇化是如何实现的？不同区域的县域城镇化为何有不同的形态？这是本书关注的核心问题。本书将资源环境具体化为区域性市场辐射强度、乡村工业资源、乡村农业资源三个维度，农民在不同乡村资源环境中的进城实践存在明显差异。

县域经济作为地方市场受全国性市场经济中心的辐射和带动，中国最活跃的三大经济重心分别是：长三角地区、珠三角地区和京津冀地区。以距三大经济中心距离的远近为参照，可以把县域所受区域性辐射强度按强弱顺序依次划分为直接辐射地带、间接辐射地带和非辐射地带，区域辐射程度越强的乡村，县乡工业资源越发达，反之，县乡工业资源较薄弱。县乡工业资源越发达的地区，一般具有更强的人口承载能力，有更完善的正规和非正规就业市场，对不同年龄结构的劳动力有更强的包容性，农民城镇化能够实现就业与居住同时在城；当县乡工业资源和农业资源相对均衡发展时，农民可以家庭代际分工为基础形塑县域范围内的半工半耕家计模式，实现家庭资源合力之下的城镇化；而若是工业资源不发达，农业资源也不发达的时候，县域城镇化的家庭资源积累来源只能寄托于一代农民工和新生代农民工的远距离务工，其余"一老一小"则留守乡村或者围绕下一代教育进城而往返于县乡之间，形成质量水平不高的城镇化。

马克思[1]深刻地指出，生产与消费是辩证统一的关系，生产决定

---

[1] 卡尔·马克思：《资本论·第三卷》，马克思恩格斯列宁斯大林著作编译局编译，人民出版社 2012 年版。

消费，消费对生产具有巨大的反作用，生产与消费的良性互动是以合理处理分配与交换关系为中介的。经过改革开放 40 余年来的经济发展，县域经济发展取得了长足进步，但是受到中国经济市场整体上发展不充分不均衡的环境影响，中国县一级城市的发展分化为一梯队、二梯队和三梯队县城①，不同梯队的县城在城镇化过程中呈现出不同的实践模式，也因此需要不同的县域经济发展策略。一梯队的县城，在生产资源丰富条件下，建立了完备的产业链，自主延伸产业和创造产业能力强，人口承载能力强，农民城镇化的过程可以实现进城与就业双向目标，形塑生产与消费良性循环，以生产作用于消费，以消费促进生产，实现农民家庭个体与县域经济整体的良性城镇化；二梯队的县城，在县域经济发展上依靠全国性区域市场中心的第二产业转移，在生产上追赶一梯队县城，提升县城人口承载力；而三梯队的县城则由于生产资源稀缺，消费也不足，农民县域城镇化风险大。近年来，县域城镇化的一个诱因在于农民家庭消费的转型，县城买房、县城上学、县城医疗等成为农民家庭消费的重要方向，而在中国社会当前社会主要矛盾以及消费转型背景下，县域生产体系的构建未能与农民家庭消费转型相匹配的话，则很可能出现农民家庭消费内卷、追求美好生活压力过大、为进城盲目透支消费或过度提前消费等问题。

中西部县域城镇工业发展资源不如东部沿海县域城镇，但是农业生产资源相对丰富的情况下，农民家庭可以实现城乡互补的城镇化实践，因此，农民城镇化压力并不大，农业生产作为第一生产力对农民进城具有重要支持作用。然而，仅凭农业生产，却无法实现工业反哺农业，随着农民家庭消费的扩大，尤其是县城上学、医疗、就业等核心消费②的增加，很难保证农民家庭城镇化生活的质量。笔者在陕西渭南市农村调查发现，农民家庭进城的同时还依赖于家乡的苹果园、桃园等果业农业经济的支持，减缓进城带来的消费压力紧张，但是一旦发生干旱而农业灌溉设施又没有到位的情况下，农业部分的收入来

① 龙茂乾、项冉、张践祚：《梯度城镇化的村庄解析：以福建上杭为例》，《地理科学》2016 年第 10 期。

② 龙斧、王今朝：《核心消费决定论——从市场与消费的结构性扭曲看中国内需不足的根本影响因素》，《河北经贸大学学报》2015 年第 6 期。

源缺乏，农民就要远赴南方务工，出现老人和孩子留守或者夫妻两地分离的现象。

相比较区域市场区位条件的长期不可变性和县域农业资源发展的不稳定性，县域工业生产可以做出一定调整。在新一轮县域剩余劳动力显现、一代农民工返乡和沿海发达地区产业向内陆转移的背景下，县城能否针对生产市场与消费市场的双向循环建立相对完备的工业体系来解决农民进城消费能力的挑战，对中国县域经济发展具有重要影响。笔者在湘南一县城调查发现，县城一个中档及以上类别的小区，属于最近几年该县城大规模开发的楼盘之一，2018 年开售，共 240 多套，价格 3000—4000 元/平方米，全部售卖出去了。一开售一期就卖完了，但是只装修了 90 多户，常住仅 30—40 户，均是老年人带小孩陪读，其他没有利用起来的都是为孩子结婚提前筹备。晚上在县城走，楼房亮灯的少，县城人气不足，中青年出远门务工，老人、小孩以及妇女留守。县域生产走向了教育资源吸纳、房地产生产吸纳的"伪生产"逻辑，即不靠发展产业带动县域经济发展，而靠短期内农民买房增加县城经济 GDP，推动县域经济发展。

综上，县域城镇化能否实现县域经济发展效益和农民家庭城镇化生活融入质量的双向驱动，取决于以产业基础为核心的县乡资源环境。在这个过程中，乡村产业化程度与县域产业化是相互勾连的，乡村产业提供了县域经济产业发展的基础。区域性市场辐射强度（外部提升）、县乡工业资源（内部就业市场完整性）、县乡农业资源（安全阀及蓄水池）是农民家庭县域城镇化质量的理想资源环境。本书即是从区域市场辐射、乡村工业资源、乡村农业资源来考察乡村产业基础对农民城镇化实践的影响。

四　研究进路

基于东部与中西部地区不同产业基础类型乡村的农民县域城镇化的经验比较，本书将乡村社会类型化，界定城镇化的范围是县级城市，回答不同产业基础类型的乡村农民家庭城镇化实践差异以及差异的缘由机制问题，以期为县域经济发展和提升农民县域城镇化水平提供政策启示。本书主要以三个典型个案的县域城镇化实践为经验基础，辅之以其他县城的调研经验，分析不同区域的县域城镇化实践差异以及为何会存在不同的县域城镇化实践差异。通过对县域城镇化实践的差异化类型及其形塑机制的分析，进一步分析县域城镇化风险，提出提升农民城镇化生活质量，实现"人的城镇化"的关键在于保障农民收入和完善城乡公共服务体系建设。基于不同产业类型状态下的乡村城镇化实践研究，为理解中国不同县域范围的城镇化实践提供经验支撑和理论依据。

从产业基础的分析视角出发，本书采用"资源—结构"和"行为—策略"的综合分析框架，通过不同县域类型农民城镇化实践的具体案例，探讨这种实践差异背后的原因机制，并且进一步探究县域城镇化中农民家庭城市生活质量的问题。不同区域农民城镇化实践路径受到社会经济剩余和产业生态结构的影响，这是从产业基础理解中国城镇化类型区域差异的两个维度。与此同时，乡村城镇化实践模式反过来又影响到地方社会结构、代际关系、经济形态等。其中，人地关系的紧张程度以及农业剩余的代际分配成为中国农民城镇化启动早晚的关键变量；而县域范围内第二、第三产业的发展情况则直接影响农民家庭的劳动力配置方式以及农民家庭在城镇化过程中的城乡空间形态[1]。区域差异研究可以为具体个案研究提供区域和类型定位，可以借助个案研究对区域经验共性与特殊性关系的认识和深入分析，来获得关于中国农村的整体理解[2]。

第四节　研究方法与田野工作

一　研究方法

（一）质性研究方法

本研究遵循历史唯物主义方法的研究立场，针对的是改革开放之后乡村产业发展中的农民城镇化问题，以不同产业基础的乡村社会农

---

① 孙敏：《中国农民城镇化的实践类型及其路径表达——以上海、宁夏、湖北三省（区、市）农民进城为例》，《中国农村经济》2017 年第 7 期。

② 贺雪峰：《华中村治研究（2016 年卷）》，社会科学文献出版社 2016 年版。

民城镇化实践为研究对象，在研究方法上采用质性研究方法。选择此研究方法，是由本研究的研究旨趣和研究对象决定的。本研究的旨趣在于揭示不同产业基础的乡村社会农民城镇化实践机制问题。由于此问题的研究横跨一个长历史周期，并且要在一个乡村通过量化的方式研究很难实现对普遍机制的认识，因此，质性研究方法显然是第一选择。而作为质性研究本身，它能够保障本研究的科学性在于以下几点。一是质性研究能够把别人没有看到的，别人看到的没有想到的，别人想到没有归纳到的，别人归纳到了没有抽象的，全部揭示出来，这是质性研究的要素之一。二是质性研究是理论和方法集成，经验研究不是仅仅就事论事进行讨论，而是要在大量调查基础上进行理论建构，注重研究者经验训练的系统性和对实践性的认知[1]。三是质性研究不只有田野调查一种研究手段和方法[2]，还可以通过他人的研究形成服务于自己的思考和认识，本研究前期准备工作以及写作过程中参照了大量关于农民城镇化研究的学术著作，为推进本研究做出巨大贡献，另外，直观的数据使用也是质性研究的一种手段。质言之，质性研究可以是多面手，以保证研究结论真实客观。四是相比定量研究而言，定量研究模式固定化了，但是定性研究是活的，可以形成研究者自己的风格，其研究结果是不确定的[3]。质性研究的表述风格很重要，能够通过生动的案例说明讲述一个重要的问题，从小切口入手，以小见大，表述一个让大家信服的道理，而且这个道理可以在日常生活中得以检验。总而言之，质性研究的叙述是有力的，有理有据且有逻辑的，有风格且有规范的，通过翔实和严谨的论证达成研究目标。因此质性研究必须是经过充分的经验调查和经验机制分析得出的客观结论，不能以主观意志提前介入。

（二）多案例研究分析方法

案例研究作为质性研究的具体方法之一，其最早作为人类学田野调查方法被人们熟知，而案例研究进入社会学研究视野则面临处理好

---

[1] 贺雪峰：《城镇化的中国道路》，东方出版社 2014 年版。
[2] 陈向明：《社会科学中的定性研究方法》，《中国社会科学》1996 年第 6 期。
[3] 黄宗智：《连接经验与理论：建立中国的现代学术》，《开放时代》2007 年第 4 期。

共性与个性、特殊与一般问题的挑战。这就需要研究者一方面从质性研究找共性，但是现实社会和经验现象是繁杂混乱的，另一方面要在其中找到共性，分析一个共同的本质特征，抓住事件的核心和关键。为此，本书重点选取三个具有一般代表性的不同产业基础的乡村实地案例作为多案例研究的经验基础，案例的选择是基于县域城镇化这一研究主题做出的有针对性和目的性选择的结合，再加上前期在不同地域的县乡社会调查作为基础，以寻求探究不同乡村产业基础类型下的农民城镇化道路实践。因此，以乡村为单位做田野调查过程中发现特征并进行描述是第一步，之后还需要对经验进行提升和抽象概括；其次，在对多案例进行田野调查之前做好调研设计，提前了解调研地点，列好问题清单，计划好调研时间，控制好访谈、记录、材料整理、材料分析的节奏，找到共性和差异性，并且对共性和差异性结合分析，包括从人文、社会、人伦、经济等各个方面进行分析。当然，在此过程中遇上的意外之喜或者随意碰到的也要记下来，因为这次用不到，后面也许就用到了。关于个案研究方法面临的个性与共性、特殊与一般的关系处理问题，学界聚焦讨论甚多。个案研究能否"走出个案"推及一般而显现出研究的代表性是个案研究处理特殊与普遍二元关系的实质。由此出发，美国学者布洛维首倡"扩展个案法"寻求自田野个案扩展出去，从微观走向宏观，研究者既居高临下看到具体生活，又能从具体生活中反观宏观因素的变迁，从而达到对研究主题的深入理解，走出仅限于个案研究对象的狭小地理范畴①。费孝通从单一社区驻点调查走向对不同区域村庄的田野观察，以比较研究逐步接近对某个区域甚至是整体中国经验的认识②，使个案研究在社会科学领域迈出了坚实一步。本研究将利用上述研究方法处理共性与个性、特殊与一般性关系，选择多案例作为经验基础在微观经验的机制研究基础上实现对宏观问题的把握，揭示不同产业基础的乡村社会对农民城镇化实践的影响。

---

① 麦克·布洛维：《公共社会学》，沈原译，社会科学文献出版社 2007 年版。
② 费孝通：《学术自述与反思》，生活·读书·新知三联书店 1996 年版。

（三）乡村社会类型的划分

类型分析法运用到具体研究中就需要对乡村社会的类型进行划分，这成为当前乡村社会研究的基本方法。对乡村社会的类型进行划分的重要意义在于，一方面，在不同产业基础的乡村社会中，其社会结构呈现出不同的样态，并且对农民城镇化产生影响，因此，只有将不同乡村社会类型化，才能够展开本书的具体研究，揭示不同产业基础下的农民城镇化道路实践差异；另一方面，对乡村社会进行类型划分能够为具体经验场景中的个案乡村提供类型归纳和建构的基础，从而扩大个案的特殊性至一般性，形成抽象归纳的解释。

总体而言，学界对乡村社会类型的划分从两条路径展开。一条路径是根据经济发展程度的差异形成分类体系。这一分类被广泛运用在乡村区域研究中，将乡村社会分为两大类：一是东部沿海发达地区，主要集中在长三角沿海和广东珠三角沿海等地区；二是广大中西部地区，绝大多数乡村以农业生产为主导。一般而言，前者的乡村工业化程度高，非农化就业特征明显，普遍以二、三产业为主导，农民县域内市场就业机会多；后者仍然由传统农业生产为主，大部分青壮年劳动力不得不异地大城市务工，属于人口流出地，农民城镇化的有限性使这部分地区的农民高度依赖土地与乡村社会[1]。

另一条对乡村社会类型进行划分的路径是从乡村文化角度展开。费孝通[2]早期在观察江村的产业发展历程中就已强调注重农民社会心态的研究，黄宗智[3]对中国乡村建设进行探索过程中，也对华北乡村和长江流域乡村进行了区域差异的阐释，贺雪峰、仝志辉[4]等基于大量乡村田野调查，从不同村庄社会结构出发将乡村区域划分为三种类型，分别为以团结型村庄结构为特征的宗族型乡村地区、以小范围亲

---

① 仇叶：《城乡一体化地区乡村治理逻辑的转换——对沿海农村村级治理行政化的反思》，《求实》2020年第6期。

② 费孝通：《江村经济》，上海人民出版社2007年版。

③ 黄宗智：《认识中国——走向从实践出发的社会科学》，《中国社会科学》2005年第1期。

④ 贺雪峰、仝志辉：《论村庄社会关联——兼论村庄秩序的社会基础》，《中国社会科学》2002年第3期。

族为行动单元的小亲族乡村地区和以家庭为核心行动单位的原子化乡村地区。基于不同的乡村文化结构，农民在集体行为、政治参与、生产生活等方面表现出不同的行动逻辑，对乡村社会生产生活与城镇化产生了深远影响。

以上两条关于乡村社会类型划分的研究路径均构成了本书关于乡村社会类型划分的基础。既有研究为本书基于具体研究进一步阐述中国乡村社会发展的区域差异提供了启示，对于乡村社会的分类是基于乡村社会实情的非绝对划分，这就需要我们从理论层次对影响乡村社会类型区域差异的变量进行操作化，从而使类型划分更具有解释力。

本书关于乡村社会类型区域划分的进一步阐释是以理解乡村产业化进程中的农民城镇化道路实践为目标建立的分类体系，无论是经济发展程度的差异，还是乡村文化差异，都无法基于本书的具体乡村产业基础差异下的乡村社会类型进行深入阐述农民城镇化实践的关联。一方面，虽然乡村经济发展程度的差异与产业社会高度相关，东部沿海地区的乡村产业非农化程度高，广大中西部地区则以农业生产为主导，但是存在的特殊情况在于，一些区域市场条件不好的乡村由于产业基础较好而实现了工业化发展。事实上，经济发展程度差异对于工业型产业乡村和传统农业型产业乡村的类型划分，很难包容介于传统农业型产业与工业型产业的中间状态的乡村。另一方面，从乡村文化结构差异的角度看，文化结构区分了不同地方社会的农民行为逻辑差异，但是总体而言，传统乡村社会均是基于熟人社会关系网络展开交往，而中国乡村社会大部分未能完全实现现代化的转型。现实情况表明，大部分乡村都是传统型社会底色，乡村文化对于不同产业基础的乡村农民城镇化实践差异并无太大影响。

基于笔者的长期调研与区域差异的理论分析，本书将从社会经济剩余程度、产业生态结构这两个维度出发，建立乡村社会的类型体系①，并对农民城镇化实践的差异展开研究。由于社会经济剩余程度、

①　需要说明的是，由于研究范畴所限，本文并不能够穷尽所有产业类型的村庄，如服务业、旅游业、现代农业类型的乡村，而是希冀通过在数量上占多数的不同区域乡村社会进行类型化比较，以进一步分析农民县域城镇化问题。

产业生态结构具有内在关联性，一般而言，在工业产业结构占主导的地区，由于较为成熟的产业链形塑了完整的务工市场，农民可以实现本地就业，增加经济收入和城镇化消费能力，与乡村社会结构的现代化形成了良性互动和循环。与之相对的，在产业化发展尚不成熟的乡村地区，仍然以传统农业进行低度积累的生产方式，乡村经济空间有限。而在农业和工业均较有活力的产业结构相对均衡的乡村地区，乡村经济剩余往往呈现出活力。

因而，本书将产业基础差异下的乡村社会分为三种基本类型，这三类乡村根据不同的产业生态结构和社会经济剩余程度呈现不同的样态：一是以传统农业生产方式产业结构为主的传统型乡村，可以称为传统农业型乡村；二是农业生产和工业生产相对均衡发展的产业结构乡村，可以称为半工半农型乡村；三是以工业生产的产业结构为主导的乡村，可以称为工业型乡村。这三种不同类型的乡村社会具有差异化的城镇化实践，并呈现出稳定的类型状态，参见表1.1。

表1.1 乡村社会的类型

社会经济剩余程度 产业生态结构	农业	农业 + 工业	工业
低	传统农业型乡村	半工半农型乡村	—
高	—	—	工业型乡村

这一分类构成了本研究的分析基础，也是本书在田野调查和个案选择上的方法论基础。

二 田野工作

（一）前期调研积累与农民城镇化问题的基本认识

本书的问题意识是通过理解乡村产业基础差异下的农民城镇化实践来理解城乡关系，并且进一步深化对基层社会现代化转型的认识。在开始博士学位论文田野调查之前，自2017年暑假开始，笔者已经在全国13个省区市（湖北、山西、陕西、湖南、河南、四川、安徽、陕西、广西、江苏、浙江、江西、北京）的约33个村庄累计进行田野调查 454 天，其中多数调查没有明确的研究主题，对村庄社会、经济、文化、治理等方方面面进行调查，前期这种不确定主题的调查虽然没有能够集中对一个或部分问题进行深挖来形成学术产出，但是在多次不同区域农村调查过程中，形成了深厚的积累，并且为后期集中一个主题进行专题化调研打下了扎实的基础。有关于农民城镇化的研究选题正是基于前期的田野训练、积累和中期的深度关注逐步成型，如表 1.2。自 2018 年 5 月份贵州马鞍山村调研，笔者开始关注乡村产业发展与农民城镇化之间的关联，在此之后的调查中，笔者都持续关注了乡村产业化背景下的农民城镇化问题。总体看来，无论是有传统产业基础的乡村，还是没有传统产业基础的乡村，都在积极发展产业，而乡村产业也确实成为地方经济社会样态差异化的关键变量，尤其影响到农民城镇化的策略，这引起了笔者的关注并促使其继续思考。城镇化背景下，基层社会快速转型带来了乡村产业社会基础环境急剧变化，从产业基础出发探索农民城镇化背后的县乡社会流动秩序也许是一个重要的理论和现实命题，并最终以此作为博士学位论文选题。

表 1.2　　　　　　　　　**田野工作地点的区域分布**

乡村类型	传统农业型乡村	半工半农型乡村	工业型乡村
前期调研（次）	8	6	3
调研报告	2 个乡镇	2 个乡镇	3 个乡镇
区域位置分布	湖北沙洋、山西五寨、河南新蔡、贵州石阡、湖南涟源、广西百色、湖北罗田、陕西合阳	江西南康县、江西寻乌、湖北新洲、安徽繁昌、湖南衡阳、湖北点军	浙江衢州、浙江上虞、江苏泰州

（二）个案确定的典型性原则与情况介绍

经过前期的大量调研，本书确定了乡村社会的分类，这为进一步针对具体乡镇和选择典型个案研究不同产业基础的乡村社会城镇化问题提供了基础。在类型分析中，个案研究能否"走出个案"推及一般而显现出研究的代表性是个案研究处理特殊与普遍二元关系的实质。个案研究必须"走出个案",立足微观经验,得出对宏观社会的把握①,使社会研究得以具有现实关怀和对问题的解释力。因此,个案的选择必须是在一个广阔的场景之中来搜寻和定位,视域宽广,而又不失审慎②。以下进一步阐明本书选择个案的基本原则,以保证个案具备典型类型的特征,并且有利于顺利进入县、乡、村各级组织、产业园、工厂和普通农民等进行调研,推进博士学位论文研究。

个案的典型性。个案的典型性是案例研究能否从特殊到一般、由个性到共性开展研究的基础,也是选定个案的关键准则。概而言之,个案的典型性主要表现在经验事实的客观性和完整性、典型类型的代表性,只有基于这两点,质性研究中的经验现象逻辑才能够得以理论化呈现,并且进行抽象归纳。因此,本书要求每一个个案均是具有典型性的乡村,在产业结构、社会结构和区域位置上强化其一般性和代表性。例如,三个乡村涵盖了东、中、西部不同区域的乡村,且分别代表该区域典型的、基数数量占主导的产业结构类型,其中东部地区选择的是工业型乡村,中部地区选择的是半工半农型乡村,西部地区选择的是传统农业型乡村。此外,为了保证经验的完整性,笔者都认真准备和长时间以月为单位驻点调研并认真撰写调查报告。

个案调研的可行性。典型个案要结合具体现实经验进行加工、分析和提炼才能得以理论化提升。因此,个案调研是否可行关系到经验材料的获取和调研进展。总体而言,调研的可行性基于三个方面:一是前期与调研地的对接,能否把调研意图清晰化表达,关系到调研过程中人员的配合度;二是调研过程中的访谈效度,要求调查者根据访谈清单提出有效问题,保证访谈时间和节奏;三是对资料搜集的完整度,需要调研者与当地相关部门有较好的交流和建立信任关系。基于以上三方面的工作,研究者可以基于调研获得有效资料,为后续集中研究和写作奠定扎实基础。

---

① 卢晖临、李雪:《如何走出个案——从个案研究到扩展个案研究》,《中国社会科学》2007年第1期。

② 周忠丽:《作为策略的个案研究:局限及其超越》,《中国社会科学报》2011年3月17日第7版。

基于上述个案选择的典型性原则，笔者选择了山西新乡、赣南唐镇、江苏水镇①为主要经验基础和资料来源。这些调查为笔者深入挖掘乡村产业基础差异下的农民城镇化问题意识奠定了扎实基础，也推动笔者关注学界对于这一问题的研究动态。调研时间分别为2020年8月1日到2020年9月1日、2022年1月1日到2022年3月5日、2021年7月3日到2022年7月23日。三次调研形式都是侧重城镇化主题的基层田野驻点调研，关注到了县乡村基层社会的转型与巨变，形成了对典型类型的乡村产业发展中的农民城镇化实践认识。

　　选择上述三个乡镇作为个案，最重要的原因在于三者具有典型性。山西新乡位于西部地区，代表了以传统农业生产为主导的乡村产业结构的乡村；赣南唐镇，位于中部地区，代表了兼有农业和工业，产业结构相对均衡的乡村社会类型；江苏水镇，代表了东部沿海发达地区以工业为主导的产业结构的乡村。三者的典型性还体现在他们的乡村产业发展历史较早，均是从改革开放之后就开始了产业发展的进程，因此通过这三个地方观察产业基础差异下的乡村城镇化能够获取较丰富且客观的完整资料。此外，因为在与当地政府部门的前期对接中接触顺利，使后期调研相当顺利，保证了调研的有序进行和后续研究的开展。

　　可以说，这三个乡镇既具备了个案的典型性，又能够保证调研材料的完整性和丰富性。在这一前提下，类型提炼和比较分析才是逻辑自洽和合乎逻辑的。下面是三个典型乡镇的基本情况介绍。

　　山西新乡：新乡位于山西忻州市西北部，全乡总面积57平方千米，距离县城25千米，下辖14个村委会，人口7100多人，有耕地面积42000多亩，其中，灌溉地的50%是平川地；全乡人均耕地为6亩，主要耕种作物为玉米、谷子、土豆等。当地的农业生产主要有两个特点。第一，农业生产较为分散。传统的以家庭为单位进行农业生产的方式具有深远的影响，它形塑了当地农业生产分散性的基础。以羊村为例，全村106户，登记在册和外来人口共计302人，常住人口

――――――――――

　　①　为体现乡村的地域差异，文章不对省级、市级地名匿名化处理，只对县级及以下行政区划单位进行匿名化处理，后文不再赘述。

170 人。全村耕地面积 1386 亩，退耕还林 964 亩，人均耕地面积 4.2 亩，至少分为 4 个地块，且分布在五个不同的地点，中间由国道、马路、桥梁以及水渠交错分隔，且每个地点的土地品质也不相同。第二，农业生产的脆弱性。一方面体现为，在农业生产过程中，农作物对于突发灾害性事件极低的抵御能力，另一方面体现为，在市场竞争环境中，农户对于市场风险极弱的应对能力。换句话说，农业生产本身有自身的特点，它极大地受到自然气候条件的影响，土壤条件、降雨、气温、风沙等都对农作物的生长产生影响，尤其是肥力流失、干旱、霜冻以及风暴都有可能对农作物产生毁灭性破坏，以至于减产量降品质，甚至于绝收。

打工经济是新乡人民一种很重要的增收方式，因为除了农业生产之外很少有其他的收入来源，但是新乡的周围环境中打工机会并不是很多，而且主要是家里的男性劳动力出去打工，女性劳动力传统上是不打工的。以三代人的家庭为例：年轻的一代分两种情况，一种是在上学读书，另一种是已经完成学业或者辍学在外打工；中年的一代同样是有两种情况，一种是夫妻俩在家里，以农业为主，农闲打零工，农忙种田，另一种是夫妻一方在家务农，一方在外打工挣钱；老年人这一代则是在家种田，能干就会继续干，干不动了可以靠自己的一点口粮和国家提供的低保、养老金生活。综合来看，山西新乡是典型的传统农业型产业乡村。

赣南唐镇：唐镇位于江西省赣州市南县，距离市里 15 千米，距离县城 10 千米，土地面积 88 平方千米，辖 32 个村（社区），常住人口超 12 万人，自古商贸繁荣，经济活跃，是闻名遐迩的"江西四大历史名镇"之一。唐镇家具业在 20 世纪 90 年代初，已发展成为唐镇经济建设的一个最重要的支柱产业、民生产业和富民产业。2004 年末，唐镇年产值超 100 万元企业 260 多家，超 500 万元企业 3 家，超 1000 万元企业 2 家，全镇实现工业产值近 6 亿元。2005 年末，唐镇共有个体私营企业 213 家，个体经营企业 2295 家，其中家具行业 155 家，个体经济企业人数达 1300 多人，工业总产值 5.2 亿元。2017 年末，唐镇辖区有工业企业 258 家，其中规模以上工业企业 21 家。2018 年末，唐镇辖区有工业企业 171 家，其中规模以上工业企业 20

家。2019 年末，唐镇家具企业由原来的 700 多家整合至 513 家，63 家企业达到规模以上企业标准。605 亩的家具集聚区建成并投产，形成了家具特色产业集群。

唐镇以山地丘陵为主，人均耕地面积 7 分左右。从 90 年代开始，本地引进脐橙，当地农业产业结构发生转变，农民在山林和水田里大量种植脐橙，并发展成为当地重要的产业。工业和农业生产方面的双重优势，形塑了县城、镇域范围以及村庄社会的三级劳动力市场和本地家庭工耕结合的生计模式。以家庭三代人为例，年青一代人部分留守县城务工；中年一代多数留守乡村，一边从事县域家具产业生产，一边管理家里的脐橙果园；老年一代则留守村庄帮助管理果园，没有劳动能力的则赋闲在家。可以看出，赣南唐镇是典型的半工半农型产业乡村。

江苏水镇：水镇隶属江苏省泰州市，位于江苏中部，自 2002 年起，随着所属县域经济开发区的发展，该镇人口急剧增长，当前已有户籍人口约 2.5 万人，登记外来人员 1.7 万人，实际外来人口预计达到 2 万多人，本地与外地人的比例达到 1∶1，全镇人口容量达至 5 万人。水镇辖 10 个行政村，总面积为 16.81 平方千米。2020 年，水镇有工业企业 76 个，其中规模以上 23 个。

由于地理位置十分便利，以水镇为半径的县域范围劳动力市场十分发达，家庭劳动力嵌入市场化程度高，实现了家庭劳动力充分就业，因此，家庭与市场关系呈现出互为嵌入型关系，家庭中老年群体都能够获得充分就业，例如绿化、化工厂、环卫等工作，同时，年青一代受教育程度较高，能够获得城市良好就业，整体来说家庭发展能力较强。就业环境、教育发展等方面影响，使当地就业机会较多，能够满足家庭劳动力以及老人剩余劳动力充分进入劳动力市场。他们普遍认为"60 岁大干，70 岁中干，80 岁小干"，中年人有一部分正好赶上了船运市场的发展，包括这边的一些工厂也提供了就业的机会，所以能够逐渐稳定地进入就业的市场。年青一代接受了好的教育，他们可以进入城市里面，进行积累。可见家庭劳动力结构与本地的务工市场共同形塑了这边一个典型的工业型乡村社会。

本书的资料来源于以下几个方面。1. 访谈资料与调研日志。调研过程中笔者访谈了包括县乡干部、村干部、村民和产业个体户、企业老板等在内的不同层次的人物，以半结构式访谈为主，部分访谈辅助于调研提纲，灵活运用了电话、微信和座谈会等方式收集了部分信息。2. 二手资料的引用。当地县志、镇志以及政策文件等相关资料，由于前期对接调研较为顺利，笔者与当地干部调研过程中有了深厚的情感沟通，调研后期也就比较顺利地获得了一些政策性和文字性资料。同时，调研团队的调查报告也是本书的重要补充材料。

第五节　核心概念与篇章结构

一　核心概念

本部分主要对书中出现的核心概念内涵进行界定，从而服务于整体研究的推进。具体包括县域城镇化、产业基础和城镇化策略。

（一）县域城镇化

城镇化是乡村向城市流动过程中的一种状态。既可以理解为动态的乡村社会转型过程的一种描述，又可以理解为静态的以城镇为中心的县域社会个体、家庭生产生活的样态。从动态社会转型的角度来看，城镇化其实是农民向市民、乡村社会向城乡社会、农民兼业生产向职业化生产的多方面转型过程。我国城镇化进程最早开始于市场经济改革带动的乡村社会经济结构变化，大量剩余劳动力从乡村农业生产中解放出来，以乡村人口向城市流动、乡村产业结构调整和农民生活方式变动为特征的乡村社会市场化和现代化转型推动了城镇化进程。对于农民城镇化问题的关注，不仅学界对于城镇化发展和相关问题进行了大量论述，而且政策层面也围绕城乡关系建构和农民社会福利展开了讨论。以人为核心的城镇化发展战略指出要更加突出协调发展的城乡关系，注重提升人民的生活水平，缩小城乡差距。因此，城镇化不仅是城市建设的问题，还是乡村建设过程中的重要问题。

本书所指的县域城镇化是农民从乡村社会进入县域社会的实践，在理想状态下最终表现为县域社会个体和家庭以城镇为生产生活阵地并且安居于城镇享受更好公共服务的行为逻辑，但是从现阶段乡村社会农民进城的实践特征来看，广大中西部地区的农民城镇化仅是以进入大城市务工为主要路径，难以在城市实现生产和生活的安居状态，尤其是县域范围内缺乏一定的产业支撑，农民进入县城买房却无法实现家庭安居在城，家中青壮年劳动力必须要到有产业机会的大城市务工。本书中所提到的县域城镇化、教育城镇化、婚姻城镇化等均是在这一基础概念上的延伸。

（二）产业基础

本书提出产业基础的概念，尝试将县域城镇化研究的内容与产业相结合，即采取新的分析视域实现人的城镇化目标。从嵌入理论的角度来说，基于产业发展推动县域城镇化蕴含着三方面的目的。其一，以产业化推动工业化进而带动城镇化，这是国家的初级价值目标；其二，以产业化促进农民收入增加和提升农民在县城生产生活能力的次级价值目标；其三，助力乡村振兴，推动县域经济发展，实现人的城镇化，这是最高层级的目标。产业是国家提升城镇化发展水平和质量的重要抓手，国家政策文件的意图就是通过更为合理的产业结构嵌入转型中的城乡社会来联动农民向城镇的自下而上流动。以产业为切口，可以通过经济结构调整落实城乡发展一体战略，均等化城乡公共服务，缩小城乡差别，以此，以产业基础为着力点的县域城镇化体现出城乡关系发展的均衡性。产业基础正是把产业置于联动农民进入城镇生产生活的关键要素。

本书中的产业所指范域是乡村社会结构维系的经济基础之上发展起来的产业体系，这一套产业体系包含工业和农业产业。根据市场发展规律，有限范围内的市场经济发展到一定程度将会向上游市场扩张，并最终形成一个较为完整的产业链。在县域城乡社会中，乡村产业发展到一定程度时也会被县城产业吸纳，当原有乡村社会结构也同时受到市场经济吸纳而被冲击时，乡村社会产业基础也就呈现出"去产业化"的特征。笔者认为，从产业基础的研究视角来研究县域城镇化的意义在于建构城乡社会内部经济—社会互动性的公共关系，从而推动城乡一体化。

（三）城镇化策略

"策略"一词在西方社会中被赋予丰富的政治、经济、文化等多重实践意涵，泛指受到主体行动目标驱使的情况下，行为主体做出的一系列结构性的行为系统。本书将策略的社会学意涵放置于城镇化实践的讨论中，区别于西方社会学中不区分主体复杂经验的行动，在中国本土化的策略内涵和意义讨论中，策略的精细性、伦理性和文化性都表明其内涵的定义需要与复杂的社会经验相结合。

本书所指城镇化策略是农民以家庭这一行动单元基于不同乡村资源结构而做出的进城行为策略选择。这一城镇化策略受到农业资源、工业资源和市场辐射（产业基础）的影响，从而表现出不同区域的县域社会城镇化策略。在进一步分析讨论中，文章将多数缺乏产业基础的中西部乡村的城镇化策略定义为半脱产城镇化策略，这一实践策略与产业基础条件不足的县域社会的冲突在于，留守县域的劳动力（一般为女性）无法实现兼业，而且是一个家庭三种生活制度的非完整型家庭生活实践，大大降低了农民县域城镇化的水平和质量。

二　篇章结构

本书共有七章，导论和总结分立首尾，各成一章，第二章到第六章递进呈现文章主体内容。第二章梳理不同时期乡村产业发展的农民县域城镇化实践的阶段特征，从第三章到第五章分别对不同产业基础的乡村农民城镇化实践机制进行分析，第六章主要分析县域城镇化背后的经济—社会互动关系，对广大中西部乡村地区县域城镇化面临的问题进行梳理，并基于乡村产业基础差异下的农民县域城镇化实践，思考构建均衡城乡关系的城镇化实践模式。第七章"总结与讨论"，主要对产业基础进行理论反思，提出推进县域城镇化的基本方向，总结本书的创新之处和研究展望。具体而言，每章的大致内容如下。

第一章：导论。提出问题，即农民县域城镇化的实践逻辑问题，理解乡村产业发展与农民城镇化之间有何关联，并进一步分析不同产业基础的乡村社会县域城镇化有何差异以及如何实现均衡的城乡关系。

第二章：梳理乡村产业发展的政策背景与变迁，概括乡村产业发展进程中不同阶段的县域城镇化实践模式，归纳不同产业基础下的乡村社会基本类型（传统型农业乡村、工业型乡村、半工半农型乡村）与城镇化实践路径的差异表现。

第三章：工业型乡村的农民城镇化道路实践机制。梳理工业型乡村的产业基础特点，对县域城镇化实践的特征、模式进行提炼。

第四章：半工半农型乡村的农民城镇化道路实践机制。梳理半工半农型乡村的产业基础特点，对县域城镇化实践的特征、模式进行提炼。

第五章：传统农业型乡村的农民城镇化道路实践机制。梳理传统农业型乡村的产业基础特点，对县域城镇化实践的特征、模式进行提炼。

第六章：县域城镇化实践与城乡一体化构建。将县域城镇化的实践逻辑进一步延伸到城乡经济社会系统发展与基层社会现代化转型的讨论，梳理缺乏产业基础的广大中西部县域城镇化面临的问题，并进一步分析农民家庭以何种家庭策略应对城镇化问题和风险，思考构建城乡一体化关系的实践模式。

第七章：总结与讨论。对产业基础进行理论反思和提炼，提出推进县域城镇化的基本方向，总结本书的创新之处和研究展望。

第二章　乡村产业发展进程中的
城镇化实践

第一节　乡村产业与乡村社会变迁

在乡村工业化进程中，乡村产业的发展是衡量乡村经济的重要社会变量，从人民公社时期的社队企业到改革开放时期的乡镇企业，乡村产业作为经济基础和物质基础是乡村社会建设的重要支撑。无论是集体时期的社队企业还是改革开放初期的乡镇企业，均是由乡镇集体占股，实质上由乡镇政府控制，作为乡镇企业的代理人。市场经济时期的乡镇企业面临转型，政体松绑和市场经济的刺激推动了乡镇企业的私有化转型，带来了乡村产业发展的空间扩大化，增强了乡村产业发展的自主性，主要表现形式包括苏南模式、温州模式和珠江模式，大部分乡镇企业的模式是苏南模式，随着市场经济的不断深入推进，这三种模式都进行了一定程度的变迁。需要说明的是，乡村产业从空间上分为村企、乡企和部分在县城的乡镇所属企业，本章节讨论的是在乡村空间范围的乡村产业与农民城镇化之间的互动。

从社队企业到集体乡镇企业再到乡镇企业的私有化，乡村产业发展贯穿个体与家庭、个体与社会的关系。认识乡村产业发展的历史进程，一方面可以追溯乡村经济发展过程中的制度嵌入所产生的影响，另一方面还可以分析乡村产业发展与乡村社会的互动，以进一步理解乡村产业对农民城镇化的影响。

一　双轨经济时期的集体乡村企业

19世纪50年代中期至60年代中期，中国工业化发展进入全面建设社会主义时期，从初级互助组到高级互助组再到后来的集体经济合作社，乡村产业发展体现出典型的集体化特征，在产业发展方式上，以社队为单位，集体筹工筹劳，所得经济收益再以社队为单位分红，集体共享产业发展成果。这一时期，国家、乡镇企业、村集体与村民都可能通过参与乡村企业运营提升乡村社会建设的资金收益，服务于乡村社会的全方位建设。1978年，中国共产党第十一届中央委员会第三次全体会议召开，国家实行改革开放战略，对于乡村发展产业更加重视，这一时期，国家通过落地更多的产业机会激活生产，包括以江苏苏南和浙江温州为代表的东部沿海发达地区的乡村产业发展，以珠江三角洲为代表的乡镇企业沿海经济带，不仅把乡镇企业的发展推上高潮，还促进了城市市场经济的形成，中国城乡地方经济市场初步形成。

城乡市场的形成，由两方面的原因促成，一方面是乡镇产业自身的发展受到限制，乡镇企业无法在发展质量上进一步提升，以进一步吸纳乡村剩余劳动力；另一方面，外资企业和多种性质的市场经济类型进入中国市场，它们首先找准了城市经济带，典型的代表，如浙江温州、江苏苏南地区和广东珠三角地区，这些城市经济带以吸纳乡村地区的剩余劳动力发展劳动密集型产业，初步形成了区域范围内的地方劳务市场。20世纪80年代初期，家庭联产承包责任制开始了中国乡村社会生产经营制度的改革步伐，传统乡村社会以集体所有为主导模式的经济发展模式开始向私人所有的经济发展模式转变，其在乡村社会生产生活上带来的影响不言而喻，在农业方面，解放了有限土地生产效益上的剩余劳动力，由于低龄老人足以满足一个农民家庭农业生产劳动力需求，青壮年劳动力得以从土地上解放出来，促进了乡村社会非农化的生产；同时，在乡镇企业吸纳一批劳动力参与非农化生产之外，部分青壮年劳动力流向沿海发达地区城市带进厂务工。在这种乡村经济发展样态下，农民家庭经济积累呈现出典型的以代际分工为基础的工耕结合模式，城市和乡村逐渐表现出"以农促工，工业反哺农业"的结构化关系。

乡村产业对于农民县域城镇化的影响甚为关键，但是农民家庭越来越扩大化的家庭再生产任务促使农民在城镇化目标驱使下不得不更加倾向于经济效益最大化的务工收益，乡村产业在与城市企业的对比之下显然不具有优势，况且城市经济带不仅具有乡村集体所有的企业，还具有多种所有制形式混合发展以及私人所有的企业类型，这些都使城市产业发展在劳动力吸纳上更具竞争力。然而，这一时期，乡村产业发展的瓶颈不仅在于乡村社会大量青壮年劳动力的流失，还受制于乡村社会内部其他多方面的因素。比如，首先，乡村集体所有的经济生产模式捆绑了乡村社会企业发展活力，以非专业的政治体制代理人来经营企业，无法提供乡村企业经营生产上的专业指导优势；其次，乡村社会无法形成规模化的产业集聚，限制了乡村产业经营效益，无法实现进一步扩大化生产，没有形成完整的乡村产业链。配套性产业支持相对缺乏等问题都暴露了乡村企业这一时期先天占优却后发不足的劣势。这些都动摇了乡村产业基础，继而影响到农民县域城镇化实践。乡村产业亟须根据市场经济发展阶段进行调整和改革。

二　市场经济时期的私营乡村企业

由于人民公社时期和改革开放初期的乡镇企业所有制模式不适应乡村产业进一步发展的要求，市场经济时期的乡村企业发展开始走向经济转轨，且伴随着乡村社会的巨大变迁。在经济发展制度上，乡村企业集体所有、集体经营的共同体形式明显，但是这种制度上的集体化模式并不能够适应越来越分化的乡村社会，使得集体所有制模式捆绑了农民家庭个体化活力的释放。乡村社会的分化，首先体现农业生产和非农化生产的分化，由于土地生产不再是家庭劳动投入的唯一领域，乡村社会农业生产的完整性被打破，生产非农化成为农民家庭增加经济收入的重要来源，在特定的市场经济环境下，家庭劳动力在非农化生产方面的投入决定了家庭经济实力，造成了农民家庭发展能力的分化；其次，外来市场经济主体嵌入城乡产业发展体系中，推动了乡村社会人口的流动，大量青壮年劳动力进入城市务工，农民家庭完整性的乡村社会生产生活状态被城市二元结构分离状态所替代。在乡村企业的经营方式上，集体所有和乡镇政府经营的方式已经不适合市场经济时期的发展特点，乡镇企业面临从双轨经济到市场经济的不同发展阶段的转轨。第一，在经营主体上，进行股份制改革，从原来的集体占大股转变为经营者占大股，从而最大化调动经营主体的主动性和积极性，促进企业内部发展。第二，转变乡村企业发展过程中的政企关系，推动政企分离，如有的工厂，董事长、总经理由乡镇党委书记担任，改制后的乡镇企业尽量避免乡镇政府工作人员担任厂长或经理，提升乡村企业发展的竞争力。乡村企业中的政企分离模式，一方面是由于企业自身发展的需要，另一方面是由于乡镇对乡村产业治理方面的负担越来越重，部分地方乡村企业效益江河日下，集体企业效益难以维系地方社会公共服务发展，亟须通过私营经济创造社会效益。第三，从集体乡村产业到个体乡村产业的推动，企业转轨最突出体现在鼓励私营企业发展，私营企业的出现给乡村企业在市场经济发展浪潮中松绑，激活了乡村社会经济活力，推动经济社会的进一步发展。

　　总结起来，市场经济时期的乡村企业转轨可以按不同地域分为不同的三种模式，分别是"苏南模式"、"温州模式"和"珠江三角洲模式"。苏南乡镇企业起步于20世纪七八十年代，是具有普遍代表性的乡镇企业发展模式。苏南地区工业起步早，形成了相对雄厚的经济基础，为苏南地区乡镇企业发展奠定了坚实的基础。温州模式则是计划经济时期向市场经济转轨过程中形成的乡镇企业发展模式。温州地区的乡镇企业发展模式不同于苏南地区，受到城市产业辐射和工业基础影响，更多的是从农村家庭作坊型工厂转型到镇办企业，依靠先天优势，打破了外部主导乡镇企业发展的格局，为市场经济时期的乡镇企业发展提供了新的发展模式。珠江三角洲的乡镇企业发展模式，既不是当地政府主导的经济发展模式，也不是从农村家庭作坊成长起来的乡镇企业，其特殊性在于凭借地区经济开放优势，率先享受到了区域经济开放红利，台湾、香港等地区的劳动密集型企业扎根在此，不仅形成了产业集聚，还逐步建立了相对完整的产业链条，也正因此，珠江三角洲的乡镇企业发展模式不仅辐射本地经济社会，还吸引了全国劳动力，形成了具有一定特色的珠江三角洲经济发展模式，迅速推动了乡村城镇化进程。

马克思①指出，经济基础决定上层建筑。1978 年 11 月，中国共产党第十一届中央委员会第三次全体会议做出了改革开放的伟大决策，国家从计划经济体制向市场经济体制转型，乡镇企业作为经济体制转型的基层一线，受到了非常大的影响，计划经济时期的乡镇企业发展可以由国家政府来兜底经济绩效，其经济效益也要反馈到乡村社会建设上；市场经济体制下，乡镇企业作为经济发展要素需要做出相应的调适，如在调动乡镇企业经营主体积极性上，政府经营，集体占大股的经营体制向企业经营者自主经营和经营者占大股的经营制度过渡。在经营特点上，转变了依靠行政指令的经济发展模式，从市场经济规律出发，制定发展战略，配合市场需求。由于乡村市场与乡村社会关系紧密连接，因此，乡镇企业发展除了受到政府宏观调控和市场经济规律指导之外，还受到乡村社会关系的影响，比如，企业经营者（一般指厂长）由本地人担任，在这个过程中，厂长与乡村社会有着血缘和地缘的双重关联，熟悉当地的地方社会规则，跟企业员工有着层次不同的关联，这些成为乡镇企业发展的特殊属性，利用好这些特殊属性决定乡镇企业的发展效益。乡镇企业的社会属性决定了我们在看待乡镇企业发展时，不能仅仅以城市经济发展的角度来分析乡镇企业，而需要将乡镇企业发展的社会因素考虑进去，从乡村社会的复杂微观因素出发了解其深层次社会意涵。

1987 年，费孝通在考察江村的养蚕缫丝行业时认为，江村的养蚕缫丝业的发展是当时政府集中资源倾力打造的结果，这在全国其他地方难以实现。这说明了乡镇企业发展对于政府资源的依赖。然而，随着市场经济的逐渐开放，政府的行政资源作用式微，反倒是更加依赖企业自身的工业基础，受到乡镇社会内部机制所影响。因此，很多地方即使没有政府资源的投入，也逐渐地发展起乡镇企业，各地乡镇企业在 20 世纪 80 年代兴起了第一个高潮。国内学者认为乡镇企业转型过程中，其经济基础的根本变化决定了乡镇社会结构的变迁，影响

---

① 马克思：《资本论·第一卷》，马克思恩格斯列宁斯大林著作编译局编译，人民出版社 2012 年版。

农民城镇化实践，造成了区域地方差异化进城和城镇化程度的不同。因此，大部分乡镇的社会结构变迁与其经济环境中发展自己现有的产业生态紧密关联，形成一定县乡社会秩序。乡镇企业的发展，具有中国社会特色和乡村社会内部复杂因素，因此，有学者提出了研究乡村产业不能仅停留在对制度的研究上面，还应该研究社会结构的复杂微观经验。

三 乡村振兴下的乡村产业发展

20 世纪 90 年代中期，乡镇企业走向没落，其中的原因在于两个，一是由于大量乡村人口外流，二是城镇化加速。此后，乡镇经济转型的一个重要标志就在于从乡镇企业的集体所有制经济向私营企业的个体经营为主体的经济转变。2000 年前后，全国统一性市场初步形成，其标志性事件就是全国绝大部分乡镇地区形成了打工潮，全国性劳务市场逐渐代替了区域性地方市场，如此一来，乡镇产业空间伴随着乡村人口的大量流失而被挤压，造成了乡村产业空心化。随着外出打工的兴起，农民家庭收入水平显著提升，农民家庭从乡村往城市流动，在城买房，让小孩在城市接受教育。乡村人口的大量流失和城镇化重塑了乡村社会生态，在生产方面，经济空间逐渐向城市集中，乡村生产功能弱化；在生活方面，农民从原本不离土且不离乡的状态逐渐走向了离土又离乡的状态；生产和生活的动态变化进一步改造了乡村社会的产业基础，乡村生产功能的消退使得乡村社会无法吸纳农业剩余中的劳动力，大部分青壮年人口背井离乡，走向城市务工，这两方面因素共同导致了乡村社会产业空心化，形成产业空间被挤压和劳动力外流的推拉力作用。

2005 年，国家提出新农村建设，"三农"工作成为基层工作的重中之重。2014 年，国家提出"精准扶贫"，其中产业扶贫成为帮助贫困地区脱贫的重要一环，乡村产业发展再次成为助力乡村发展的重要手段。在后扶贫时期，国家提出乡村振兴战略，不但注重城市经济发展，还要重视乡村内部经济发展。自 2018 年《乡村振兴战略规划（2018—2022 年）》出台以来，产业兴旺就作为乡村振兴的重中之重被提上日程。乡村振兴围绕产业兴旺、生态宜居、乡风文明、治理有效、生活富裕五个方面来推动农业农村现代化，其落脚点是生活富裕，而生活富裕意味着农民需要依靠农村产业兴旺来实现增收。2019年《国务院关于促进乡村产业振兴的指导意见》中指出，产业兴旺是解决农村一切问题的前提，乡村产业根植于县域，以农业农村资源为依托，以农民为主体，以农村一、二、三产业融合发展为路径，目的在于发展农业、繁荣农村、富裕农民①。随着中国改革开放的不断深入，中国经济由高速增长阶段进入高质量发展阶段，农业农村高质量发展成为这一时期的核心主题。

在工业化快速推进过程中，乡村产业发展迅速，农业产业现代化水平大幅提升，农业科技进步贡献率达到 59.2%②，以农业产业为基础的乡村产业化进程在一定程度上创造了乡村一、二、三产业融合发展的可能性，为城乡一体化发展提供了条件。但是，同时我们应该看到，农业产业发展现代化的社会效益转化仍然有一定的局限，大多数乡村地区由于空心化严重，农业土地资源没有得到充分利用，导致乡村地区产业空心化，农民全部依托于省外务工实现城镇化目标，负担较重，城镇化质量也不高。诸如乡村社会内部农业土地抛荒、产业链延伸拓展不足等问题，都将影响乡村一、二、三产业融合发展，并最终不利于减轻农民负担和增加农民收入以实现城乡协调发展。从乡村产业发展与城镇化的关系看，乡村产业发展为农民城镇化提供动力，且由于产业体系可以支撑县域范围的生产体系，农民可以选择在县域范围内务工，形塑本地生产市场，而由于生产市场的形成吸引了大部分劳动力留守县域社会，本地消费市场也得以形成，生产—消费市场的建立维系了一个完整的农民市民化生活空间，农民收入增加，更加从容地实现家庭城镇化目标，享受更好的公共品服务。

<hr />

① 董翀：《产业兴旺：乡村振兴的核心动力》，《华南师范大学学报》（社会科学版）2021 年第 5 期。

② 《胡春华：加快农业农村现代化》，中华人民共和国中央人民政府网站，http：//www.gov.cn/guowuyuan /2020 - 12/01/content_ 5566064. htm，最后访问日期：2022 年 5 月 20 日。

第二节　乡村产业发展进程中的城镇化实践

一　乡村产业基础差异下的乡村社会基本类型

随着改革开放的推进和不断深入，乡村地区城镇化不断加快，成为城乡一体化进程中的主流力量。然而，不同乡村地区城镇化水平各有差异，以至于呈现出不同的农民进城的差异化样态，其中，乡村地区产业基础成为一个重要因素。分析中国城镇化问题，需要基于区域差异做出更科学的判断。下面，笔者将从工业资源、农业资源和区域性市场辐射强度三个方面呈现乡村产业化进程中的乡村社会类型差异，并且根据社会经济剩余和产业生态结构两个基础维度的关联性，表明不同产业基础下的三种乡村社会类型，分别为传统农业型乡村、半工半农型乡村、工业型乡村，具体分析如下。

（一）工业资源的区域差异

我国乡村工业发展基础各有不同，工业资源成为一个地方非农化经济发展的一个重要衡量指标。乡村地区工业建设最早要追溯到 20 世纪 50 年代。改革开放以来，东部沿海发达地区依靠优越的地理位置奠定了较好的工业经济基础，逐渐拉开了与中西部乡村地区乡村产业发展的差距。除了地理区位条件有优势之外，主要有两方面的原因。一方面，广大乡村地区在不同地理位置上的不同自然资源禀赋的差异引发乡村产业结构的差异，自然资源基础较好的地方，尤其是非农业资源富足的地区较快发展起了工业，奠定了扎实的工业基础，这一点显著体现在东部沿海发达地区和中西部乡村地区的乡村工业水平差异。在国家市场经济不断与国际市场合作竞争的发展过程中，东部沿海发达地区乡村工业化进展较为顺利，凭借开放的市场获得了优于内陆地区的工业经济发展条件，实现了乡村经济的腾飞。另一方面，随着东部沿海发达地区较为成熟的工业体系建立起来，包含长三角一带、珠三角沿海地区成为全国性区域经济中心，带动了务工市场集聚于此，成为全国劳动力流入地，这就造成了地区间工业发展的此消彼长关系，中西部地区由于大量劳动力流失，难以支撑起劳动密集型工业发展，更由于技术、资金、人才等劣势难以发展起完整乡村产业，产业链不成熟。综合看来，乡村工业资源的区域差异分化明显，以工业资源衡量乡村产业基础来看，可以划分为以东部沿海发达地区为代表的工业型乡村和以广大中西部地区为代表的非工业型乡村。

从第一产业占 GDP 的比重来看，全国各省数据较为直观地反映了不同区域的经济分化，而这一反映工业资源指向的数据又真实呈现了各地工业化状况。一般来讲，一个地方工业化程度越高则表明该地城镇化比重越大，反之，则表明该地进入城镇的人口比重越小。根据国家统计部门 2019 年对各省区市的第一产业占 GDP 比重分析统计数据显示，全国第一产业占 GDP 比重平均值为 7.12%，其中，黑龙江省第一产业占 GDP 比重最大，为 23.38%，上海市占 GDP 比重最小，仅为 0.27%（见表 2.1）。可以看到，东部沿海发达地区的第一产业占比显著低于中西部地区的第一产业占比，这说明了东部沿海发达地区对于农、牧、副、渔业等的依赖程度不高，当地人通过工业化发展实现了较高的非农就业，进城买房的同时也可以生活在城市中，以上海、广东、深圳、江苏、浙江为代表的多数东部沿海省份地区在工业资源占有量和产值方面位于全国前列，也是地方经济发展水平中的第一梯队；而中西部地区第一产业占 GDP 的比重明显要高于东部沿海各省份，例如江西、湖南、河南、安徽和东北地区的省份，这些省份第一产业占 GDP 的比重均在 7.12% 的平均值以上。其中部分山区和农业资源贫瘠的地区因为无法发展农业，而导致大量人口流入大城市务工，属于产业薄弱区域。显然，东部沿海发达地区各省份在工业资源和工业化发展程度上与中西部地区拉开了较大的差距，具有较大的领先优势。中西部地区内部尽管有分化，但是事实上都属于经济欠发达地区，工业发展较为缓慢，乡村产业化和县域经济发展仍然处在工业化转型阶段。

可以看到，第一产业占 GDP 比重越小，地方非农化程度就越高，城镇化率往往更高。在国家现代化建设过程中，城镇化水平是衡量一个国家现代化程度的关键指标。一般来说，工业资源推动经济发展与经济价值与当地人民生活水平的提升息息相关，工业化水平越高，农民收入越高，以生产带动消费形成的经济市场就越可以创造出一定的社会价值，比如提升公共品供给的均等化程度，使城乡人民都可以享有更好的公共服务。当前，我国已全面建成小康社会，正朝着初步建立社会主义现代化国家的目标迈进，经济发展不充分不均衡的基本国情决定了各地的工业化发展水平有差异，具体表现在东、中、西三个大区域的经济带划分上，仍然直接决定了各地财政转移支付能力的差距。东部地区工业化发展红利推动了本地务工市场、基础设施建设等软硬件方面的完善，逐步缩小了城乡差距，打破城乡区隔，实现了城乡协调发展。中西部地区虽然有经济区位划分上的不同，但是面临的工业化发展困境大体一致，缺乏必要的劳动力市场、资金、技术等支持，即使地方政府重点把精力放在产业振兴和招商引资上，仍然由于先天条件不足和后天优势不足难以形成产业发展氛围和规模。因此，中西部地区城乡区隔相对明显，农民进城形成了规模和速度，但是农民进城无法保障就业，生产生活难以融入城镇的局面不利于城乡协调发展，城乡居民经济差距鸿沟难以抹除，城镇化质量不高。

基于产业经济发展的工业资源，学界普遍将乡村社会的类型划分为工业型乡村和非工业型乡村，这一分类普遍被应用于各类乡村研究中，也符合乡村社会经济分化的宏观判断。第一类是工业型乡村，主要以东部沿海发达地区为典型代表，包括长三角沿海和珠三角沿海城市带。这些地方的乡村不仅工业基础雄厚，而且受到区域性经济中心的强辐射带动，成为经济社会各方面较为发达的地区。费孝通[①]早年访问江村说过，"江村的工业化经济发展条件不是其他地方可以比拟的，它是集中了各种资源而有所成型的"。以江村为代表的东部沿海发达地区乡村社会在改革开放初期就凭借先赋的商业积累率先开始了工业化的进程，并且依托较为优越的工业基础、地理区位条件和国际市场的竞争融入形塑了完整的产业链条，吸引了大批劳动力就业，引进了先进的技术、设备和人才，打下了扎实的工业基础，实现了工业化的成就。第二类则是非工业型乡村，主要以广大中西部地区乡村社会为典型，例如江西、陕西、山西、贵州、河南等省份的乡村。这些乡村地区的工业化进程缓慢，由于没有得天独厚的先天工业资源，农业产值所占比重仍然处在非农化产值之前，而且大量劳动力流失造成

---

① 费孝通：《江村经济》，上海人民出版社2013年版。

这些地方产业空心化现象严重，该区域人口大部分是从事农业生产劳动，非农化就业条件不充分，这也是造成大部分中西部乡村地区现代化程度不足，经济较为落后的主要原因。需要说明的是，对于工业型乡村和非工业型乡村的分类并不是绝对的，有些东部沿海发达地区乡村社会也因地理位置条件不占优势而导致工业化水平较低，比如粤北部分乡村地区；同样地，一些中西部乡村地区也可能由于邻近全国性务工市场的便利，在80年代早期接受了市场经济的洗礼和规训，奠定了一定的工业化基础而实现乡村经济腾飞。

表2.1　　　全国各省区市2019年第一产业占GDP比重分析

（单位：亿元,%）

省区市	GDP总量	占比	省区市	GDP总量	占比	省区市	GDP总量	占比
上海	38155.32	0.27	湖南	39752.12	9.17	黑龙江	13612.7	23.38
江苏	99631.52	4.31	四川	46615.82	10.31	吉林	11726.82	10.98
浙江	62352	3.36	江西	24757.5	8.31	内蒙古	17212.5	10.82
山东	71067.5	7.20	河南	54259.2	8.54	云南	23223.75	13.08
广东	107671.07	4.04	湖北	45828.31	8.31	山西	17026.68	4.84
北京	35371.3	0.32	河北	35104.5	10.02	贵州	16769.34	13.60
天津	14104.28	1.31	福建	42395	6.12	新疆	13597.11	13.10
			辽宁	24909.5	8.74	海南	5308.94	20.35
			安徽	37114	7.86	甘肃	8718.3	12.05
			陕西	25793.17	7.72	宁夏	3748.48	7.47
			广西	21237.14	15.95	青海	2965.95	10.18
			重庆	23605.77	6.57	西藏	1697.82	8.14

注：数据来源于国家统计局公布的2019年全国各省区市的第一产业占GDP比重情况。

除了从工业资源对工业型和非工业型乡村的界限划定之外，工业与农业相对均衡发展的工农互促型乡村社会，可以界定为从农业型乡村社会向工业型乡村社会过渡的中间状态，在一些中西部地区的乡村社会中有所体现。这些乡村社会的特点是，由于工业资源和农业资源在该区域的叠加，当地劳动力可以有较灵活的经济积累方式选择，比如青壮年劳动力可以在本地工业生产市场中寻找务工机会，中老年劳动力则可以从事零工和农业生产相结合的"半工半耕"生产方式，选择空间较大，经济积累强度与在外务工相差无几，因此，这些地方可以留住较大一部分劳动力，实现了工业化进程和农民家庭现代化的良性循环。笔者把这样一种介于农业型乡村和工业型乡村之间、工业资源和农业资源相对均衡的乡村社会称为"半工半农"型乡村社会，在本书的第四章将着重阐述该类型的乡村社会与农民城镇化实践之间的互动。

（二）农业资源的区域差异

农业是我国第一产业，也是中国乡村社会产业结构的底色。工业资源受到社会区位条件的影响较大，与产业结构和当地经济社会产生紧密互动；与之相对的，乡村社会农业资源条件则主要由自然资源条件决定，中西部地区传统农业资源发展较好，长期以来精耕细作的农业生产方式奠定了这些乡村地区的农业生产传统，其中南方地区多山地丘陵，一般以果业农业和粮食作物为主，北方平原地区灌溉条件较好，则以大田种植和经济作物为主。学界关于农业资源的差异化分类，大体是按照传统型农业和现代型农业生产来看的，传统型农业生产就是按照传统精耕细作的生产安排劳作，这种耕作方式一般以老年群体为主体，有学者称作"老人农业"[1]。浙东农村乃至大部分发达地区农村比较有限的土地资源、较紧张的人地关系和靠近市场的区位优势，助力催化了商品化程度高、品类丰富的农特产品产业结构，小农户既是当地农业生产的基础单元也是主要单元。与中西部类似，小农户生计模式也呈现代际分工为基础的半工半耕的特点，农业生产主体集中在50—70岁这一中老年群体。但其强技术、强经验、弱代际责任，以家庭为基础进行生产和资本投资等特征又使其区别于中西部地区常见的维持型的老人农业，而依托于土地的劳动力价值最大化的老人农业。中西部农村老人农业劳动收入向子代家庭转移，形成对子代家庭生活负责的代际分工合作接力式进城模式。

当前中国中西部农业型农村地区主要有四大群体，即中老年人、

---

① 贺雪峰：《土地问题的事实与认识》，《中国农业大学学报》（社会科学版）2012年第2期。

中坚农民、负担不重的人、边缘群体，四者之间有一定重合①。传统型农业是以小农户为单元的家庭生产结构，其劳动力配置遵循着代际分工为基础的半工半耕家计模式，50 岁以下的人全都在劳动力市场中打工，50—70 岁的人则为农业领域的生产主力。但是由于其保底和保守的面向较强，往往呈现出循环式利用的自给自足特点，生产投入较小，以粗放型生产为主。现代型农业则是指依靠现代技术和高新技术实施农业生产的一种农业生产方式，以东部沿海发达地区和少部分农业生产条件较好的中西部地区为典型，其较为重视进行生产资本投资，如农资、农机和农技的投资，由此呈现出强技术、强经验、劳动密集和资本密集的特征。这样的老人精细化农业所得的回报率肯定是比中西部普通农村要高的。从农业资源的乡村社会划分来看，可以把中国乡村社会的类型划分为传统农业型地区和现代农业型地区，但是一般来讲，农业生产条件较好的地方，其工业也有较好的发展条件，本书把现代农业型乡村社会的讨论放置在第四章的半工半农乡村社会类型的讨论中。

中国农业现代化的过程是伴随中国乡村社会发展的过程，传统农业时期粗放型农业生产是乡村产业发展的最初形态，农民以家庭为单位进行劳动作业和生产，按照那一时期的人口比例来看，粗放型农业生产的低产量模式与高密度人口集聚形成了一种错位，为了满足人口粮食产量需求，以农业耕作工具制作的改善为标志，传统的粗放型耕作方式逐渐转变，农业劳动生产效率逐步提高，在此过程中，农民精耕细作的生产方式和初级耕作工具的使用使得农业生产产量得到提升。

虽然农业工具的使用使得中国乡村社会农业生产产量逐渐提升，但是不同区域的农业生产条件差异还是造成了各地农业生产力的不同。以山地丘陵地形为主的南方地区，由于土地细碎且分散，难以进行大田作业，投入农业生产的资源和劳动力都相对较少，产量也较少，从而产生了大量的农业生产剩余，乡村青壮年劳动力从农业生产

---

① 贺雪峰：《"老人农业 + 中坚农民"的结构 中西部农村社会结构发生了哪些变化》，《人民论坛》2019 年第 14 期。

中解放出来从事非农化生产，因此，大量的南方山区和丘陵地区仍然以传统型农业生产为主，又因为大量劳动力外出务工，当地工业建设进程较为缓慢，没有较好的工业基础，所以在产业结构上仍然以农业生产占主导。而以平原为主的北方地区则凭借大田作业的优势逐渐从手工操作的劳动作业发展为机械化的农业生产，因此，在北方平原地区，土地大块且连片集中的乡村地区，传统型简单农业生产逐渐过渡到现代化农业生产阶段，但是绝大部分北方地区因为农业生产技术更新和劳动力流失仍然停留在传统型农业生产阶段，反倒是东部沿海发达地区依靠先进技术设备和资金实力反哺农业生产，发展起了有规模的农业产业。只是东部沿海发达地区的现代农业更多意义上成为一个农业示范区，而对本地农民城镇化的助推作用更多体现在工业化生产上，无论是东部沿海发达地区的乡村产业还是县域产业都形成了比较完善的工业产业链，留住了当地劳动力，因此，当地的农民进入城镇较早且形成了较为良性的城镇化秩序。

农民从事农业生产存在明显的代际差异分界，中老年人一般是从事农业生产的主力军，尤其是老年人自传统以来就从事农业生产，中年人则可以从事规模以上的农业生产，成为农业生产的中坚力量，不用离开家乡就可以获得一份不低于打工的收入。对于大部分中青年人来说，去往大城市务工显然是更好的选择，可因为在外务工相比务农，可以定期获得经济回馈，一般在外打工每个月均可以获得稳定的经济收入，经济收入较高。相比较而言，农业生产的经济回馈周期至少是半年，这是由农业作物的生长周期决定的。除了有较长的经济回馈周期，农业生产需要一定的前期投入，投入多少根据生产规模和作物类型有所差异。

前已述及，大部分南方山区和丘陵地区的农业生产经济效益较小，而呈现出自给自足的传统型农业生产特点。对于中青年人来说，他们有一定的市场机会可以进入大城市务工，从而获得一定的经济收入支撑起家庭再生产，而老一代农民由于年纪不符合市场需求，而且经历市场历练的机会较少，没有优势和条件进入城市务工，成为留守农村从事农业生产的主要组成部分。近年来，国家土地改革逐渐倾向于集中细碎化地块和抛荒土地，对田地进行高标准农田改革，土地整治之后，细碎化土地变成了集中性大块农田，吸引了部分中青年人回到农村，使得中青年人可以利用规模化的土地种植获得在外务工一年的收入，并且兼顾家中老人和小孩的照料。部分中青年人在家从事规模以上农业生产之外还可以同时在本地找一些零工，从而实现家庭积累最大化。需要指出的是，中青年人在家从事规模以上农业生产是当前农民增收的一种生产方式，而一些现代型农业产区，由于数量较少，农民家庭参与远不及城市资本或者政府投入，农民获益往往较少。因此，本书对影响农民家庭收入较大且数量占多数的传统农业型乡村进行着重讨论，对于农民家庭收入影响较小且数量占少数的现代农业型乡村则不再分类讨论。

此外，介于传统农业型乡村地区和现代农业型乡村地区之间，有部分乡村地区既保持了小农生产的状态，对农业土地资源利用较好，同时又因为外部市场力量和当地产业基础形成了较好的结合，其工业条件也较好。在此条件下，乡村农民既可以维持小农生产，又可以在本地寻求务工机会，实现良好的农业促进工业和工业反哺农业的产业生态。农民因此可以不用背井离乡异地务工，在家门口就能够找到务工机会，并且兼顾农业生产，实现城乡两栖灵活行动，维持较为完整的家庭生活。一般而言，这类产业基础较好的乡村，其乡村产业发展会外溢到县域范围内，在附近乡村甚至整个县域社会形成产业发展规模，最终形成集聚优势，推动乡村产业与县域产业互为促进，形塑完整的本地务工市场，本书第四章将重点对此类半工半农型乡村的特点进行分析。

（三）区域性市场辐射的区域差异

中国乡村社会也受到区域性市场辐射的差异化影响，而产生了不同的乡村社会样态。区域性市场辐射对乡村社会的影响反映了一个乡村地区的市场区位条件。东部沿海发达地区的乡村社会，包括长三角和珠三角等地的乡村早在20世纪70年代就开始了乡村工业化的进程，并且形成了典型的工业化模式，分别是苏南的集体经济模式、浙江的个体私营经济模式以及珠三角地区的"三来一补"外向型经济模式。这些地区的乡村社会在快速工业化的过程中深刻融入了市场经济发展之中，为当地农民提供了丰富的就业机会。中西部地区则是长期以来以外输型务工为主，虽然从 80 年代开始，乡村产业发展也在一定程度上推动了工业化进程，但是大部分地方由政府集中资源投入，导致内生活力不足，在 90 年代中期之后无法继续发展而走向衰败。

相比较于东部地区农民丰富的市场机会，中西部乡村地区的农民以外出务工为主，内部产业机会不多，难以留住本地劳动力，再加上城市产业对乡村产业空间的挤压，中西部乡村社会市场资源不足，受到区域性城市经济中心辐射弱。对于东部发达地区乡村社会来说，当地农业产值占比和从事农业生产的劳动力占比都很小，农民市民化程度很高。受到区域性市场辐射作用，乡村地区产业结构就会有一定的差异。县域经济作为地方市场受到全国性市场经济中心的辐射和带动，中国最活跃的三大经济重心分别是长三角地区、珠三角地区和京津冀地区。以距三大经济中心距离的远近为参照，可以把县域按所受区域性辐射强度依次划分为直接辐射地带、间接辐射地带和非辐射地带，区域辐射程度越强的县城，县域工业资源越发达，反之，县域工业资源较薄弱。区域性市场中心辐射强度与带动乡村产业发展的强度呈现正相关关系。这与市场作用不可分割。

中国经济发展具有显著的区域差异和发展不平衡的特点，从宏观层面来看，大城市作为经济中心在理论上能够带动周边区域发展，往往成为区域性市场辐射能力较强的单元，但是仅仅从大城市中心来认识区域性市场辐射强弱，难以下沉到乡村地区，认识区域市场对大多数乡村地区的影响。其不具备强解释力的原因在于，大城市中心的辐射作用体现出的是对部分区域的影响，不具有从少数到一般的解释力。基于经济发展主义的角度看，东部沿海发达地区的大城市作为全国区域性市场中心，往往在辐射并带动区域经济发展方面具有显著作用，甚至是辐射全国其他地区，吸引全国劳动力集聚于这些城市。因此，大城市中心的市场辐射区别于以区域为中心的市场辐射视角，从区域经济中心出发能够在更高层次更广范围看乡村经济社会转型问题，受到不同区域性市场中心辐射影响的地区，乡村产业结构也会有所差异。

但是区域性市场与大城市中心市场也不是没有联系，区域性市场是由若干大城市中心组成的块状区域，该块状区域整合了多个大城市而具有了更为广泛且强大的市场辐射能力。从我国经济发展程度来看，当前中国具有三大区域经济中心，分别为：长三角城市经济带、珠三角城市经济带和京津冀城市经济带，这些地区均分布在东部沿海地区，经济开放较早，工业化程度高，是全国劳动力市场，也是中国市场中心。根据市场距离的远近，可以把我国乡村地区按受到三大区域经济中心辐射强弱划分成两个经济区域，除去位于市场中心城市经济带的乡村地区是直接辐射地带以外，距离区域性市场中心较近的乡村地区，如浙江、苏北一带的乡村地区，是区域性市场中心的间接辐射区域，因为距离区域性市场中心较近而推动了当地经济社会发展，产业非农化程度较高，农民收入水平也较高。另外，距离区域性市场中心较远的广大中西部普通乡村，则受辐射程度较弱，乡村经济欠发达，产业化程度不高，农民收入水平也不高，是区域性市场中心的非辐射地带。但是，并不是说广大中西部乡村地区无法受到大城市中心的辐射作用，其实，间接辐射区域并无规定性范围，只是受城市经济中心辐射和带动的能力有所差异，从而导致受到区域性市场辐射的影响程度有差异性呈现。比如，在一般中西部的乡村地区，大城市郊区的乡村地区也间接受到区域性市场中心的辐射作用，但是其影响程度却显然弱于全国性区域市场中心辐射的影响力。

从区域性市场辐射的视角认识中国乡村社会，可以根据其市场辐射程度分为直接、间接或者是非辐射区域，将不同的乡村类型描述为市场中心、半市场中心和非市场中心[1]。市场中心地带的乡村地区，分布于沿海发达地区的城市经济带附近，这部分乡村地区的特点是农民市民化程度高，工业化开始早，市场发育完整，农民对接和适应市场的能力较强，因此，从青年到低龄老人，不同年龄层次，只要有劳动能力的农民都可以获得工薪收入，实现非农化就业，具有较强的家庭经济积累能力。以珠三角经济城市带附近的乡村地区为例，由于乡村工业化开始很早，形成了较为成熟的务工市场，吸引了大量外来务工人员，处在市场中心区的农民就可以将住房出租，从而获得稳定的

---

[1]　贺雪峰：《半市场中心与农民收入区域差异》，《北京工业大学学报》（社会科学版）2020年第4期。

租金收入。此外，由于本地工业经济繁荣，该区域的农民可以较为便利地获得务工经商机会。市场中心区的农民家庭由于不需要外出寻求务工机会而具有较为完整的家庭生活。在收取土地租金之外，中老年人往往选择做一些较为自由的零工，比如门卫、保洁和出租车司机等相对工资收入不高但是不至于太辛苦的工作；青年人则多数回归本地创业打拼，而且可以获得本地家庭层面和社会层面多方面的资源支持和帮助。

对于半市场中心区的乡村而言，不同于市场中心区的乡村以工业产业结构占主导，农业产业成为半市场中心区的产业结构共性，二、三产业则是薄弱环节，因此，半市场中心区的老年人即使有劳动能力也无法进入市场获得就业机会，由于工业资源和非农产业发展的程度还无法达到可以容纳低龄老人进入市场，大部分老年人留守农村务农，以农业生产减轻子代赡养负担。对于中老年人来说，半市场中心二、三产业不健全，市场经济空间不足，农业生产仍然是主要的谋生方式。年轻人则通过异地城市务工寻求稳定收入来源的机会。

非市场中心区的乡村地方，距离区域性市场中心最远，市场化辐射程度较弱，农民参与市场程度远不及全国其他地方，这类乡村地区的产业结构仍然比较单一，以小农生产为主要形式，多数农民家庭经济积累能力较差，家庭再生产能力弱，显著表现在这些地方的农民外出务工较晚，当地也没有形成一定的产业基础。此外，由于这部分乡村社会的地方规范和交往传统维持较好，地方社会关系网络和家庭亲属关系网络对于个体的保护性较强，这使得此类乡村地方的农民即使没有稳定集中的收入来源，仍然可以依靠地方社会关系网络来实现家庭目标和基础性人生任务，这一定程度上抑制了当地农民融入市场的程度和积累的意愿。比如，笔者在贵州集中连片山区的农村调研时了解到，当地农民外出务工的时间较为集中，一般是上半年4月、5月和6月三个月，下半年9月、10月和11月三个月，7月和8月天气炎热，一般不选择外出，12月之后天冷，不在外面，过年在家一般待到3月份，等到4月份才出去，表现出季节性务工的特点。此外，当地农民务工期间发了工资，很快就会去聚餐，据他们说，聚餐吃饭能像在家里亲戚朋友一块吃饭那般热闹。因此，非市场中心地带的农民适应市场规则的能力不强，又因为本地乡村产业基础较差，仍以传统小农生产为主，经济积累能力不足，家庭再生产能力较弱，乡村社会结构仍然较为传统。

三　小结：乡村产业基础与县域城镇化目标

劳动力迁移与"半工半耕"

乡村产业是与城镇产业相对应的地域空间概念①。乡村产业包括乡村范围内所有产业，既可以单一产业存在，也可以是多种产业混合共生的一个整体。当其作为一个单一产业存在时，这一产业作为乡村社会主导产业，显然凭借单一的乡村社会空间是无法使乡村产业存以为继的。在此情况下，乡村产业将会外溢到县域产业，并且其强大的辐射力度将影响到附近乡村发展同一产业，最终形成县域范围内的规模化产业，并成为一个产业关联的有机整体，这也为相关产业链配套提供了基础。由于较为成熟的产业体系，农民可以在县乡社会中找到务工机会，实现本地务工，并且选择在县城买房，实现就近城镇化目标，提升生活质量。因此，乡村产业在一种产业类型所主导的情况下，较容易形成产业集聚，推动本地就业市场的形成，为农民提供当地就业的机会。但是单一的产业结构并非都能够成为集群化产业，因为产业作为经济生态的一环必然面临同样来自乡村社会内部产业的竞争和城市产业的挤压，这就需要单一产业结构的乡村社会具有一定的产业基础。

得以形成一定气候的产业是经过相当长时期的经济发展形成的，对于乡村社会内部来说，有无这一产业的传统基础十分重要。比如，赣南唐镇的家具产业具有历史十分悠久的木匠文化，形成了村村有木

---

①　国务院批准国家统计局从 2008 年 8 月开始施行的《统计上划分城乡的规定》将城镇划分为城区和镇区。城区是指在市辖区和不设区的市、区、市政府驻地的实际建设连接到的居民委员会和其他区域。镇区指在城区以外的县人民政府驻地和其他镇，政府驻地的实际建设连接到的居民委员会和其他区域。与政府驻地的实际建设不连接，且常住人口在3000 人以上的独立工矿区、开发区、科研单位、大专院校等特殊区域及农场、林场的场部驻地视为镇区。乡村则指本规定划分的城镇以外的区域。参见国家统计局网站，http：//www. stats. gov. cn/tjsj/tjbz/200610/t20061018_ 8666. html。

匠的规模，这使得当地农民在接触到外部家具工业市场时，敢于返回家乡创业，最终形成从乡村到县城的家具产业集群，形塑了完整的本地工业市场，推动了当地县域城镇化。因此，乡村产业集群稳定发展的条件应当是乡村社会内部产业传统性与外部市场现代性的交流与碰撞，这是乡村产业支撑县域城镇化的经济社会基础。

乡村产业发展进程中，市场这一"无形的手"就发挥它资源调配的作用，通过竞争来保证市场主体的利益。部分乡村地方为了大力发展乡村产业，套用其他地方的乡村产业发展模式，甚至发展同一种产业，这就忽略了市场经济规律而企图以政府行为来主导地方产业发展，结果不但未能通过发展产业带来经济效益，而且无法实现社会效益的增加，最终不利于县乡社会均衡秩序的形成。因此，不同产业基础的乡村社会对应不同的生活方式，影响农民县域城镇化，仅靠地方政府宏观调控而脱离地方社会产业基础实际将无法带来产业效益，也无法将经济效益转化为社会效益，也就满足不了农民城镇化目标。除了部分由单一产业结构主导产业发展的乡村地方之外，乡村产业的横向拓展、纵向延伸和不同类型乡村产业的融合发展，丰富了乡村产业体系的业态。乡村产业体系包括以构建现代农业体系、乡村工业体系、乡村建筑业体系、乡村服务业体系以及乡村产业发展支撑体系和配套服务体系①。

中国当前经济发展不平衡且不充分的国情决定了大多数的乡村不具有类似于东部沿海发达地区的雄厚产业基础，多数乡村社会也没有受到较强的区域性市场辐射带动的条件，因此，对于广大中西部乡村社会而言，以产业规模化发展促进农民收入增加，从而带动社会效益实现的产业路径往往脱离了地方产业基础的现实情况，难以提升乡村社会城镇化质量。而乡村地方社会的产业融合可能是绝大部分乡村发挥地方特色，结合自身优势打破产业发展困境的突破口，但是其前提条件仍然是要认识乡村社会产业基础的条件和现实。从这一点上说，脱离了对乡村产业基础差异性这一前提判断，不对差异化产业基础的

---

① 姜长云：《关于构建乡村产业体系的思考》，《山西师大学报》（社会科学版）2022年第2期。

乡村社会类型进行研判，就无法从产业结构调整入手，通过培育乡村产业新业态和新增长点的模式来实现人的城镇化目标。

第三节　农民城镇化主体实践与城乡关系重构

城乡关系变化是中国社会转型的一个缩影，改革开放之后中国社会正在经历"千年未有之大变局"，而城乡关系转型为我们观察和理解当代中国社会转型提供了一个窗口。中国的城乡二元结构是制度性的城乡二元结构，同时也是服务于城市对农村资源吸取的二元结构，并且长期延续的城乡二元结构深入政治、经济、社会、文化等各个方面，这成为中国城乡关系的基本特征。

城乡关系不仅是制度结构的安排，同时也是动态实践的运作过程，回归农民日常生活来关注行动者逻辑中的城乡关系，是城乡关系研究的"本体论"关怀转向①。在我国快速的工业化和城镇化发展进程中，作为城乡关系实践主体的农民不再是纯粹被安排的客体，而是作为能动的主体流动在城乡之间，推动着城乡关系的转型，赋予城乡关系转型更为丰富的实质性内涵。

一　体制性城乡二元结构的形成与缓解

（一）体制性城乡二元结构的形成及其影响

不同于很多发展中国家在经济发展过程中形成的城乡二元结构，我国的城乡二元结构是建立在一系列制度安排基础上的，形成了"体制性城乡二元结构"，并且这种制度化了的二元结构已经深入生活的各个领域②。中华人民共和国成立之后，我国面临国民经济发展的艰巨任务，以及复杂的国际政治环境，尽早实现国家工业化发展目标，不仅是经济发展的必然要求，也是实现国家自立自强的紧迫任务。我国现代化发展初期，为了集中资源推进工业化和城市工业体系的建

---

① 张兆曙：《农民日常生活视野中的城乡关系及其出路》，《福建论坛（人文社会科学版）》2009 年第 12 期。

② 陆学艺：《中国社会结构的变化及发展趋势》，《云南民族大学学报》（哲学社会科学版）2006 年第 5 期。

立，依靠国家和行政力量的主导，建立了城乡分割的二元体制，以建立统购统销制度、户籍管理制度和人民公社制度为三大标志①。而在日后的发展延续中，以户籍制度为核心的城乡二元制度体系日益成为我国城乡二元结构的制度基础，并推动着城乡二元结构走向深入，不仅影响了国民经济发展，同时也对农村的政治、社会和农民的日常生活造成了全面而深刻的影响。

作为后现代化国家，在城乡二元制度结构之下，国家的战略定位是优先实现国家工业化的发展，而农村支持城市、农业支持工业成为必然路径。在农村和农业对城市和工业发展的支持下，为我国工业化发展提供了重要的原始资本积累，在城市逐步建立了完整的工业体系，为新中国从自立走向自强奠定了坚实的基础。但是对于农村和农民来说，制度性的城乡二元结构在实现农村和农民对国家工业化做出突出贡献的同时，也造成了对农村和农民利益的剥夺。制度性的城乡二元结构把城市和农村分割为两个部门，形成了城乡分割的二元体制，其带来的直接后果就是农民被固定在农村不允许流动，农民丧失了自由择业权，大量的农村富余劳动力沉淀在土地上，城乡关系严重扭曲②。体制性城乡二元结构是以限制农民的自由流动为前提的，以城市对农村、工业对农业的"资源吸取"为内容，以此来实现国家的工业化和现代化发展，对农民的生产生活造成了长期而深远的影响。

（二）农村劳动力流动与城乡关系转型

体制性的城乡二元结构在实践中，建构了固化的城乡分割的二元市场结构，既包括城乡二元的产品市场，也包括城乡二元的劳动力市场，在我国工业化发展的同时，并没有带来农村劳动力的相应转移，大量的农业剩余劳动力被限制流动，固定在农村和土地上。我国体制性城乡二元结构的缓解，从改革开放之后的制度改革与固化的城乡二元结构的松动开始。改革开放战略的实施，经济体制改革确立了社会主义市场经济体制，市场逐渐成为城乡互动的核心机制，与此同时国

---

① 国务院发展研究中心农村部课题组：《从城乡二元到城乡一体——我国城乡二元体制的突出矛盾与未来走向》，《管理世界》2014年第9期。

② 韩俊：《中国城乡关系演变60年：回顾与展望》，《改革》2009年第11期。

家和政府也开始在城乡关系缓解中发挥主动而积极的作用①。但是城乡二元结构并没有因此而被彻底打破，制度性的城乡二元结构在某些领域依然在延续，并影响着农村发展和农民的生产生活。

与改革开放前固化的城乡二元结构不同，改革开放之后城乡二元结构缓解最大的变化是，市场机制逐渐在城乡资源和劳动力的配置中发挥越来越重要的作用，农村劳动力不再被严格限制流动。城乡关系中市场作用越来越突出，农村劳动力的流动性逐渐增强，越来越多的农村剩余劳动力进入工业领域和城市就业，不但加强了城乡互动，也在推动着城乡关系的转型。在当代城乡关系转型中，可以说并不是国家和制度逻辑单一主导的，作为城乡关系中行动主体的农民也深入参与到这场城乡关系变革中来，农民主体行动的回归成为观察和理解当前中国城乡关系转型和城乡关系性质的重要视角。在现代社会学转向中有一种实践本体论关怀的取向，更加关注"在时空向度上得到有序安排的各种社会实践"②。农民作为城乡关系的实践主体，关注农民行动者的逻辑，构成理解当代城乡关系实践逻辑及其转型的路径，这是对国家和城市中心主义视角下结构逻辑和制度逻辑的有益补充。改革开放之后农村劳动力城乡之间流动往返，成为中国社会的独特现象，也是观察我国城乡关系当代转型的重要窗口，农村劳动力城乡流动、城乡互动的逻辑和关联机制等，构成了我国当前城乡关系转变的重要实践逻辑和内容。

二　城乡之间：农村劳动力流动的实践逻辑与城乡互动

农村劳动力流动推动城乡关系转型，城市中心主义的视角下，农村人口进入城市最终转化成为城市居民，以及农村城镇化成为城市社会，是城乡关系发展的最终理想型，而国家主导的制度变革和政策实践要围绕这一目标来建构。但是作为城乡关系实践主体的农民，其所代表的城乡关系转型实践逻辑，并不是一次性完成从农村到城市的转

---

① 乔耀章、巩建青：《我国城乡二元结构的生成、固化与缓解——以城市、乡村、市场与政府互动为视角》，《上海行政学院学报》2014 年第 4 期。

② 安东尼·吉登斯：《社会的构成 结构化理论大纲》，李康、李猛译，生活·读书·新知三联书店 1998 年版，第 39—40 页。

移并最终成为城市居民，农村劳动力流动遵循着城乡之间循环往返的规律，农民进城也是一个循序渐进的过程。农村劳动力在城乡之间流动和互动，成为当前城乡关系转型的重要特征和实践路径，是农民在整体性制度结构安排下作为能动主体自主实践逻辑的展现。"城乡之间"是农村劳动力城乡流动和互动的实践状态，是结构和行动互构的结果，在中国社会转型期将会延续较长一段时间。农村劳动力城乡之间的实践样态，是我们重新理解城乡关系转型和城乡关系性质的现实基础。

（一）农村劳动力流动的动力与策略

中华人民共和国成立初期为了实现工业化和现代化发展而建立的制度性城乡二元结构，在改革开放之后逐渐松动，其中以户籍为基础的流动人口管理制度通过不断改革调整，不再是限制农村劳动力自由流动的障碍。改革开放之后，城乡二元体制的松动以及工业化和城市化快速发展，越来越多的农村剩余劳动力进入城乡之间流动的状态。农村劳动力的城乡流动总体是城市的拉力和农村的推动力共同促进的，一方面是农村经济体制改革确立了家庭联产承包责任制和统分结合的双层经营体制，分田到户激发了农民的生产积极性，但是农村人地关系紧张的状况并没有改善，农业剩余劳动力大量释放出来，农民为了改善家庭经济状况，有较强的动力把剩余劳动力推向劳动力市场获得非农就业收入。另外，工业化和城市化的快速发展，工业化发展和城市建设需要大量的劳动力，吸纳了农村剩余劳动力到工厂和城市非农就业，获得较高的非农收入。经济体制改革尤其是社会主义市场经济体制的确立，国家和地方政府对农村劳动力流动的限制减弱，越来越多的农村劳动力成为城乡之间流动就业的人口，乡村社会成为一个流动的社会。

农村劳动力流动并非进入城市成为城市居民的逻辑，农民的城乡流动既是总体性结构支配的结果，也是农民主体选择的实践策略，遵循着城乡关系转型的实践逻辑。农村劳动力流动进入城市工厂实现非农就业，主要进入城镇低端制造业行业，这也与我国外向型工业化发展模式有关，作为发展中国家，我国处于国际制造业分工体系的末端，正是农村大量的廉价劳动力支撑了中国制造的世界地位。农村劳动力流动和非农化转移并不是进入体制内的就业岗位，而是涌入城市制造业工厂，主要遵循着农民及其家庭成员"闯市场"的机制，具有体制外的非正式性、与市场的共同创造性以及对未来充满不确定性的特征①。农村劳动力流动往往会面对市场不确定性的风险，因此农村劳动力流动并不是要定居城市，而是采取在城乡之间周期性流动往返的策略，也是一种农民家庭的生计策略。农村的基本经济单位是家庭，农村劳动力流动不会彻底离开农村和脱离农业生产，而是在家庭内部进行分工，一部分家庭劳动力进入城市务工，还有一部分家庭劳动力留守农村从事农业生产，维持着农村的生产和生活秩序，进入城市就业的家庭劳动力成为流动人口，周期性的往返流动在城乡之间。总体而言，改革开放之后，中国农村社会逐渐形成了以夫妻分工和代际分工为基础的"半工半耕"农民家庭生计模式。这种基于家庭劳动力分工的半工半耕，既是农村劳动力的流动策略，也是农民家庭的生计策略。

（二）"半工半耕"的城乡关联机制

在中国农村社会"大流动"的时代背景下，农村形成了普遍的"半工半耕"结构，农村社会的半工半耕结构既是农村劳动力城乡流动的结果，也是乡村流动社会秩序下进行城乡关联和互动的重要机制。

半工半耕作用机制下的城乡关联主要体现在两个层面，一是农民家庭层次的城乡关联机制，二是农村经济层次上的城乡关联机制。从农民家庭来看，半工半耕是农民家庭劳动力分工的重要方式，农民家庭劳动力半工半耕的分工结构，同时也构成了家庭成员的城乡分离与互动结构。在半工半耕的家庭生计模式下，通过夫妻分工或者代际分工的方式进行家庭劳动力资源的优化配置。一般情况下是家庭中青壮年劳动力进入城市务工获得非农就业收入，而妇女尤其是老年人被排斥在城市高度竞争的劳动力市场之外而选择留在农村务农，既可以照顾家庭，也可以节省城市生活的成本，形成了家庭内部的城乡二元结构。家庭是农民的基本经济单位，家庭劳动力的城乡分工主要是服务

---

① 陆益龙：《农村劳动力流动及其社会影响——来自皖东 T 村的经验》，《中国人民大学学报》2015 年第 1 期。

于家庭经济利益最大化和家庭再生产的需要，通过家庭中青壮年劳动力在城市务工获得家庭再生产所需要的经济基础，而留守农村的老人维持着农村生活和农业生产，是进城家庭成员的大后方，给进城劳动力提供了未来返乡的根据地以及在城市"闯市场"的稳定心理预期。农民之所以能够在城乡之间往返，正是以农村半工半耕结构为基础的，"半工"是农民进入城市获得务工收入的动力，而"半耕"则成为农民返乡的保障，维持了农民城乡之间流动的稳定秩序。

半工半耕基础上形成的农村经济秩序与社会结构再生产也构成了城乡互动的重要层次。在农村半工半耕结构中，农村大部分青壮年劳动力进入城市务工，而老年人留守农村务农，同时也有一部分青壮年劳动力不愿外出务工而继续在农村从事农业生产，通过土地流转的方式流入不愿意或者无法种田的农户的土地，形成适度的农业经营规模，他们成为村庄中的"中农"或者"中坚农民"。农村劳动力流动和土地流转过程中，农村形成了以中坚农民为主体的村庄社会结构，继续维持着村庄的农业生产秩序、村庄政治秩序和社会生活秩序的稳定。中坚农民不愿继续从事农业生产也可以进入城市务工，成为农村流动劳动力的一部分，而一部分厌倦了务工生活或者遇到市场风险的流动劳动力，也可以选择返回农村。由于农村土地多数采取自发流转的方式，这部分进城返乡农民回到农村还可以继续耕种自家的承包地或者流转不愿耕种农户的土地，因此成为中坚农民的一分子，继续发挥农村社会结构的中坚力量。正是在农村经济的这种半工半耕机制下，农村形成了流动人口和中坚农民两大主要的群体，以及村庄以中坚农民为主体的社会结构的再生产机制，维系了农村社会结构和秩序的基本稳定。农村以半工半耕为基础的经济和社会结构再生产机制，是急剧的社会转型期农村社会依然保持稳定没有出现激烈社会矛盾的重要基础。从这个角度来看，即便中国城乡二元结构没有完全消除，但是城乡中国转型期中国社会结构是富有弹性和韧性的，是中国现代化稳步有序进行的保障。

（三）保护型城乡二元结构的形成

从制度结构来看，我国体制性城乡二元结构虽然有所缓解，但是并没有完全消除，因此城乡二元结构还在延续。但是从以农民为主体的城乡关系实践逻辑来看，农民自由进城和顺利返乡的城乡之间流动和关联机制，恰恰说明了我国城乡二元结构关系正在发生实质性转型。改革开放之后，限制农民自由进入城市务工的户籍制度和人口管理制度逐渐松动和瓦解，农村劳动力得以自由进入城市务工经商。与此同时，国家工业化发展初期通过剥削农村和农民来实现资本原始积累的模式，随着我国工业化发展水平的提高，工业化发展不再需要依靠农村和农业的继续支持，反而可以对处于弱势地位的农村和农业进行反哺。这一转变充分体现在进入 21 世纪国家对农业税费的取消，以及通过资源下乡的形式对农村进行公共品供给等制度转型中。随着市场经济的进一步开放和农村人口大规模流动，以及国家一系列惠农政策的推行，城乡二元结构的"剥削性"不断弱化，而在国家经济发展尚且无法为进城务工农民提供稳定就业和高水平社会保障的情况下，农村户籍和集体土地制度可以保障进城失败农民的顺利返乡权，可以说我国"保护型"城乡二元结构已经形成①。

在我国经济发展和社会保障水平不足以保障所有进城农民实现体面安居城市的目标这一现实国情下，保障农民自由进城和遇到市场风险顺利返乡的权利，就是对农民最大的保护。在当前的城乡关系转型背景下，城乡二元制度不再成为限制农民自由进城务工的制度障碍，而制度赋予农民的农村户籍以及在此之上的宅基地和耕地分配使用权利，则成为农民进城失败之后还能顺利返乡的制度保障，所以越来越多的进城农民不愿放弃农村户籍，以应对不可预知的进城风险。当前的城乡二元结构不仅是保障农民返乡权利的制度设置，同时也是我国快速现代化发展进程中对社会秩序稳定的最大保护机制。正是进城务工农民能够顺利往返于城乡之间以抵御市场经济风险，避免进城失败而沦落城市贫民窟成为城市无业流民，从社会稳定的角度看，保护型城乡二元结构是我国经历多次周期性经济危机仍能维护安定的"稳定器"，广大农村地区正是国家经济实现"软着陆"的载体②。站在城

---

①　林辉煌、贺雪峰：《中国城乡二元结构：从"剥削型"到"保护型"》，《北京工业大学学报》（社会科学版）2016 年第 6 期。

②　温铁军、董筱丹、石嫣：《中国农业发展方向的转变和政策导向：基于国际比较研究的视角》，《农业经济问题》2010 年第 10 期。

市中心主义立场上看，我国的城乡二元制度结构还在持续，农民并没有获得与城市居民同等的福利保障，但是站在城乡关系转型实践的过程和国家稳定有序发展的角度看，当代城乡关系转型中，城乡二元结构已经由"剥削型"转变为保护农民自由进城顺利返乡的"保护型"二元结构，赋予中国社会结构较大的弹性，这是作为发展中国家的中国实现快速发展和社会稳定的最大保障。

三　超越城乡：农民主体实践视角下的城乡关系转型及其建构

城乡关系的当代转型是制度性的更是实践性的，数以亿计的农村劳动力在城乡之间流动，这是城乡关系转型的现实表现，城乡关系转型实践成为观察中国正在经历的波澜壮阔的城市化进程与社会转型的窗口①。观察和理解当代中国城乡关系转型及未来走向，要尊重农民的主体性实践，从中国城乡关系实践的角度出发重新认识城乡关系新变化以及未来建构方向。实践视角下的当代城乡关系转型和建构，需要在两个层次上进行理解和研究，其一是要在认识论层次上扬弃和超越二元对立的城乡观，其二是在实践层次上避免激进的以消灭农村为目标的城乡关系转型实践。

（一）超越二元对立的城乡观

城乡关系并不必然是对立的，城乡分离只是特定发展阶段和特定历史时期的产物，城乡关系的最终走向是城乡融合。坚持历史唯物主义分析、矛盾分析和实践分析的立场，是马克思主义城乡关系观的基本方法论和认识论。城市和乡村是人类经济社会发展的结果，共同构成人类社会有机联系的整体，城乡关系并不必然分离和对立，而是构成基本的"城乡连续体"②。我国的城乡二元结构是特定历史背景下，为了实现国家的现代化而建立和发展起来的，是特定历史阶段和发展实践的产物。改革开放之后这种城乡二元结构不论是在制度上还是在实践中，都已经发生巨大转变，继续秉持二元对立的城乡关系认识

---

①　何雪松：《城乡社会学：观察中国社会转型的一个视角》，《南京社会科学》2019年第1期。

②　李培林：《村落的终结》，商务印书馆2004年版，第36—38页。

视角已经显得不合时宜，需要重新回归发展和实践的视角来重新理解和认识当代中国的城乡关系转型。

当前在城乡之间流动的数以亿计的农村劳动力，构成我们认识城乡关系实践的基本社会事实，也是建构新型城乡关系的基本立足点，这就需要我们扬弃城市中心主义的二元对立的城乡观。从以农民为主体的城乡关联的实践逻辑出发，我国的城乡关系已不再是对立和剥削性质的，而是呈现出日益紧密的关联和互动，城乡关系的实质发生转型。农村劳动力的城乡流动受到整体结构的影响，更是自主能动性实践的呈现，自由进城、顺利返乡是农民城乡流动的基本特征，而当前的城乡关系实践正是对农民的保护而非对农民权利的剥夺。在我国农村人口众多，同时又处于发展中国家迈向现代化发展阶段的现实国情下，当前中国的城乡关系转型是否需要人为设定，实现消灭农民和农村实现跨越式迈入现代化的目标？从我国的现实国情以及城乡关系发展和转型实践秩序来看，这恐怕是难以短期实现的。以城市为中心的激进城乡关系转型，只会成为现代化进程中新一轮的城市对农村的资源吸取，不利于中国继续稳步有序迈向现代化的发展道路，这种二元对立的城乡观也是需要扬弃和超越的。

（二）避免激进的城乡关系转型实践

在城市中心主义的二元对立的城乡观之下，农村被认为是愚昧落后的象征，是需要被改造的客体，现代化就是要改造和消灭落后的农村社会形式，实现现代城市社会，城乡关系转型就是农村消亡和城市社会的兴起。与许多发展中国家一样，中国于 21 世纪开始进入城市化快速发展阶段。然而在城市中心论主导下，城乡关系转型实践中也出现了一些激进的城市化道路。以消灭农民和农村实现快速的城市化进程为目标的激进城市化实践，非但没有起到保护农村和农民权益的效果，反而对"保护型"城乡关系产生了不可挽回的破坏，造成了对农民利益更大的损害，甚至成为国家现代化和城市化发展的不稳定隐患。

改革开放 40 多年的经济社会发展和国家政策的不断调整，进入 21 世纪我国城乡关系结构已经由原来剥削农村和农民的剥削型关系，转变为保护农村劳动力自由流动和顺利返乡权利的保护型结构。正是在这种保护型城乡关系结构中，我国维持了持续的经济社会快速稳定发展的格局，农村和农民也在这种新型城乡关系结构之下分享了经济社会发展的利益，也有越来越多具备了定居城市条件的农民选择在城市安居而成为城市居民，同时更多的农民在这种保护型结构下有序地在城乡间流动，顺利实现家庭再生产和家庭发展的目标。从我国现实国情来看，走中国特色的城市化道路，不仅要逐渐为进城农民提供与城市市民均等化的公共服务和社会保障，同时需要更加关注流动过程中的农村劳动力，给他们进城安居的希望，更关键的是保护他们进城失败或者遭遇市场风险之后顺利返乡的权利。这就需要对农村和土地有一个新的更为明确的定位，农村和土地日益成为我国工业化和现代化高速发展的"稳定器"和"蓄水池"①，避免激进城市化实践对这种稳定结构和秩序的人为破坏。然而，需要警惕的是在一些地方实践中，出现了越来越多依靠行政手段和资本主导的对农村和土地的人为激进改造，农民被挤出农村和土地。以土地农转非的利益驱动，这样制造的城市化成为一种暴力，一方面以行政手段强制征地，另一方面要地不要人，产生大批失去土地、就业不稳、无处落根的边缘人②。以城市为中心的城乡关系改造实践，强行推动农村人财物向城市加速流动，失去农村和土地作为保障的农民，在遇到进城失败和市场风险的时候难以再顺利返乡。西方社会曾经在工业化阶段呈现出高度断裂的城乡关系，现今在拉美等许多发展中国家重现，城乡关系的破裂造成了大量城市贫民窟的出现，破坏了现代化的持续发展和社会秩序稳定。激进的城市化道路破坏了城乡关系的有机关联和有序转型，造成城乡关系的破裂，应当加以警惕，避免陷入拉美国家的现代化发展陷阱。

保护型城乡关系的形成不但是我国城乡关系转型实践的结果，同时也成为我国稳定有序推进城市化和现代化发展的有力支撑。新型城乡关系的建构一定要尊重我国的现实国情和以农民为主体的城乡关系

---

① 贺雪峰：《新乡土中国》，广西师范大学出版社2003年版，第244页。

② 折晓叶：《合作与非对抗性抵制——弱者的"韧武器"》，《社会学研究》2008年第3期。

转型实践，在农民获得立足城市的稳定就业、收入以及高水平社会保障之前，一定要给城乡之间流动的农民以顺利返乡的基本权利保障，这也是转型期中国社会结构富有弹性和韧性的关键所在。推进以农民为主体的城乡关系转型实践，需要坚持以人为本的城乡关系发展观，循序渐进地实现"人的城市化"发展和城乡关系一体化。

四 小结

城乡关系是中国社会转型的一个重要方面，城乡关系变化并不单一遵循制度的逻辑，更是一种实践逻辑体现，农村劳动力流动和城乡关系实践是有别于制度和结构视角的城乡关系转型研究的视角转换。以农民为主体的城乡关系转型实践，赋予城乡关系更为丰富的实质性内涵，也是我们走出城市中心主义城乡观的认识和理解城乡关系当代转型以及判断城乡关系性质的重要路径。

中国城乡二元结构既是人类经济社会发展普遍规律的一种体现，更是在特定的历史时空条件下的制度建构，形成了极具中国特色的体制性城乡二元结构。体制性城乡二元结构下，农村和农民为了我国完整工业体系的建立和实现国家的现代化发展做出了突出贡献，同时以工业和城市为核心的发展观，也造成了对农村和农民的资源吸取，因此城乡二元结构一度是一种对农村和农民的"剥削型"城乡二元结构。在剥削型城乡二元制度结构下，农民被限制在农村和土地上，缺乏向城市流动就业的机会，是一种城乡二元劳动力市场结构下的劳动力机会结构不平衡的体制。改革开放之后，随着我国市场经济的建立和持续发展，以及国家一系列惠农政策的实施，体制性城乡二元结构对农村和农民资源吸取性的一面逐渐减弱，农村劳动力获得了自由进入城市务工经商的机会，同时农村户籍和土地制度也使进城失败的农民保留了基本的返乡权利，城乡二元结构日益成为对农民城乡流动的一种"保护型"城乡二元结构。农村劳动力流动很少能够一次性实现全部家庭成员在城市体面安居的城市化目标，绝大部分农村剩余劳动力在城乡之间流动往返，这是农村劳动力流动的基本特征和规律。农村劳动力流动在城乡之间，重新配置了城乡资源促使农村劳动力就业结构的变化，形成了农村社会普遍的"半工半耕"农民生计模式和社会结构形态。农村的半工半耕结构，是农民家庭劳动力分工结构也是农村经济结构，在半工半耕的城乡关联机制下，农民顺利实现家庭再生产，同时也是农村劳动力和农村社会结构的再生产模式，保持了农村社会结构的基本秩序和稳定。观察和理解当代城乡关系转型，要在认识论上超越城市中心主义的城乡二元对立的城乡观，以农民作为实践主体的角度理解城乡关系的转型实践，同时在实践中要避免以激进城市化道路为代表的城乡关系转型方式。保护型城乡二元结构的形成，是城乡关系实践逻辑的体现，是以人为本的城市化和现代化进程稳定有序推进的制度保障，构成我国当代城乡关系转型的基本秩序。

第三章　工业型乡村的农民城镇化实践机制

第一节　发达的工业资源与社会结构的现代化

在大部分东部沿海地区的乡村，农民市民化是乡村社会现代化转型的重要构成，学界多数研究也将此看作农民彻底城镇化的标志①。本章的主要目的是，对工业型乡村的城镇化实践机制进行分析。在这一类型的乡村，发达的工业资源和区域性市场强大的辐射能力为乡村社会融入城市提供了资源条件，城乡一体化的社会结构进一步带来城市与乡村对公共服务供给质量的一致需求，两者共同推动农民市民化转型和在地城镇化的乡村社会现代化转型。更为重要的是，基于较为雄厚的工业产业基础和经济发展水平，城乡生产市场和消费市场相对健全，有效支撑起了农民市民化，并推动农民家庭和基层社会现代化水平进一步完善。同时，对工业型乡村的讨论也表明，农民市民化和高城镇化率需要一定的产业基础。以下将以江苏的水镇为典型案例，展现这一类型乡村农民城镇化实践的基本特征，并分析它是如何影响农民家庭现代化转型的。

---

① 文军：《农民市民化：从农民到市民的角色转型》，《华东师范大学学报》（哲学社会科学版）2004 年第 3 期；何倩倩：《城市近郊农民市民化的路径研究——基于家庭策略的视角》，《中共宁波市委党校学报》2019 年第 5 期。

一　案例呈现

水镇隶属江苏省泰州市，位于江苏中部，自 2002 年起，随着所属县域经济开发区的发展，该镇人口急剧增长，当前已有户籍人口约 2.5 万人，登记外来人员 1.7 万人，实际外来人口预计达到 2 万多人，本地与外地人的比例达到 1∶1，全镇人口容量达至 5 万人。水镇辖 10 个行政村，总面积为 16.81 平方千米。2020 年，水镇有工业企业 76 个，其中规模以上 23 个。

由于地理位置十分便利，以水镇为半径的县域范围劳动力市场十分发达，家庭劳动力嵌入市场化程度高，实现了家庭劳动力充分就业，因此，家庭与市场关系呈现出互为嵌入型关系，家庭中老年群体都能够获得充分就业，例如绿化、化工厂、环卫等工作，同时，年青一代受教育程度较高，能够获得城市良好就业，整体来说家庭发展能力较强。就业环境、教育发展等方面影响，使当地就业机会较多，能够满足家庭劳动力以及老人剩余劳动力充分进入劳动力市场。他们普遍认为"60 岁大干，70 岁中干，80 岁小干"，中年人有一部分正好赶上了船运市场的发展，包括这边的一些工厂也提供了就业的机会，所以能够逐渐稳定地进入就业的市场。年轻人这一代接受了好的教育，他们可以进入城市，进行积累。可见家庭劳动力结构与本地的务工市场共同形塑了这边一个典型的工业型乡村社会。

二　丰沛的工业经济剩余

水镇隶属江苏省泰州市姜堰区，位于姜堰区西部，为区政府驻地街道。水镇是姜堰区中心城区的重要组成部分，且为省级姜堰经济开发区、姜堰西部新城区所在地。与温州地区大部分乡镇的工业化和市场化路径一致，90 年代中期之后，水镇开始引导经济效益下降的集体企业向个体私营经济转型，随着改制的进行，江苏多数地区凭借早期集体工业化的经济基础，大力实施招商引资，以私营企业为主体的温州模式开始兴起。自 2002 年起，随着邻近姜堰工业园区的发展，该镇人口急剧增长，当前已有户籍人口约 2.5 万人，登记外来人员 1.7 万人，实际外来人口预计达到 2 万多人，本外地人的比例达到

1:1，全镇人口容量达至 5 万人。水镇辖 10 个行政村，总面积为 16.81 平方千米。2020 年，水镇有工业企业 76 个，其中规模以上 23 个。截至目前，水镇初步形成了以造船、钢材、建筑、文具、五金、电子电器制造和农产品加工产业为主的工业体系。2019 年，工业总产值 20.4 亿元，比上年增长 17.2%，工业增加值占全镇地区生产总值的 52.5%，实现工业增加值 10.6 亿元，比上年增长 3.5%。其中，大中型工业企业 17 家，实现工业增加值 4.8 亿元，比上年增长 30%。销售收入达到亿元以上的企业 17 家。早期工业化基础与优越的地理区位条件，为水镇经济发展提供了动力，并促进了区域经济的持续发展。

水镇在乡镇产业发展过程中的发展模式改革使其在后乡镇企业时期保持了较快的经济发展速度，实现了较高的工业化发展水平。这集中表现在两个方面：第一，产业结构转型。90 年代之前，水镇依靠农业产业发展服务于周边城市圈，其农业产值占其 GDP 的比重要高于工业产业，90 年代中期之后，水镇从乡镇集体企业发展瓶颈中走向个体私营企业，经济发展水平不断攀升，农民经济收入显著提高；第二，工业化的发展道路背景下，企业的生产能力较强，带动地方经济发展的社会效益较好。当前水镇有四个综合性的工业园区，员工规模达到 5000 人，有企业 48 家，规上企业达到 12 家。集聚于工业园区的企业需要一定门槛，要求企业年缴税额在 20 万元以上，缴税额超过 200 万元的工厂可以享受一定的照顾政策。因此，无论是产业结构还是工业化发展模式，水镇在经济类型上都可以划分为工业型乡镇。本地生产市场维系了较多数的本地劳动力，且由此形成了消费市场，与工业生产产业链互为促进。2019 年，全镇经济生产总产值接近 500 亿元，这与仍然没有实现工业发展现代化的新乡和唐镇形成了鲜明对比。

在中国 31 个省（区、市）的城镇化水平排名中，江苏省户籍人口城镇化率超过 70%，位于全国各省城镇化率前列。改革开放初期逐渐发展起来的乡镇企业就开始从水镇的农业生产剩余劳动力中吸纳青壮年劳动力参与非农化生产，与唐镇和新乡有所不同的是，水镇的早期工业化使得从农业生产中解放出的劳动力不用远距离务工，能够在本地赢得进工厂的机会。2008 年前后，政府投入了 2 亿元进行高标准农田建设，当地所有农民家庭的承包地都流转到了村集体，由于农业生产效益的增加，吸引了部分大农户的关注，村集体开始每年以招标的形式出租农田，以杨村为例，平均每户农民家庭每年可以有不少于一万元的租金收入，这是农民家庭完全非农化的一个重要标志，部分农民家庭由于具有较好的市场适应能力和较强的技术能力，抓住了早期乡镇企业发展的机遇，成为率先实现高质量城镇化的富裕阶层。

另一类是乡村社会中的大部分农民群体，他们仍处于城镇化阶段，在本地主要依靠务工获得经济来源。青年人一般从事第二、三产业相关的工作，包括管理、销售、会计等文职工作，中年人则大部分选择到工厂上班。同时，县乡工业产业链的成熟发展为老年人提供了较为广阔的市场空间。在水镇几乎所有具备劳动能力的老人都可以获得市场机会，其工作集中在门卫、保洁、生产线杂工、餐馆帮工等多数非正规经济领域。由于这些工种相对灵活，很多老人在条件允许情况下，可以维持多份工作，工资收入不会低于一个年轻劳动力的工资收入。

案例 3.1：卫大爷，72 岁，老伴 69 岁，女儿嫁在本地，儿子结婚定居在苏州，有一个孙女和一个孙子。卫大爷在水镇附近的建筑工地上做一些苦工，每个月工资收入有 4000—5000 元。儿子 35 岁，和妻子两人每年的收入总共有 20 万元左右。两个小孩均还在上学。（2021 年 7 月，杨村村道对下班回家农民的访谈）

充分的非农化就业进一步提高了农民的收入水平。水镇农民的人均年收入达到 2 万元，普通阶层的农民家庭收入可以达到 10 万—15 万元，年轻小家庭加上父母的经济支持也可以超过 10 万元。此外，当地发达的经济水平可以为农民提供较为完善的社会保障福利支持。就浙江县域范围的调研发现，受到长三角经济圈的强辐射和经济带动，浙江县域地区工商业发育程度高，农民在就业、生活、教育、社会福利等方面"市民化"特征明显，县域范围内区隔出涉农社区与非农社区难以真实反映本地农民城镇化融入程度，"60后""70后"农民进城的同时还可以从事工业生产，老中青三代普遍成为本地工薪阶层。强大的工业资源为本地农民进城创造条件，在现代与传统、工业与农村的互动中形塑了具有当地特点的城镇化路径。

三 现代化的乡村社会结构

水镇位于江苏中部地区，受到长三角城市圈的经济辐射，区域经济在全国处在相对靠前的位置。区域性市场经济的高速发展和强大的工业生产实力，为地方政府提供了充足的财政收入，且具有内发型的特征。首先，工业体系的发展确保了稳定的财政经济来源。以2019年为例，水镇的财政收入接近9亿元，其中80.3%为税收收入，乡镇可支配的财政收入约为1亿多元。这笔可支配的财政收入能够用于乡镇公共品供给建设，从而提高乡村社会经济发展水平，并进一步保证高水平公共收入的可持续性。

近二十多年以来，水镇工业园区快速发展，带来当地农民就业。另外，本地一批人到上海、杭州等地从事建筑方面工作。与之相关，形塑本地农民就业方式与收入结构。当地市场机会丰富，可充分满足不同年龄阶段的劳动力的就业需求，只要当地村民愿意，大多数可以顺利就业。

从年龄结构看，当地农村家庭普遍以一家三代为主，最下面是24岁以下的孙代，多处于受教育阶段。最上面是55岁及以上的父母，正在逐步退出正式的劳动力市场，蜕变为家庭半劳动力，多选择做手工、打零工、种地等灵活就业方式。中间是25—55岁的中青年群体，其中25—45岁的年青一代多选择在县城从事企事业单位工作或者创业，部分人选择到上海、杭州、宁波等大中城市发展，45—55岁的中年人群体多在当地造船厂、机械厂等工厂打工，其余的低龄老人多在附近做家政、保洁、门卫等相对轻松简单的工作。另外，靠近水镇的四个村，农民还可获得房屋出租收入。因此，在水镇，三代人共同参与市场经济的情况非常普遍，以一个典型的农民家庭为例呈现这一情况。

案例 3.2：曹大爷，67 岁，老伴 68 岁，曹大爷日常开农用车拉货，一个月收入 5000 元左右，儿子办一个果蔬加工厂，每个月收入 1 万—2 万元。老伴在儿子工厂做饭，一个月收入 4000 元，孙子在杭州一家互联网公司上班，孙女在读高中，儿媳妇在县城陪读，2006 年在县城买了房。此外，两个老人每个月有 1360 元的社保金收入，家庭年收入达到 25 万元左右。（2021 年 7 月，杨村村委会会议室访谈）

充足的市场机会提升了农民家庭经济收入，当地农民家庭以劳动力阶段特征为基础形成了以本地就业为主要模式的全员工薪式家庭收入、以房租收入为重要组成部分的以工为主、以租为辅的家庭就业模式（见表 3.1）。

表 3.1　　　　　　　　当地劳动力就业年龄结构分布情况

0—25 岁	25—55 岁		55 岁以上	
	25—45 岁	45—55 岁	工	租、农
处于受教育阶段	上海、宁波等大中城市就业	本地就业造船厂、保安等	做伞等手工、家政、保洁等	房屋出租、农业租金收益
低积累	6 万—10 万元/人	3 万—5 万元/人	2 万—3 万元/人	2 万—3 万元/年

对本地人进行问卷调查发现，当地农民收入水平总体较高，中等收入群体占比很大。当地农民家庭年均收入约近 15 万元，按照户均年收入计算，人均年收入 1.6 万元，远远超过全国一般水平。当地绝大部分家庭年收入在 10 万—15 万元之间，低于 5 万元的主要原因是家庭劳动力不足。另外有 20% 的家庭年收入超过 15 万元，这部分家庭主要从事建筑承包等经营性活动。对当地农民家庭而言，理想选择是到县城买房置业安居，动力在于，县城具有更便捷的生活条件、更优质的教育资源，同时又距离上班地点近。调研发现，县城房价目前均价 1 万元以上，一栋 100 平方米左右的房子外加装修费用高达 100 多万元，普通地区的农民家庭凭借外出打工难以承担，水镇大部分农民家庭不仅可以实现家庭全家务工的条件，部分农民还有租金收入来

源，这为当地农民家庭进城提供了物质基础。据不完全统计，以杨村6组为例，全组49户，进城买房者32户，另有10户在镇上买房，其余7户在村建房。当地村庄中的上层家庭，年收入20万元以上，产业不在村，在2000年前后具备进城买房的能力和条件；而占村庄80%以上的经济条件中上的群体，以本地务工收入为主，凭借较强的持续性经济积累进入城镇。还有少部分家庭为了孩子接受更好的教育或因工作需要，以先租后买的形式进入城镇生活。值得一提的是，大部分农民家庭由于在本村保留了建房，往往实现了城乡皆有住处，一般老人习惯住在村里，年轻人为了上班需要在工作日住在城里，周末的时候回到农村与父母一起生活。

　　案例3.3：江苏水镇杨村，19个村民小组，756户3176人，耕地4330亩。20世纪80年代村庄兴起船运经济，20世纪90年代，大量村民外出经商务工，土地抛荒严重，村集体动员村民将口粮田流转给村集体，再由村集体统一流转给农场主，村民获得土地流转金，2020年每亩农地的流转金约1000元。由于本地工商业发育程度高，农民在就业、生活、教育、社会福利等方面的"市民化"特征明显，"60后""70后"农民进城后也可以从事工业生产，老中青三代普遍成为本地工薪阶层。村民人均年收入3万元左右，城镇化程度较高，每一个村民小组都大概有三分之二的农户在城市购房。（2021年7月，杨村村委会会议室访谈）

　　在家庭人口结构上，杨村具有东部发达地区农村的典型特征，村庄以独女户和独子家庭为主，形塑出本地小家庭"不嫁不娶"的婚配结合模式，小家庭得到了男女双系家庭两代老人的代际支持，即"442"的家庭人口结构。与一般中西部地区农民工向外就业的传帮带功能不同，江苏以本地资源向内输出提供了中青年在县域就近就业的机会。中青年人生活圈和就业圈与属地重合，直系亲属关系网络、村庄地缘社会关系网络以及姻亲关系网络形塑了发达的地方社会关系支持网络，与本地丰沛的务工市场资源双效强化了以本地就业为主的家庭资源积累生计模式。子代家庭可获得当地家庭代际、姻亲家庭关系、社会关系网络的支持，中青年人以正规就业为主，主要分布在企事业单位、规模以上工厂及其他二、三产业部门，尤其倾向于选择本地编制类工作。

本地务工市场的包容性可为低龄老人提供丰富的非正规就业机会，农村低龄老人进入市场经济周期长，以市场经济价值衡量退养时间，在长周期的务工市场劳务中为退养阶段积累了养老资源。以杨村9组村民卫明为例，卫明70岁，妻子在家做家务，儿子在城里上班，有房有车，但两个老人从不要儿子的钱。卫明和老伴每月领取养老金680元，他还在工地上打工，每天工资200—300元，一个月可以挣4000—6000元，两个老人除了自己花销，孙子回来时要给一点零用钱，还可以存一部分养老钱。因此，当地低龄老人进城的同时还可以兼业，实现了高度自养和强家庭资源代际输出。可以看到，子代和父代高度非农化的家庭生计策略形塑了"双系双代"强支持型的家庭现代化转型模式，本地农民县域城镇化动力强，负担小，乡村社会现代化程度较高。

（一）劳动密集型产业转移中的县级政府产业发展竞争

东南沿海地区依托国际性劳动密集型产业转移的契机实现了工业化的快速发展，随着东部地区劳动密集型产业发展中劳动力成本、土地成本的上涨等成本压力，以及国家和地方政府产业转型升级的政策驱动，推动了东部地区劳动密集型产业向中西部欠发达地区的转移。劳动密集型产业由东部发达地区向中西部欠发达地区的转移具有市场机制的驱动因素，但是中西部县城作为承接产业转移的重要空间，县级地方政府在产业转移落地过程中发挥着重要作用，地方政府的产业发展竞争加速了劳动密集型产业在中西部县城的落地。

随着县级政府对乡镇经济发展权的上收，县级政府则成为基层的一级完整的经济发展单位，承担着地方经济社会发展的责任。在我国经济社会体制改革中，虽然逐渐弱化了以单纯 GDP 为标准的经济发展导向，但是地方经济发展依然是各级政府考核排名的重要指标，尤其是在产业转移背景下，上级政府往往对下级政府提出产业发展的指标化目标。比如广西 H 县，在"产业兴桂"的政策环境下，承接了上级政府层层下达的经济增长的数据化指标，而加大招商引资力度，积极承接产业转移，成为地方政府完成自上而下布置的产业发展任务目标的重要方式。在上级政府数字化的任务目标和考核环境下，具有自利性的地方政府和主要领导有较强的动力去完成地方经济发展的任务，通过经济发展的竞争获得上级政府的认可，同时增加主要干部在提拔重用的机会竞争中获得优势，地方政府经济竞争和晋升锦标赛的模式依然在地方政府行政逻辑中发挥着重要的作用①。

　　除了单一的经济发展指标的竞争，县级政府往往将承接产业转移和其他经济社会发展的特色创建相结合，比如将产业转移与县域城镇化发展相结合，以此形成县域经济社会发展的亮点，突出地方政府的政绩。河南 L 县在承接产业转移中，以产业新城的模式将产业转移落地和新型城镇化发展同步推进，并成功申报了新型城镇化示范点，获得省级政府的认可。与传统经济发展导向下的地方政府经营产业模式不同，在经济、社会、民生等综合考评体系下，县级政府也从单一的发展产业转向"经营城市"的发展策略②，承接产业转移发展地方经济成为县级政府经营县城的重要内容和手段。从县级政府的实践来看，近年来县级政府改变过去小散乱、小而全的工业发展模式，纷纷规划发展新型产业园来承接东部地区的产业转移，并将产业园的规划开发与城镇化的发展相结合，推动了县城规模的迅速扩张和县域城镇化的快速发展。

　　东部地区劳动密集型产业向广大中西部欠发达地区转移背景下，由于中西部地区地方政府都有产业承接发展经济的动力，而劳动密集型产业的转移落地将面临县级政府间的竞争。地方政府在承接产业转移的政治和市场竞争中，遵循着"先发优势"和瓜分蛋糕的行为逻辑。一方面是东部劳动密集型产业转移的市场空间面临广大中西部地区的再分配，而市场机会的有限性加剧了中西部地方政府的竞争，率先布局和加快产业转移的落地则成为地方政府竞争经济发展先机的手段。另一方面则是政策空间的竞争，由于转移的产业类型主要是劳动

---

①　周黎安：《中国地方官员的晋升锦标赛模式研究》，《经济研究》2007 年第 7 期。
②　赵燕菁：《从城市管理走向城市经营》，《城市规划》2002 年第 11 期。

密集型产业和低端制造业，大部分属于产能过剩的低端产业，而随着国家对于低端产业发展政策收紧，这类产业转移发展中面临政策锁定，中西部地区承接这类产业落地的政策空间有限，加剧了中西部地方政府的竞争。比如环保政策、土地、能耗指标等，都是由国家或者省级政府进行统筹配置的，并且这类指标对县级政府发展产业的分配空间越来越小。县级政府在发展产业的冲动下，往往会遵循先做先得行为逻辑，倒逼上级政府的政策倾斜，纷纷加大招商引资力度和加速转移企业的落地，从而在政策和市场竞争中获得先机。

（二）政府主导的劳动密集型产业转移与县域经济发展

政府在劳动密集型产业转移中发挥着重要作用，地方政府的产业转移作用同时体现在转出地和转入地两端。作为产业转出地的东部发达地区政府，在产业转型升级的政策和经济发展驱动下，近年来东部发达地区地方政府纷纷出台对低端产业和落后产能淘汰置换的政策。比如"三改一拆""五水共治""散乱污"综合整治等，通过产业、环保、消防等综合政策手段倒逼低端制造业的淘汰或向外转移，促进产业转型升级。而对于中西部欠发达地区而言，虽然面临环保等政策越来越严格的制约，但是由于产业发展基础薄弱，整体因产业发展带来的环境问题不那么突出，加之上级政府发展地区经济的冲动，因此相应的政策执行力度并不如东部地区那么大，这为东部地区制造业向中西部地区转移提供了空间。例如广西 H 县利用当地丰富的石英砂资源进行招商引资，引进福建沿海、大城市的玻璃生产企业，由于这类企业多是高能耗、高污染的"两高"企业，受到国家的产能、环保等政策制约，地方政府引进的这类企业在获得能耗指标的审批前已经进行了建设并即将投产，通过赶进度的方式来倒逼上级地方政府给予相应的政策倾斜，各级地方政府则在发展地区经济的动力下采取了默认的态度。

不同于传统小散乱的内生性工业发展和招商引资模式，近年来县级政府将招商引资、产业发展与新型城镇化建设相结合，走上经济社会综合发展的"经营县城"的路子。其中进行新的产业园或者产业集聚区的建设，是县级政府承接产业转移的典型模式，通过建设专门化的产业园，进行同类企业的集中引进，形成县域特色产业的发展路径。但是由于缺乏相应的产业基础，内生性工业化发展的条件不足，中西部县级政府主要通过承接东部地区劳动密集型产业的转移来发展县域经济。比如广西 H 县重点发展食品产业建设了食品特色小镇，江西 Z 县重点引进电子产业建设了电子产业园，河南 L 县建设了服装产业集聚区重点发展纺织服装特色产业。在县级产业园的招商引资中，主要是承接劳动密集型的制造业，由于县级产业园的承接能力和吸引力有限，在与更高层级的省级或市级产业引进的竞争中并不具有优势，因此县级产业园区引进的企业大多以中小型企业和低技术密度的企业为主，规上企业的数量有限。

在地方政府主导的招商引资和县级产业园建设模式中，为了能够在承接产业转移的竞争中获得先机，县级政府往往采取多种政策优惠措施进行招商引资，以政策优惠和政府让利形式降低企业落地成本，吸引东部转移企业在县城落地。首先是税收政策的优惠。相较于缺乏财政的中西部乡镇政府，县级政府具有一定的财政自主空间，税收政策成为县级政府进行招商引资的重要政策调控手段，通过企业落地阶段的税收优惠政策来获得招商引资的吸引力。比如江西 Z 县和广西 H 县都在引进企业落地阶段提供了较大的税收让利空间，采取"三免三减半"等税收政策优惠，降低企业落地发展前期阶段的税收压力，一方面增加了对转移企业的吸引力，另一方面为新落地企业的适应和发展提供了支持。

其次，县级政府通过土地等资源优惠条件对落地企业进行政策支持。土地资源的开发是县级政府经营县城的重要手段，其中产业园开发建设和工业用地的低价出让是吸引企业落地的重要方式。为了推动县域城镇化的高质量发展，地方政府的土地开发收益并不来自工业用地，以成本价甚至更低的价格出让土地来进行招商引资和产业园建设，以此获得城镇化发展的产业支撑。例如广西 H 县出让给企业的工业建设用地价格在 12 万—15 万元/亩不等，而政府的实际征收土地和进行三通一平的一亩土地的成本价在 15 万元左右，地方政府在工业用地出让方面实际是在亏本招商。

再次，在融资方面地方政府出台了便利服务和各类奖补政策，为企业发展融资提供支持。比如"三企入桂"是广西壮族自治区一级推进招商引资的优惠活动，各级地方政府也都有相应的优惠政策为企业融资提供扶持，为引进企业提供了多样化的金融支持政策，一定程度上解决了企业的融资难题。除了各类融资奖补优惠外，地方政府积极搭建企业和金融机构沟通需求的桥梁，主动服务企业满足企业的融资需求，河南 L 县等县级政府会定期开展企业和金融机构的面对面交流会，征集企业的融资需求，对接金融机构进行差异化的需求回应。除此之外，县级政府通过不断改善硬件基础设施建设、营造主动积极服务企业的服务意识等措施，来改善地方营商环境，进行保姆式招商引资服务，以此吸引企业落地，推动县域经济发展。

第二节 "离土不离乡"

一 家庭劳动力配置：高度"非农化"

在家庭人口结构上，江苏地区不同于一般中西部地区的多子家庭结构，其严格执行了 80 年代初开始的计划生育政策，农村社会独生子女家庭结构占多数，而且没有较强的生子偏好。因此，以浙江地区为代表的东部沿海发达地区在户籍人口数量上少于一般中西部地区，而且男女比例上较为均衡。在以独子家庭结构为主的地区，小家庭"两头走"的婚配结合模式成为一种典型。独生子女家庭之间的婚姻联结模糊化了男系家庭主导的代际传递责任，小家庭得到了男女双系家庭的代际支持。这类婚居模式作为双系并重的家庭结合方式，注重男女双方同时对子代家庭具有较强的社会责任感，给予极强的代际支持，双方父代家庭与子代家庭之间的代际关系不再相对松散，而是紧密联系在一起，两个家庭关联在孙辈这个结点上是共同的，延伸出现隔代代际支持的现象。与传统女性父代家庭不同的是对出嫁女儿没有明显的社会责任感，在江苏水镇，由于市场经济起步早和早期人口生育政策的彻底执行，女性依附于男方家庭的现象得以改变，男女在权利享有和义务承担上平等早已成为男女双方家庭的共识①。这也造成

---

① 高万芹：《双系并重下农村代际关系的演变与重构——基于农村"两头走"婚居习俗的调查》，《中国青年研究》2018 年第 2 期。

人们的生育观念和男女观念十分开放民主，认为"生儿生女都一样，儿子、女儿没区别"。因此，当地年轻人结婚之后不仅得到本地强大经济空间的支持，还得到多重社会关系网络的支持，如一对年轻夫妻往往可以得到两边八个老人的支持。

在江苏水镇杨村调研发现，本地农村地区中青年人以从事正规就业为主，分布在企事业单位、规上工厂及其他二、三产业，尤其热衷于本地编制类工作。改革开放以前，乡村地区的青年人都没有离开本地而在外乡务工，这是由传统时期以来乡村生产方式决定的，改革开放之后，市场经济体制制度激活了农民参与市场务工的动力，大部分乡村地区的传统农业与手工业生产的经济形态相对于城市地区的市场经济劣势凸显，包括中青年人在内的壮劳动力流向城市地区就业成为历史发展的客观要求和农民家庭经济积累的主观需要。尤其是一般中西部地区的乡镇，如新乡和唐镇，乡村内部资源禀赋不强，无法在市场经济浪潮中留住劳动力，南下打工成为这些地区农民家庭扩大再生产的首要选择。而东部沿海发达地区的乡村地区，如水镇，由于农民早期融入工商业的程度较深，与市场打交道由来已久，激活了本地的经济空间，农民不仅可以依靠传统生产方式，如农业和手工业等维持生计，还在不断参与市场经济过程中获得了新的工商业机会，这些工商业机会为当地建立早期的务工市场并在之后不断延伸和扩展产业链创造了机会。此外，江浙地区原本得天独厚的经济区位优势，不仅占领了国内市场资源的高地，而且便于接收世界市场的产业转移和资源，工业迅速发展了城镇，城镇化的发展进一步辐射到乡村地区，带动了乡村地区的经济发展，形塑了县—乡—村较为完备的市场体系。因此，当地年轻人的生活圈和就业圈与属地重合，他们可以获得代际的支持、姻亲家庭的支持、社会网络的支持，所以体制工作对年轻人来说是第一选择，可以稳固地方社会关系结构，充分利用地方社会资源。就女性青年而言，她们认为先找工作再结婚才是正确的人生顺序，从而接触优质的男青年，成立家庭，过稳定的日子。对于男性青年来讲，他们如果进入市场，不一定能获得很高的收入，而且自己本身也吃不下苦，考编进入体制内工作既体面又轻松。对于不能进入体制内工作或者对这类工作不感兴趣的年轻人，则可以与本地35—50

岁的中年人一起在其他第二、第三产业就业。

同时，本地社会关系网络发达，直系亲属关系网络、村庄地缘社会关系网络以及姻亲关系网络形塑了发达的地方社会关系支持网络，与本地丰沛的务工市场资源双效强化了以本地就业为主的家庭资源积累生计模式。与一般中西部地区农民工向外就业的传帮带功能不同，江苏以本地资源向内输出提供了中青年就近县域就业的机会。此外，本地县域务工的吸引力还在于工厂、企业完善的社会保障制度，农民进城务工均能够享受工厂提供的"五险"待遇，在工作达到一定年限的情况下，部分企业还可以提供普通农民工养老退休后的保障待遇。因此，本地中青年务工受到社会关系支持网络与社会保障城乡统筹的双重保障，本地农民县域城镇化动力强，负担小。其次，农村低龄老人市场经济周期长，以市场经济价值衡量退养时间，在长周期的务工市场劳务中为退养阶段积累了养老资源。可见，当地低龄老人进城的同时还可以兼业，实现了高度自养和强家庭资源代际资源输出。

二　城乡空间形态："离土不离乡"

费孝通[①]基于对乡村社会经验的考察，提出了"乡土社会"的理论概括，指出"从基层上看去，中国社会是乡土性的，我说中国社会的基层是乡土性的，那是因为我考虑到从这基层上曾长出一层比较上和乡土基层不完全相同的社会，而且在近百年来更在东西方接触边缘上发生了一种很特殊的社会"。乡土社会理论主要是从社会结构—文化功能的维度对20世纪上半叶中国乡村社会的总结，乡土社会在结构上传统，与现代社会呈鲜明对照，与乡土社会关系结构相对应，则是乡土文化在其中所发挥的功能[②]。这一理论高度凝练了中国传统乡村社会与文化的经验事实，为理解乡村社会结构及乡土文化功能提供了一个重要框架。然而，在现代化进程中，乡村社会已经并正在发生着剧烈的社会变迁，农民在传统与现代的交织中和基层社会发生互

---

① 费孝通：《乡土中国—生育制度》，北京大学出版社1998年版。
② 陆益龙：《后乡土性：理解乡村社会变迁的一个理论框架》，《人文杂志》2016年第11期。

动，进入后乡土社会阶段，尤为表现在不同区域不同文化结构的乡村社会呈现出不同的城乡空间形态，具体有"离土不离乡"、"不离土且不离乡"和"离土且离乡"三种样态。

江苏县域范围的农民工务农范围大都以本镇、本县务工为主，外出务工人员占极少数。本地中青年往往在县城买房，一般是工作日在城里上班和生活，周末或者假期回到村庄和父母一起生活；低龄老人可以实现在城务工以及兼照料孙辈或者是"白天务工，晚上回村住"的早出晚归生活；孙辈则跟随父母进入城镇接受教育，父母在工作的同时监督孩子学业，生活照料问题，如接送上下学、做饭等家务一般是交给女性老人。如此，本地中青年夫妻双方既在同城生活，又在同城各自有工作，晚上回去还可以辅导下一代学习，老人还可以帮忙照料家庭琐碎，形塑了完整且稳定的家庭关系秩序。在这个过程中，县城作为农民家庭的生产一轴，以此为单位提升家庭享受公共服务的竞争力和第三代教育质量的发展型目标，乡村则是可以退守和联结代际之间情感沟通的生活中心，两者共同构成了当地农民在本地的朝与晚、工作日和节假日的两栖式、有节奏的城乡生活秩序。在国家计划生育政策和子代家庭经济地位上升的共同作用下，家庭关系离散化趋势明显，将呈现出从需求共同体到选择性亲密关系的变化趋势，亲属关系将被削弱，夫妻关系将成为家庭主轴[1]。从这一点来说，家庭青壮年劳动力能够留在本地对于维系家庭代际情感沟通和提供情感慰藉具有十分有益的帮助。水镇较为充分的市场就业机会和成熟的产业体系使得家庭老中青三代人均能凭借地方劳动力市场优势实现经济价值货币化转换，地方社会关系网络以及社会福利保障为农民在县域范围内的城镇化提供了城市公共服务与家庭生活质量的保障，从而实现了本地农民的高度融入农民市民化转型。应当注意的是，该模式虽然是无限接近保障农民进城生活质量与公共服务的理想型，但是该模式的前提在于县域城市工业产业形成了完备的产业链，保证了地方劳务市场正规就业和非正规就业的完整性，同时，基于当地工商业发育时间较早，程度较高，农村家庭有丰厚的家庭经济原始积累，为他们提前

---

① 唐灿：《家庭现代化理论及其发展的回顾与评述》，《社会学研究》2010 年第 3 期。

城乡均衡：县域经济产业化与城乡发展一体化之路

城镇化创造了条件。但是由于中国目前东部地区与一般中西部地区经济发展不平衡，一般中西部地区县城很难实现这种高度市民化融入和非农化就业的县域城镇化。

东部地区农村，受到全国区域性经济中心，如珠三角和长三角的经济辐射，产业体系健全，消费市场大，生产市场和消费市场共同形塑了经济发达的市场经济体系，本地就业市场包容性强，县域范围内有相对完善的正规就业市场和非正规就业市场。另外，东部地区市场发育较早，"40后""50后"很早就从土地农业生产中解放出来，进入打工经济市场，一直到现在，60岁以上的老人还可以在本地务工市场找到就业机会。"60后""70后"进入市场经济也很顺利，对于本地"80后""90后"年轻人来说，其受教育程度普遍比一般中西部地区高，学历层次基本都在高中以上，大学学历很普遍，年轻人在本地找到正规的就业机会多。因此，在东部地区，产业体系带动起来的就业市场可以包容一个大家庭的三代劳动力，城镇化开始很早，已经进行到生产生活与居住的高程度城镇化阶段，其生活地域和就业地域是高度重合的，家庭再生产可以在祖辈和父辈两代人之间进行灵活的劳动力安排，实现综合收益最大化。比如，当家中的祖辈在市场经济中挣钱能力与父代女性劳动力一方挣钱的工资都相差无几甚至还有比父代女性劳动力挣得多的时候，则女性劳动力就可以不就业，在家专心带孩子和陪读；另外，在东部地区，无论是祖辈还是父辈女性劳动力在家照料，都可以兼顾生活照料和务工，父辈白天务工，晚上回来还可以辅导孩子的作业。

案例3.4：李大爷，73岁，老伴70岁，两位老人在镇上一家蘑菇厂工作，一般是凌晨两点上班，上午十点下班。每天凌晨，李大爷用人力三轮车载着老伴去离家5千米的蘑菇厂，每个月工资收入加起来6000元左右。假期的时候，老伴每天下班回来之后还要给孙子做午饭。儿子和儿媳在县城上班，平均每人每月工资收入5000元，2013年买了房，孙子在县城一中读高二。（2021年7月，杨村农户家中访谈）

可见，水镇的农民在城镇化的进程中，依靠本地工业化发展起来的产业体系建立了较为完备的本地务工市场，这一市场体系也形塑了典型的东部沿海发达地区农民家庭的生活策略和秩序。概括来说，家庭青壮年劳动力在县城地区从事市场经济中的正规工作，身体条件较好的老人则在本地从事非正规工作，比如一些零工、杂工、建筑工等，第三代教育则普遍进入城镇学校，大部分住在自己购买的房子里，小部分没有购房的家庭则是租房陪读。老人由于兼业在城，往往可以负责小孩的生活照料任务，中青年人下班后，晚上回到家可以进行作业辅导。水镇农民家庭大部分时间是生产生活在城，凭借城镇充足的就业机会实现了安居在城的城镇化目标，同时，由于乡村房子仍在，节假日的时候一般会回到老家，与亲朋相聚，因此，水镇农民家庭城镇化过程中维系了乡村交往的情感空间，在进入城镇生活的过程中也扩大了社会关系网络。

三　以本地务工市场为支撑的自发型城镇化

江苏省位于长三角经济圈的中心，县域内雄厚的工业基础和技术产业提供了工业反哺农业的强大物质基础。改革开放以来，中国工业化水平稳步提高，但是城镇化速度一直较慢，并且长期滞后于工业化水平，这一特征与我国的制度环境和发展战略紧密相连。但尽管如此，以 1978 年为分界点，中国的滞后城镇化在改革开放前后呈现出不同的特征，改革开放前，农村劳动力被限制在农村及其附属物上，农村劳动力的流动被严格限制；改革开放后，农村劳动力的流动被允许，出现了大量的进城务工人员，但农村向城市的迁移人口较少[①]。导致滞后城镇化的关键变量在于劳动力市场对流动人口的分割，部分乡村地区具有扎实的产业基础，形成了完整的本地务工市场，从而留住了本地劳动力，推动农民家庭实现就近城镇化；另一部分乡村地区由于非农产业欠发达，未能够建立起成熟的产业体系，县乡产业发展没有形成良性的互动，其经济发展依靠的是全国劳动力市

---

① 李勇、王莉：《劳动力市场分割与滞后城镇化：理论与经验证据》，《经济问题探索》2017 年第 10 期。

场，造成当地劳动力大量流失，农民城镇化表现为异地务工的城镇化，即使赚钱在县城买了房子也由于县城产业基础不牢无法在城镇落脚，因此，没有产业基础支撑的乡村地区农民城镇化往往质量不高，问题较多。

在水镇，县域范围内产业体系健全，生产市场和消费市场共同形塑了经济发达的市场经济体系，县域范围内有相对完善的正规就业市场和非正规就业市场，对农民家庭老中青三代人具有很强就业包容性，以本地务工市场吸纳农民家庭进城，并通过农民生活方式城镇化改变传统生活环境。从农民家庭层面看，当地农民基本实现了劳动价值货币化，中青年人通过地方丰富的就业资源，一部分进入体制工作，一部分进入规上企业就业，均实现了正规化就业；老年人不仅早期在市场经济中抓住机遇实现了丰厚的家庭资本原始积累，奠定了家庭发展和城镇化的坚实基础，在晚年还可以依靠自身的市场经济敏锐度和市场经济中长期打拼积累的经验获得非正规就业机会；未成年人则通过优质教育资源实现中产生活进阶。因此，本地务工市场支撑起当地乡村与城市一体化是农民家庭城镇化的重要基础和物质支撑，农民家庭不仅实现了进城买房，还顺利安居在城。

农民进城是以家庭城镇化为目标的，这是基于家庭发展目标和家庭发展能力而做出的家庭城镇化策略。中国乡村社会结构具有明显差异性，不同乡村社会结构的农民家庭发展目标也有所区别，具体来说可以分成两种类型。一是以阶层流动为家庭目标，可以称为发展型目标，主要分布在乡村社会结构较为分散的地区，典型代表是位于长江中下游平原的中部乡村，其受到现代性力量的冲击更加明显，农民家庭生活和意义价值转变显著，家庭发展面向向外，进城意愿强。二是以社会生活为家庭目标，可以称为生活型家庭目标，主要分布在乡村社会结构较为传统的团结型结构地区，典型代表是南方宗族地区的乡村，其传统结构的社会力量强于外部市场经济力量，受到现代性因素的影响较弱，乡村社会内部传统伦理与价值维持较为完整，城镇化目标仍处在第一阶段，即大规模异地城镇化。就水镇调研来看，在当地，低龄老人以早期市场经济原始积累和当下非正规市场务工保障了自养的物质基础，同时推动子代小家庭发展；中青年人依靠本地丰富就业资源实现居住和就业在城，并且得到双系父代家庭代际支持和县域扩大的熟人社会①关系网络支持，在此基础上本地务工市场支持农民家庭进城的同时形塑了完整的"生产—消费"市场，农民家庭去农化，以家庭成员工薪化融入城镇，农村不再是生产单元，而是农民家庭休闲和精神归属的场所，实现了农民家庭高度半城镇化。

这是一种以本地务工市场为依托、以农民家庭"工薪化"为方式的内发型城镇化模式。所谓"内发"，强调当地务工市场、工业资源形塑的县域社会提供了农民进城的条件。家庭成员凭借工薪化就业获取了进城的物质基础和安身立命的保障，从而顺利实现本地农民家庭的"工薪化"转型。在广大中西部农村地区，传统以来半工半耕结构的生产模式形成了具有社会性的资源配置能力，代际分工在农民家庭融入城镇的市民化过程中扮演着重要的代际支撑角色，通过家庭代际分工集聚资源进城的市民化机制，呈现出"代际接力"的特征，形成了典型的"接力式进城"模式②。东部沿海发达地区乡村，农民家庭实现高度非农化就业，家庭劳动力全务工保障了家庭经济收入，从而推动了本地就近城镇化。由于历史条件和具体发展道路的差异，西方发达国家的市民化进程中，农民向市民身份的转化通常伴随着城市土地向农村土地的扩张，失地农民不得不从农业生产中脱离出来而成为工厂工人，正因为此，西方发达国家的城镇化与工业化的发展是协调进行的，即以工业化推动城镇化。

然而，在中国农村的农民城镇化进程中，农民选择进城务工是基于本地生产力所创造的经济价值与城市工厂务工所创造的经济价值对比所产生的理性选择结果，而且农民即使进城了也能返回农村，家庭内部通过合理的劳动力资源配置，可以实现"工"和"耕"资源的最优化结合。对比来看，在我国农村城镇化的过程中，非农化、城镇化和农民市民化未能在同一时序中协调进行，而是依次先后发生，导

---

①　安永军：《中西部县域的"去工业化"及其社会影响》，《文化纵横》2019年第5期。

②　夏柱智：《新生代农民工市民化的社会机制研究》，《当代青年研究》2020年第1期。

致了城乡关系失衡①。但是需要指出的是，以江苏为代表的东部沿海发达地区农村已经实现工业化，成为沿海城市经济带的内在组成部分，农民家庭实现了家门口二、三产业就业，地方财政实力强，农村获利机会多，市场化比较充分，因此，没有特定地方经济条件为前提，其他区域农村难以复制江苏一类东部地区农村家庭的"工薪式"城镇化道路。

第三节　自发的城镇扩张与农民家庭独立性融入

一　城镇资源溢出与乡村建设起飞

乡村经济的发展必然伴随着城镇建设的扩张，在这个过程中，水镇所属城镇区域凭借靠近市场的优势在推动城镇自身发展的同时带动了乡村经济社会的起飞。城市与乡村原本作为二元结构的两个主体自然而然地转型为城乡一体化格局中的两个重要元素。乡村产业结构的优化调整从以传统农业产业生产为主导的单一产业结构，变为以农业与非农业经济并行发展的多元产业结构。显然，在产业结构均衡的城乡社会体系中，非农产业体系的建立将有力推动乡村市场面向农业劳动力剩余的需求，但产业结构的调整对乡村经济发展的影响仍然受到乡村社会现代化程度和乡村社会经济剩余的影响。以下，通过分析城镇资源扩张与乡村建设之间的互动关系做出分析，说明乡村经济剩余、乡村产业生态结构对农民城镇化产生的影响。

在对水镇进行分析时，本书已经指出，区域市场中心的经济辐射程度与乡村社会受到现代化影响的程度是推动当地农民较早融入城镇并且落脚在城的基础。农民进城目标的实现依赖农民与城市社会的经济互动，连接两者互为影响的中间介质是农民融入非农产业的程度，非农产业给农民家庭带来了农业生产之外的经济收益，增加了乡村社会经济剩余。可以看到，水镇的经济发展显然是随着泰州市突飞猛进

①　文军：《农民市民化：从农民到市民的角色转型》，《华东师范大学学报》（哲学社会科学版）2004 年第 3 期。

的经济发展而带来的，20 世纪 90 年代，泰州市地区船运经济进一步发展，形成了以多个码头为中心的水路经济，乡村地区农民开始了较大规模的购买船只参与水路货运的经济行为，船运经济带动了本地钢材生产、造船、五金、码头商业圈等工业体系的形成，这在全国来看均处于领先水平。在此过程中，泰州市的城市建设正是依靠这部分工业产业体系发展的经济资源建立起来的，而水路经济贯穿城乡多个区域也进一步辐射了乡村地区经济发展，以码头为中心打造的工商业圈推动了乡村地区农民融入非农化市场的程度。

几乎与此同时，由于水路经济的发展，水镇 90 年代中期就实现了散户种植和规模种植分立的农业生产经营模式，杨村在当地最早探索了"二分田"模式。"二分田"产生的背景是水路船运经济推动了乡村农民家庭中的青壮年劳动力外出务工，而船运经济又带动了当地工业和建筑业的发展，农民在土地生产上的弱经济收益推动了他们融入非农化生产获取更多的经济收入，最终只剩下家中年老体弱、没有强劳动能力的老人留守家中从事农业生产，导致土地抛荒严重，农业生产附加值不高。所谓"二分田"制度，即农户想自己种田的可以继续保留原田地面积生产，其余的田地则集中起来流转给村集体并以返租到包的形式租赁给大户，农户则得到租金，这样一来，农民家庭不仅可以从农业生产中解放出来，还能够继续发挥土地资源的价值从而获得经济收入。

到 2016 年，杨村不仅实现了农业土地 100% 集中流转的统一农业生产的壮举，还依托农业生产区的规模化生产建设了农机服务一体化体系，包括农机队、农机械和烘干设备的现代化农业服务体系，促成了农业生产区农业现代化服务体系的完整产业链，不但促进了农业生产效率的提升，而且进一步增加了当地农民从事农业生产的经济收益和村集体经济收入。在此过程中，农业生产体系与工业产业体系可以在城乡场域空间内部形成双向的经济支撑与互动，即乡村产业基础具备了承接城市溢出资源的条件，乡村社会结构走向了市场化和现代化。在这样的产业基础互动结构中，农民融入城镇有足够的生产空间作为支撑，凭借充足的经济剩余，水镇农民也较早实现了进城目标，不仅由于较强的家庭经济积累能力实现了进城买房，还由于早期的务工市场的建立可以在城市找到较好的务工机会从而落脚县城，实现了有质量保证的城镇化。

这种由农业生产和工业生产相互促成的互动关系具有较强的稳定性，也是形塑城乡一体化市场和建立均衡城乡关系的基础。城市中心主义发展观恰恰与均衡的城乡关系相对立，它的发展基础建立在经济发展的单极最大化，而忽略了城乡二元关系的协调发展的产业结构，并且试图简单地把乡村社会理解为城市经济发展的输出一方，却未能看到作为承载城市资源溢出的乡村社会在产业发展方面与非农产业形成的互动关系，本质上忽视了产业基础对农民融入城镇的作用。

随着城市工商业产业体系的发展，城市承载工业资源的容量达到一定限度的时候就会溢出到乡村地区，从而把乡村区域发展成为产业体系延伸的一支，不仅带动乡村地区经济社会发展，增加农民经济剩余，提升农民收入水平，增强农民融入城镇生活的质量，而且进一步促进城市产业规模化发展，促成工业产业生产的进一步细化和分工，有力完善城乡务工市场，实现城乡经济发展的双向良性循环。农民城镇化的融入进程必须有稳定的产业基础来保障其生产空间和城市生活质量。

在乡村传统社会结构逐步消解、农民与乡土社会关联淡化的背景下，产业基础作为一种经济结构的介质不仅串联了乡村社会向城市社会的发展变迁，还关系到农民城镇化进程与乡土社会的联系。产业基础能够维系农民与乡土社会的关联，因此，往往越现代化的乡村社会，乡村社会结构的传统性内涵维持越完整。在水镇，虽然大批农民家庭进入城镇生活，但是城市落脚并偶尔返回乡村的双向流动节奏使得农民与传统社会关系保持了一种不紧不松的状态。这样一种城镇化的两栖流动与江西唐镇农民家庭的城乡往返生活节奏又有所不同。

水镇的农民家庭经济分化不大，乡村社会均质化程度高，其乡村社会现代化程度的深入推进得益于早期市场化和区域市场中心的辐射创造的巨大经济剩余，使得当地农民可以较为从容地进入城市从事生产和生活。而且由于起步较早的乡村社会建设，水镇的乡村公共服务体系建设较为完整和健全，农民在城市快节奏的生产生活之余，往往会在周末及节假日返回乡村老家与亲朋团聚，得以休憩和获得情感的滋润，而这种有距离的代际情感关联也使得当地农民家庭幸福感较强。与此不同，江西唐镇农民家庭的两栖式流动则与其特有的产业基础有关，本书将在第四章节详细论述。

可以看到，以水镇为代表的东部沿海发达地区的农民城镇化融入过程，由于乡村社会有承接城市工商业经济的产业空间，农民家庭较早经受了市场经济的规训，导致城市建设与乡村建设在全国区域内均处在领先水平，农民进入城镇时间较早，融入城镇的程度较深，不仅实现了生产在城，也实现了生活在城这一较有保障的城镇化目标。与此同时，农民进入城镇生产生活并没有脱离乡村社会生活，农民与乡村社会的关联通过间断性、周期性的回归乡村生活得以维系，人们仍然较为注重村庄中老人过寿、红白事等人情往来和仪式交往，村子里谁家有大事小情，村民都十分热情回来帮忙。正如陆益龙所述，"村落依然是乡村社会存在的基本形态，农村人依然聚村而居，村落依然相对于城镇，在结构上并无实质变迁"①。也正是在这一基础上，水镇的乡村虽然现代化程度高，但是乡村传统社会结构的一面仍然存以为继，这成为当地农民家庭在城市社会快节奏生产生活之外的一个身体上的栖息地和精神上的归属。

二 城乡一体市场与农民彻底市民化

城市社会的产业体系建设和互动推动了乡村建设过程中承接城市产业经济资源外溢的空间，乡村基层市场得以升级转型，成为有一定经济空间建立非农产业体系的区域，这也释放了城镇产业发展的压力和空间，推动了城镇工商业的进一步发展，使得当地城乡社会形成了多级市场，最终由于优化的产业结构推动了城乡一体化市场的建立。在城乡统一市场中，尽管城市市场作为经济中心对于乡村产业经济具有强大的吸附作用，这既是基于城市产业发展的先天区位优势，也源于城市处在产业发展的上游位置的条件，但是在工商业产业发展的最初阶段，城市产业发展不仅需要廉价劳动力市场的支撑，而且需要消费市场来维系其生产市场的进一步壮大发展。乡村社会既能够提供雄

---

① 陆益龙：《乡土中国的转型与后乡土性特征的形成》，《人文杂志》2010 年第 5 期。

厚的廉价劳动力市场，带动农民家庭非农化就业，促进乡村产业体系作为城市产业发展的第二工厂，还能够在此过程中扩大内需，发展县域内部的消费市场，从而反作用于生产，以进一步优化产业结构。前已述及，水镇的农业现代化产业体系与城市产业经济溢出的工商业经济资源相辅相成，形塑了当地较为稳定且可以支撑农民从容进城的产业基础。

从水镇的农民城镇化实践来看，农民家庭进入城镇主要有以下两种生产生活样态：一是正规行业就业，二是以低龄老人为主体的非正规就业市场。正规就业市场主要包括二、三产业类的工作，比如企业公司管理人员、技术人员、普通职员、体制内的工作人员、服务行业的工作人员等。县域内工业化和市场化的深入发展推动了县域内务工市场的建立，使得农民进入城镇生活的同时可以实现就业在城。农民家庭出于对县城较为完善的公共服务体系，包括教育、医疗和精神文化需求方面的追求，主动进入城镇生活的意愿较强，比如为把孩子送到县城上学以享受更为优质的教育资源而进城或者为了生活便利而选择到县城买房，其本质都在于县城集中了较为优质的物质资源和精神文化资源。

更为健全和先进的公共服务体系吸引了广大农民涌入县城。水镇杨村三组最早开始从事船运经济，从 8 万元 5 吨位（船承载体量）的石头船到现如今 700 万—800 万元造价的百吨位货船，早期经济效益好的时候一年可以有 30 万元的收入，因此，从事船运经济较早的一批人一年时间就可以稳赚不赔，这一时期是父子组合出工，因为有时候要搬非常重的货物，请人工就不如自己人出力，可以省去雇工钱，女性劳动力则在家中务农和照顾小孩，有时候做一点零工添置家用，男性劳动力如果是在附近短途货运则可以时常回家，如果离家比较远，比如出船去长江三角洲地区则需要较长时间回来，甚至在货物比较多的时候要一年到头生活在江上。依靠早期的经济积累，杨村三组，39 户农民，20 世纪 90 年代中期的时候就有 10 户人家在县城买房，到 2003 年前后，39 户农民全部都在县城有房，而且村里房子还翻新过。2000 年初，村里大部分农户都实现了进城买房的计划，推动他们加速做出进城决定的缘由，除了家中经济积累有一定富余之外，另一标志性事件是杨村小学撤掉了完小的年级建制，只保留了1—3年级，导致其教学氛围和教学质量都受到影响，在家长中的口碑急剧下降，大部分家庭为了自己的孩子有一个好的学习环境，选择送孩子进城上学，这是当地农民出现进城买房潮的一个主要原因。

关于以低龄老人为主体的非正规就业市场，包括以家政、门卫、保洁等为主的工作。船运经济带动的产业链条不但为青壮年劳动力提供了较为充足的就业机会，而且随着乡村社会城镇化进程扩大了原有产业链条，使得县城经济社会成为一个兼具生产市场和消费市场的成熟市场体系，低龄老人在此过程中有机会进入非正规工作领域谋得工作机会。水镇区域范围内的老人由于较早地参与到市场经济浪潮中，适应了市场经济规则，有部分低龄老人在八九十年代"跑江湖"积累了较多的与市场社会打交道的经验，其中很多人还有一定的手艺，这都成为当地低龄老人进入务工市场的先赋优势，客观条件在于水镇的工农业产业结构形成了良性互动，农业现代化的转型促成了当地劳动力的"工薪化"，工业化和城镇化则推动了产业生产市场和消费市场的双重建立，使得县城社会对于不同年龄层次的劳动力都具有包容性。此外，由于零工就业较为灵活，低龄老人在一边从事零工就业的同时还可以兼接送小孩上下学和负责给孩子做饭，分担家庭对第三代的生活照料任务。年轻夫妻由于上班时间较为规律，虽然难以分身照料孩子的生活，但是可以在下班时间辅导其课后学习，是父母两方兼在场的陪伴式教育。

可以看到，县域城乡社会在工农产业发展的基础上建立了较为完备的产业基础，在此基础上，乡村社会农业产业现代化与县城工商业体系的进一步扩张形成了良性的互动，在农业现代化与县城工业化有效结合的基础上建立了统一的城乡一体化市场。正是基于此，农民家庭进入县城的同时可以实现不同年龄阶段的劳动力就业，实现家庭经济积累的全务工模式，农民进入城镇过程中可以实现生产和生活同步，以落脚县城，实现有质量的城市市民生活，因此，水镇农民进入城镇往往在身份角色上表现出农民向市民的彻底性转变。

城乡融合发展是基于城乡一体化体系下的县域发展与乡村建设，不能脱离乡村建设而谈城镇化，而是要形成县域社会城乡经济—社会

103

互动性关系模式下的城镇化发展。城镇化对于增加城乡居民收入和实现城乡公共服务体系均等化起到了关键助推作用，在发展小农经济、推动传统农业转型和建设非农化体系的过程中产生了重要影响。我国的城镇化坚持以"人的城镇化"为核心，与逐步实现共同富裕的现实需要相匹配，正是基于此，要实现人民追求美好生活的诉求就要在城乡关系均衡发展体系中推进农民城镇化。笔者认为，传统保护型城乡关系把城市与乡村放置于二元对立结构之中，多数研究把解决这一问题的焦点放置在户籍制度的改革上，却忽略了县城作为城乡二元结构之外对于融合县域城乡发展和优化公共服务体系布置的关键作用。县域城市不仅在地理空间上接近乡村社会，而且对于缓解乡村社会空心化带来的发展困境将起到有益影响。

鉴于此，中国实现城乡一体化的根本路径是准确定位县城在农民城镇化中的作用，通过积极建设乡村，完善非农就业体系，推动县域经济社会发展，反哺乡村振兴发展，最终实现高质量的城镇化建设，提升农民生活幸福感和获得感①，建立较为完备的、工农互促的产业基础。推进城乡一体化的关键在于协调自然经济与市场经济之间的关系，实现基层社会自然经济向市场经济、传统产业向现代产业发展的转型，从而最终建立城乡一体化市场。在县域"经济—社会"互动关系中，县域社会的生产、分配、交换、消费等经济活动都必须通过市场这个中介的联结才能进行②，最终在统一市场流动的状态下实现人的城镇化。

三 双系双代支持与农民家庭独立性进城

在城镇化进程中，农民是否可以实现家庭整体城镇化主要是看当地农民家庭经济资源积累能力与家庭代际支持强度。家庭经济资源积累能力依赖于本地经济空间和特定的区位条件，家庭代际情感和伦理责任则是衡量农民家庭代际支持强度的基础因素。在水镇，现代农业

---

① 白永秀、王颂吉：《城乡发展一体化的实质及其实现路径》，《复旦学报》（社会科学版）2013 年第 4 期。

② 刘彦随：《中国新时代城乡融合与乡村振兴》，《地理学报》2018 年第 4 期。

产业化和城乡工业化，一方面优化了本地产业结构，形成了以本地产业基础为特点的城乡一体化市场经济；另一方面，当地典型的独生子女家庭人口结构使得子代家庭城镇化可以得到男系家庭、女系家庭的双系家庭支持，又由于当地农民很早就开始参与市场经济，提前实现了家庭经济非农化积累，因此，无论是父代还是子代都具有较强的经济积累能力，尤其是父代中的高龄老人一代，他们在改革开放之后就参与到工商业经济中，赚得了第一桶金，而父代中的低龄老人直到现在都能够在本地务工市场中寻找到务工机会。两重因素同时作用于农民参与城镇化的实践，导致以水镇为典型的农民城镇化呈现出很强的独立性面向。

　　在家庭资源积累方面，农民与本地产业经济空间形成了良性互动。从水镇的农民参与产业经济的实践来看，正规就业市场和非正规就业市场共同保证了农民家庭经济积累的来源。由于靠近长三角市场的区位优势，水镇受到市场中心辐射程度深，而且当地农民从事工商业时间较早，融入市场化程度高，这些都成为本地产业结构进一步优化的先天优势。从后期的产业发展看，当地涉农社区的现代农业生产释放了大量劳动力的同时还提供了非农就业机会。从农业生产体系中解放出来的劳动力能够在获得土地租金收入的同时进入县域内非正规就业市场，比如绿化、家政、环卫等工作，由于这部分低龄老人和高龄老人的市场化参与，当地形成了正规就业市场、非正规就业市场的上下游产业链空间，保证了家庭劳动力的充分就业，提升了农民家庭进入县城生产生活的独立性能力，即不仅能够生活在县城，还可以在县城谋得一份工作机会以安稳生活。

　　在快速城镇化的进程中，以一定产业经济结构为基础的本地发达务工市场使得家庭经济积累可以实现最大化整合。水镇在正规市场就业机会和非正规就业市场的充分性和完整性进一步巩固了当地人回归县域就业的留守现象，当地政府称之为"雁巢"计划，即在政策上支持青年人回乡就业。从水镇的调研来看，青年人自主回归家乡就业的主观意愿很强，基本上不需要政府的动员。水镇地处东部沿海发达地区，当地的就业待遇较好，市场经济体制发展成熟，社会福利和假期等劳动权益方面能够得到保障，青年人一般都倾向于回到地方工作，在这个过程中不仅可以享受到沿海市场经济开放红利，还能够得到地方社会关系网络，尤其是家庭父辈经济资源的支持，年轻人结婚成家能够得到较强的经济支持，压力较小，城镇化负担较轻。

　　案例3.5：男方三十出头，父母是卖猪头肉的，年收入15万元左右，女方是另一个镇的，相距不远。两人结婚属于不嫁不娶，结婚的酒席钱是男方出的，男方没有给彩礼女方也没有嫁妆。男方2002年在县城买了房，夫妻俩现在都在县城工作，男方在县城一家五金公司上班，女方是一名会计，夫妻俩一年收入20万元左右。目前男方家庭支持小家庭比较多，房子的全款是由男方父母付的。小夫妻俩生有两个小孩，都是跟男方姓，而且主要由男方照顾。女方父母在上海务工，一年收入也有十多万元，每年都会通过给外孙女红包的形式在经济上支持女儿小家庭建设，双方父母只希望小家庭和睦，而且他们认为未来小家庭需要他们支持的时候，两方父母都会帮忙的，不然说不过去。关于养老问题，女方和家人们商议好，以后四个老人都搬到一起住，住在男方父母的房子里，方便照顾。（2021年7月，杨村熟食店访谈）

　　在家庭代际支持强度方面，基于水镇的调研来看，由于当地较早起步的工业化和市场化，水镇形成了比较完善的产业链工业体系，在家庭高积累型结构中，代际关系中有一定的自主权。由于地理位置十分便利，水镇本身地处全国性劳动力市场的核心，市场程度较为发达，同时，在社会阶层竞争场域中，家庭劳动力充分就业，家庭劳动力嵌入市场化程度高，家庭与市场关系呈现出嵌入型关系。在当地劳动力市场中，老人可以充分就业，家庭三代可以在就业市场找到务工机会，获得较好的经济收入，这使得家中的老人享有较为充足的经济资源，不仅可以支持其养老阶段的经济开支，实现自养，还可以为子代提供一定程度的经济支持。由于年青一代受教育程度较高，他们能够获得县城正规就业市场的良好就业机会，相当一部分青年人进入体制工作，工作稳定性较强，工作体面，收入达到了当地平均工资水平，整体来说家庭发展能力较强。由于其地理区位优势明显，地处全国性劳动力市场之中，政府建设发展工程较多，家庭中老年群体都能够获得充分就业，非正规就业市场较为发达，能够满足家庭劳动力以及老人剩余劳动力充分进入劳动力市场。当地农业现代化支撑起的工业化建设形塑了本地务工市场，农民家庭嵌入市场程度较高，基本上能够实现家庭劳动力完全工薪化。因此，老人代际资源输入的能力较强，在子代家庭参与城镇化的进程中，家庭中的父辈能够通过自己的劳动力不断地向下输入资源，以此达到农民家庭参与城镇化的资源整合，以及提高社会阶层竞争的能力。

总体来看，以独子家庭为典型人口结构的家庭再生产有利于家庭代际资源的整合，与一般中西部地区以多子家庭为典型的人口结构不同，其家庭资源需要兼顾到多个小家庭的家庭再生产，也就难以实现家庭资源积累的最大化整合。此外，在一般中西部地区，无论是父代还是子代，其嵌入市场的充分程度均不如东部沿海发达地区有一定产业基础的家庭市场化嵌入，往往表现为父代低积累，子代异地务工的家庭生计样态，而水镇所在县域的劳动力市场丰富，老人的积累能力强，老人很容易找到就近工作的机会，中年人有一部分正好赶上了船运市场的发展，一些工厂也提供了就业的机会，所以当地家庭不同年龄层次的劳动力能够逐渐稳定地进入就业的市场。年轻人这一代就是接受了好的教育，他们可以进入城市，进行积累。可见家庭劳动力结构与本地的务工市场共同形塑了较强的积累型县域社会。可以看到，子代和父代高度非农化的家庭生计策略形塑了"双系双代"强支持型模式的家庭独立性城镇化模式，本地农民县域城镇化动力强，负担小。

四　小结："工薪式"城镇化及其实践逻辑分析

所谓工薪式城镇化，指的是农民家庭劳动力有条件在不同层次的务工市场中寻找到非农就业机会，从而获取经济收入，以此作为农民家庭进入城镇生产生活的资源。其中一个重要的条件是县城有一定的产业经济空间供给不同年龄层次的就业机会，从而保证县域范围内剩余劳动力可以实现经济收入来源，最终形成一个稳定的生产—消费市场，与县域产业发展形成良性循环，提升农民进入城镇的独立性能力。事实上，中国农民家庭城镇化最终以实现一代人到两代人进城为结果，未能实现完全的城镇化，而是以县乡村范围内的人口流动半城镇化为特征。半城镇化是指家庭至少有一代人不能完全进入城市落脚，形成了一方在城、一方在乡的城乡互动结构状态。甚至在东部发达地区，农民进城也都是乡村和县城两边住，完善的村庄基础设施以及同辈群体熟人社会形塑了结构相对完整的村庄生活。学界早已界定，农民进城的主流是半城镇化①，即农民家庭融入城镇的生活是半融入的。李爱民②考察了"半城镇化"的指标，他认为半城镇人口是城镇常住人口与城镇户籍人口之差，这部分差额反映了中国城镇化过程中城乡两栖互动。因此，部分区域的县域城镇化，尤其是一般中西部地区的县域城镇化实质上是半城镇化。

基于水镇的调研发现，江苏地区靠近长三角区域性市场经济中心，受到全国区域性市场中心的辐射程度较强，其本身水系资源丰富，发展了船运经济，从而与全国工业市场相连接，如此，地方市场经济中的产业经济空间承接了区域性市场中心的产业，形成了上下游的产业链条，地方社会则由于较早受到工商业市场经济的冲击，较早开始了非农产业化进程，农业生产规模化和集约化的现代化改革释放了巨大的产业潜能，丰富了劳动力市场。船运经济带动了本地造船工业、钢材、五金和码头商业圈的工商业发展，船运经济产业链不断延伸和扩展，最终形成了正规就业市场和非正规就业市场的完整务工市场体系，吸纳了不同年龄阶段的劳动力进入务工市场，实现了农民家庭的全"工薪化"收入。这为当地农民家庭提供了充足的进入城镇生活的资源，而且县城产业经济也提供了充足的市场就业机会，使得农民家庭进入城镇生活的同时可以就业在城，从而能够支撑起县城的巨大消费开支，在享受县城优质公共服务体系的同时实现高质量的城镇化。

---

① 王春光：《新生代农村流动人口的社会认同与城乡融合的关系》，《社会学研究》2001 年第 3 期。

② 李爱民：《中国半城镇化研究》，《人口研究》2013 年第 4 期。

工薪式城镇化保证了农民家庭从容进入县城生活，表现为农民进入城镇生产生活负担较小，生产与生活可以相互支撑，生产与消费相互促进，县城经济活力充分。但是需要说明的是，工薪式城镇化不但对于市场区位条件要求较高，而且对县域内部资源禀赋也有一定要求，内外两重因素共同形塑了本地雄厚的产业基础，形成了完整产业链，在此基础上实现了农民家庭全工薪化生产，促成了较为高质量的城镇化，并与人的城镇化目标相契合。但是从全国来看，能够实现这一目标的区域相对较少，一般集中在东部沿海发达城市带的乡村地区，其余地方的农民城镇化参与则体现出不同的逻辑。探讨这一基数更为广泛的乡村社会农民城镇化的实践逻辑，以求在新型城镇化战略框架下提出农民县域城镇化的机制相当紧迫。显然，以水镇为典型进行分析，提出工薪式的农民县域城镇化的一种类型是科学分析不可缺少的一环。

第四章　半工半农型乡村的农民城镇化实践机制

　　乡村社会传统农业资源的维系与县乡工业化发展的经济结构是半工半农型乡村社会产业基础的基本特征。相比农业型乡村，半工半农型乡村为县乡工业化体系的产业化发展提供了坚实的资源基础。在这一类型的乡村，由于农业资源和工业资源呈现出相对均衡的状态，农民家庭不仅可以凭借农业生产兜底家庭日常生活开支，还可以凭借在工业资源建立的务工市场中获得务工机会增加收入，提升家庭再生产能力，实现家庭发展目标。对于这一类乡村的农民城镇化实践讨论也表明，中西部乡村地区的农业资源和工业资源相对均衡的状态可以成为农民就近城镇化的比较优势条件，农民在家庭内部通过劳动力资源配置合理利用农业生产和工业生产实现家庭积累最优化，维持家庭生活完整性。以下将以江西的唐镇作为典型案例，展现这一类乡村的基本特征和农民城镇化实践的基本逻辑。

第一节　工耕结合的生产体系与扩大的熟人社会结构

一　案例呈现

　　唐镇位于江西省赣州市南县，距离赣州市 15 千米，距离县城 10 千米，土地面积 88 平方千米，辖 32 个村（社区），常住人口超 12 万人，自古商贸繁荣，经济活跃，是闻名遐迩的"江西四大历史名镇"之一。唐镇家具 20 世纪 90 年代初已发展成为唐镇经济建设的一个最重要的支柱产业、民生产业和富民产业。2004 年末，唐镇年产值超

100 万元企业 260 多家，超 500 万元企业 3 家，超 1000 万元企业 2 家，全镇实现工业产值近 6 亿元。2005 年末，唐镇共有个体私营企业 213 家，个体经营企业 2295 家，其中家具行业 155 家，个体经营企业人数达 1300 多人，工业总产值 5.2 亿元。2017 年末，唐镇辖区有工业企业 258 家，其中规模以上工业企业 21 家。2018 年末，唐镇辖区有工业企业 171 家，其中规模以上工业企业 20 家。2019 年末，唐镇家具企业由原来的 700 多家整合至 513 家，63 家企业达到规模以上企业标准。605 亩的家具集聚区建成并投产，形成了家具特色产业集群。

唐镇以山地丘陵为主，人均耕地面积 0.7 亩左右。从 90 年代开始，本地引进脐橙，当地农业产业结构发生转变，农民在山林和水田里大量种植脐橙，并发展成为当地重要的产业。工业和农业生产方面的双重优势，形塑了县城、镇域范围以及村庄社会的三级劳动力市场和本地家庭工耕结合的生计模式。以家庭三代人为例，年青一代部分留守县城务工，中年一代多数留守乡村，一边从事县域家具产业生产，一边管理家里的脐橙果园；老年一代则留守村庄帮助管理果园，没有劳动能力的则赋闲在家。可以看出，赣南唐镇是典型的半工半农型产业乡村。

二　工耕结合的生产体系与扩大的熟人社会结构

（一）半工半耕与有活力的经济剩余

中部地区的农村受到市场经济影响稍显迟缓，以江西为代表的中部内陆地区的农民进入市场经济时间稍晚，退出省外务工市场时间早。以江西唐镇所在的南县为例，经过多年发展，境内有 1 个内陆港口、1 个机场、4 条铁路、3 条国道、4 条高速，形成了家具和矿产、服装、电子等主导产业。这是部分中部县城高速发展的缩影。调研发现，南县从 2008 年开始城镇化进程，从 2015 年至今，城市城区面积由 30 平方千米突破到 50 平方千米，城镇化率由 45% 上升到 60%。县城家具产业在中部地区初具规模，对县域劳动力吸纳强，中青年农民进城可以实现就业在城，60 岁以上的老人则从事农业种植以及兼业打零工。南县脐橙果业资源发达，有全国品牌效应，农业收入可达户均每年 4 万—5 万元。当地农民从 1986 年开始种脐橙，在 90 年代，脐橙种植收入成为农民家庭经济资源积累的重要补充，多数家庭能依靠卖脐橙成为万元户，积累了重要的起始资金。因此，中青年县城务工，低龄老人在家务农，农忙时节一起帮忙成为家庭生计的常态，这也是当地在没有大城市务工收入支持下实现"家家能买房，户户有小车"的基础。

唐镇位于山区，本地有着发展农业产业的自然环境优势。唐镇最早开始种植脐橙的是北半县，北半县是沙质土，水汽好，土地更加肥沃松软，种出来的橙子品相好，北半县种植脐橙的时间比南半县早 6—7 年。白村所在的南半县，土地板结，种出来的橙子卖相不佳，但由于南半县的土壤中富含稀土，因此种植出来的脐橙更甜。但由于卖相不佳，在销售的时候，北半县的脐橙比南半县更加有优势，北半县的脐橙比南半县要高出 2—3 角。总体而言，由于南半县种植时间晚，自然条件相对差，南半县的村民没有从脐橙产业中吃到太多的甜头。白村最早开始种脐橙是 1995 年前后，2000 年前后，村里种脐橙的村民越来越多。村民一开始在山林里种脐橙，后来将自己家的水田里也种上了脐橙。从 100—200 株开始种，慢慢扩大规模，一般农户种植 500—600 株，两个劳动力可以种 2000—3000 株。最多的时候，白村全村种了 400 亩脐橙，户均 1 亩，当时村里 80% 的农户都种了脐橙。脐橙三年挂果，一般到了第六至第七年产量比较高。白村种脐橙收入最好的时候是在 2005—2010 年之间。种植脐橙每亩可种植 60 株，每株产 200 斤，每亩可产出 12000 斤，按照 1.8—2 元/斤计算，每亩可获得 20000 元的收入，除去开支，一亩至少能收入 1 万—1.5 万元，这远比种植水稻划算。一户人家种植 1—2 亩的脐橙，一年可获得毛收入 3 万—4 万元。脐橙发展最好的几年，村里开了 3 家农资店，农资的生意也很好。

以唐镇白村为例，农户种脐橙的技术主要是跟亲戚和村民学习，一开始种脐橙时，大家都没有经验，大部分人都是靠自己去摸索，刚开始，少数有经验的人甚至不愿把种植经验分享给其他人，后来村民之间慢慢也会相互交流技术。当时，政府农技站没有安排农技员下村，脐橙种植技术主要靠村民自己习得，大家私下里相互学习技术和经验。市场方面，当时主要是靠本地的中介，农户直接把脐橙卖给中介，或者通过中介卖给外地劳保。村民表示，当时把脐橙卖出去没有大问题，但市场存在波动，卖不了高价，2000 年以后的几年，脐橙最高能卖到 1.1 元/斤。种脐橙的农忙时间主要是种植期和收获期，平时只需要进行日常的管理，农忙时间并不长，因此农民可以在农闲的时候外出打工，农忙的时候回家种脐橙。早期当地还在种植水稻的时候，经常遭遇水灾和旱灾。但是种植脐橙的市场风险就相对小，果树一般不会种在低洼的地带，因此，不会遭遇水灾。脐橙的市场价格波动也不大，一般在 0.8—1 元/斤之间浮动。

脐橙产业发展早期，在收获的季节，果农之间采取帮工或换工的方式互相帮忙，后来由于种植规模扩大，大家开始采用市场的方式解决，即雇工采果。村里也逐渐组织建立起来了采果队，一个采果队 5—6 人，一个村有好几个采果队，采果队大部分是妇女，少数男性，工钱按斤计算，90 年代初是每斤 3—5 分，一天下来能赚 100 多元。一户种 300—400 株脐橙，需要雇 7—8 个人花一天的时间采摘。无论是家门还是亲戚，都一样付工资，村民指出这样"比较干脆，没那么多事，（换工）的话，别人帮了你，你却没帮别人，心里过意不去，有时自己没有劳动力帮别人了，亏欠别人不好"。帮工、换工和雇工是三种不同的农业生产用工方式。帮工是在亲戚之间发生，帮工可以不换工，这是出于亲戚之间相互帮助的逻辑；换工则是发生在小组内，它的原则是短期内的平衡机制，必须要对等，如果别人帮了你，你在别人需要的时候却不能帮助他，心里会有亏欠感；雇工则是在小组的范围之外，采用市场的方式解决，它的逻辑是即时性的平衡，因而更加具有理性的特征。

由于黄龙病的暴发，政府在每个村设置了一个专门砍树的果技员，将村里得病的脐橙树全部砍掉。由于黄龙病病毒极具传染性和扩散性，至 2015 年，全县的脐橙树基本砍完。最近几年，该地又开始出现脐橙复种，复种开始于北半县，为了避免病虫害，他们开始搭建防虫网，防虫网搭建成本较高，每株要多花 120 元的成本。南半县也有村民开始搭建棚子，但规模较小，白村仅有 4 户搭建了防虫网。原先种过脐橙树的水田满田都是果树根系，必须用挖掘机才能挖起来，树根挖起来之后，要先种几年旱作物，才能慢慢开始种植水稻。这些问题使得当地最近几年开始出现了水田抛荒的现象，白村有300—400亩的水田全部抛荒。但是基于本地的产业发展状况来看，水田抛荒只是暂时性的、过渡性的，它区别于中西部地区的抛荒，等到本地的经济作物种植重新发展起来，以及水田恢复生产力之后，很快就会被重新利用起来。

此外，唐镇家具产业的发展弥补了乡村非农就业产业不足的问题。唐镇自古以来人多地少，为了改善生活，"男做木匠，女做裁缝"是南县人的主要谋生手段之一。改革开放之后，一大批南县木匠"南下"广东等地务工，实现了资金、技术、管理经验的原始积累后返乡创业，90年代初唐镇诞生了第一家家具厂，后来经过历届党委政府"放水养鱼"，大力实施"个私兴县"战略，出台了系列支持民营经济发展的扶持政策，家具产业快速增长，到2012年达到企业近6000家、产值超百亿的规模。从2013年到2016年，是家具产业转型升级的阶段。经过20多年的发展，唐镇家具产业形成了"铺天盖地"的发展势头，但依旧存在低小散乱的问题，家具产业虽然有了量的原始积累，但粗放式管理、低小散乱污、产品低端化等瓶颈问题制约产业进一步发展。为保护和壮大这2—3代人奋斗出来的家具产业，2013年以来，唐镇抢抓苏区振兴，《国务院关于支持赣南等原中央苏区振兴发展的若干意见》明确支持唐镇家具产业发展的重大机遇，搭平台、补链条，打造了赣州国际陆港、中国（赣州）家具产业博览会、江西省家具质检中心、家具小镇、共享喷涂中心、金融中心，以及物流、烘干、标准厂房等九大公共服务平台，使唐镇家具要素更加集聚、链条更趋完善、功能更加齐全。同时按照"众创业、个升企、企入规、规转股、扶上市、育龙头、聚集群"思路，打出"拆建转"组合拳，大力推动产业转型升级，为传统产业注入新的动能。唐镇家具至此走上了集群发展之路，实现了量质齐升，集群产值实现从百亿元到千亿元的跨越发展，唐镇家具博览会也升格成为国家级展会，成为江西省传统产业转型升级的标杆。

从2017年开始到现在所处的时期，也就是高质量发展的阶段。唐镇从研发设计、招大引强、智能制造、流通销售等多端发力，不断提升唐镇家具产业标准化、数字化、智能化水平，实现"弯道超车"。为了做强家具行业，唐镇实施龙头企业三年行动计划，支持本土企业并购重组、抱团发展、股改上市，本土企业在唐镇围绕家具产业迅速谋篇布局，按照新发展理念的要求，推动质量变革、效率变革、动力变革，全力推进家具产业高质量发展，规模以上家具企业达到 518 家，2020 年汇森家居作为江西省第一家本土家具企业在港股鸣锣上市。通过这三个阶段的发展，南县家具已经实现了由"简单模仿"向"原创设计"、"低档劣质"向"生态定制"、"水货贴牌"向"区域品牌"、"粗放生产"向"智能制造"、"家具"向"家居"、"单一内贸"向"买全球、卖全球"的历史性转变，创造了"无中生有"的产业发展新奇迹。

本地家庭分工的特点表现为，性别分工较为明显，女性主要操持家庭内部的事务；代际分工则不明显，父代很早退出外部劳动力市场，退出农业生产，进而退出家庭生产领域。90 年代，村庄呈现出以性别分工为基础的半工半耕。2000 年之后，随着务工机会的增多，尤其是年轻的男性劳动力有着更多的就业选择，女性也逐渐走进就业市场，本地也逐渐形成了以代际分工为基础的半工半耕。在中西部地区，较早出现代际分工，年轻人外出务工，老人在家务农、带小孩、照顾家庭，子代成家之后，老人仍然要承担主要的家庭责任，完成家庭的重要功能。而本地的老人，不参与家庭分工，很早就退出了生产领域。

本地基于经济作物种植的农业产业结构使得农民家庭中的农业收入一直占据着十分重要的位置，优越的市场区位条件为村民提供了丰富的本地就业机会，由此形成了大部分农民长期在村并与村庄之间有着密切关联的村庄状态，村庄生活保存完整，村庄有活力；有限代际责任下，父代较早退出务工市场，家庭中形成了基于夫妻分工为基础的半工半耕结构，对上的养老责任和对下的有限代际责任使得村庄成为一个吸附性的社会结构，在村主体较为完整，由此形成了完整的乡村社会结构。

（二）熟人社会结构的扩大

在县乡社会，农业生产是产业经济结构中的基础，工业生产反哺于农业，工业从广义上可以理解为非农化产业，具体可以划分为工业和商业。商业的产生起步要早于工业，产生于基层市场中的商人通过集中货物到集市出售获得非农化经济收入补贴家用。改革开放后，随着市场经济的进一步发展，流动性和周期性贩卖生意的商人从兼业做生意到成为固定的经营者。无论是从事工业生产还是商业交易的商人，它们共同构成了从农业生产中分化出来的非农化商人阶层。由于工商业靠近市场，因此商人阶层一般集中在城镇地区。

唐镇的商人阶层主要是从事家具行业的人士，据了解，唐镇家具行业协会共有 278 家会员单位，其中规上企业 39 家。家具协会设置会长、理事会等组织架构，起到联结政府和家具企业之间的沟通桥梁作用。家具企业的老板除了在唐镇设置工厂车间作为根据地之外，在县城还有销售门店和展览厅，以提供给客户参观。所以，唐镇家具企业大都有两块阵地，一块是以唐镇为根据地的生产车间阵地，一块是以县城市场为主的销售阵地。

除了商人阶层，身处体制内部的干部阶层是另一个非常显著的非农阶层。城镇社会的工商业生产者如果离开政府部门的服务，就无法保证有序的市场规则和秩序。县城作为经济中心和政治中心，是县级政府的驻地，而县级政府是国家治理地方社会的中间连接点。县一级政府是连接国家治理乡村社会的中间衔接，发挥着治理县域城乡社会和提供公共服务的政府职能角色，其中，农业生产是县乡社会中的重要治理内容。因此，县级职能部门中的干部阶层也是服务于农业生产发展的服务者①。

从县域体制的干部来源看，土生土长的本地干部占主要比例，县级干部则采取县域外抽调或选派的方式担任，从而形成了县域体制干部中科层干部以本地土官为主、县级干部以县域外选派为主的结构，在这一结构中，县级干部为了尽快融入地方社会和尽快了解地方民情，就要与地方体制内的干部阶层达成支持与信赖②。土官大部分属

① 安永军：《中西部县域的"去工业化"及其社会影响》，《文化纵横》2019 年第 5 期。

② 张金涛：《新形势下县级干部队伍的结构优化研究》，博士学位论文，燕山大学，2014 年，第 115 页。

于农民子女，早期多数干部是退伍军人出身，多数干部的配偶还是农民，即"半边户"。土官生于斯长于斯，熟悉本地民情和政情，在治理地方的长期过程中形成了紧密的本地关系纽带。随着县域城乡社会经济发展，外出青年返乡创业或就业成为近几年的普遍现象，对于县域青年来说，他们认为"宇宙的尽头就是考编"，在县域社会找到体制类的工作，意味着有稳定和体面的工作，在城镇化的过程中，无论工作地点在县城还是乡村，县域体制青年均选择在县城买房并生活在县城①。唐镇家具产业在走向市场和建立市场秩序的过程中，得到了政府的大力扶持和帮助，本地多数官员认为，能够把家具产业搞好，亲戚朋友和乡里乡亲就可以在本地实现充分就业，这对他们来说是很大的精神动力支持。

　　乡村社会作为熟人社会，从农业生产剩余中分化出来由商人和干部组成的非农化阶层。无论是商人阶层还是干部阶层，都是从农民群体中分化出来的，也是从乡村社会扩散出去的群体，但是从根源上说，他们都是来自农民阶层的，因此也必然与乡村社会有着紧密关联，在更大的县域范围内形成了血缘与地缘的强纽带关系。基于此，县域社会可以称作扩大的熟人社会。

　　扩大的熟人社会集中体现在县域生产和生活两个方面。在生产方面，从唐镇延伸到县域社会的家具产业面临生产交易的市场规则和秩序建立，而市场交易往往都是非熟人之间基于信任关系的交往，常常表现为成本付出高和非稳定性的特征。从这个意义上来看，在相对陌生的社会中，人们相对较难从日常交往中建立熟人关系，接触到的大多数人都是陌生人，但是县城与大城市的区别在于，县域范围内的交往一般是相对有限的交往圈子。就唐镇的产业发展来说，家具产业一般分为自主创业和进厂打工两种类型，唐镇人中自己创办家具厂的已经到第三代人了，第一代人是90年代从广东珠三角沿海地区打工积累了第一桶金回来办厂的老板，他们凭借早些年在民间跟随木匠师傅学得的家具技术和在外打工了解到的市场运营规则以及管理模式，回

---

　　① 安永军：《中西部县域的"去工业化"及其社会影响》，《文化纵横》2019 年第 5 期。

乡创办了家具工厂，占据了较大的市场份额。到90年代末，经营较好的家具厂一年可以挣得200万元的收入，这在当地形成了刺激性的示范效应，导致原本从事木匠工作的手艺人纷纷尝试开办家具厂。截至目前，唐镇所在县域范围内有大小家具厂7000多家，分布在乡间简易棚和后期集中建造的集聚区内。近年来，以"90后"为代表的农家子弟利用互联网和电商市场契机成为新一批集资办厂的家具人。

可以说，唐镇家具厂的办厂热潮与当年南下打工潮类似，通过传帮带机制发展起来了规模性的家具产业。此外，办厂热潮为本地家具务工市场建立提供了条件，从一线发达城市退出的一代农民工和部分留守县域的青壮年劳动力成为家具产业的生产主力军，唐镇本地劳动力占到60%，每人平均月工资5000元，农民在家门口就可以得到在一线打工城市的收入。不仅如此，唐镇脐橙种植和售卖形成了品牌市场，采果队和收果经纪人这些熟人社会之间的民间合作形式扩大了农民家庭在日常生产生活中的交往，建立了彼此有交集的熟人圈子。在这个过程中，任何一个个体都很容易通过一个中间人之间的连接成为熟人，甚至在打开县域之外的市场时，因此，当地人广为传播着"唐镇之外还有一个唐镇"这样的说法，可以说，产业发展既拉近了熟人之间的距离，成为社会关系交往的纽带，熟人社会的交往又经过产业的发展得以扩大，形成超越乡村范围的扩大化熟人社会。

第二节 "不离土且不离乡"

党的十八大以来，全面从严治党等重大举措的实施有效推进了反腐倡廉的常态化和制度化，促进了基层权力的规范化运行，行政监督体系不断建立健全，把权力装进制度的笼子。基层治理现代化是国家治理体系和治理能力现代化的重要内容，日益完善的制度体系建设为各级政府和行政权力的规范化运行提供了制度基础，保障了基层治理现代化的稳步推进。不断强化的监督问责制度在促进基层政府行政规范化和正式化的同时，随着监督问责压力的不断加大，也产生了基层政府的策略性应对等突出矛盾，其中基层政府和行政人员的避责现象日益突出。在全面推进基层治理现代化的背景下，基层避责现象的形成与蔓延，对基层治理体系和治理能力现代化建设带来了影响。

一　家庭劳动力配置：工农互补的"半工半耕"

近年来南县家具产业的发展和房地产业的兴起，为县域中青年劳动力提供了部分务工收入，以减轻城镇化经济开支压力。部分年轻人嫌做家具以及工地上辛苦，又不愿意出远门进厂务工，而是选择在县城创业，然而创业市场的非稳定性、地方政策的支持力度、青年个体创业能力素质以及县城巨大的消费开支导致年轻人县城收入的不稳定。"80 后""90 后"青年不同于其父辈的群体性特征，进城是青年返乡创业的起点，他们的成长历程沿着"学校—工厂"展开，缺少务农经验，城市务工既是生计来源，也是一种常态化的生活方式①，城市生活方式给年轻人带来了一笔相对较大的经费开支。综合来看，当地家庭经济积累全部靠工业是无法完成城镇化目标的，于是农闲与农忙往返于城乡务工与务农之间形成了一种工农互补的"半工半耕"生产模式。

低龄老人则以脐橙种植业为主，农闲时做些零工。相较于田地资源的稀少，脐橙产业种植在半山腰坡地，田地加上山地面积使得脐橙种植规模从早期的户均 1 亩达到了当前阶段户均 8—9 亩的种植面积，因此，低龄老人从耕地上获得的地利收入较多。县里农业职能部门大力度地投入水利设施建设并且积极解决脐橙果业种植的技术引入。低龄老人在家乡种植脐橙可持续时间长，不存在技术和种植难度的壁垒，农民种植脐橙同时还兼种水稻、油菜，每年的农业土地经济收入可达 5 万—6 万元。脐橙产业中介起到了提供服务和信息的重要作用，有利于降低市场风险，提高市场效率。嵌入地方社会关系网络中的中介以及收购商对小农具有一定的保护性。经济作物种植与粮食作物种植存在差别，经济作物种植无法对接市场，粮食作物则有统一化的市场，小农可直接对接市场。因此，在脐橙产业中，农户不知道市场信息，尤其是果品需要分级的时候，不同层次的果子对应不同的市

① 毛一敬：《乡村振兴背景下青年返乡创业的基础、类型与功能》，《农林经济管理学报》2021 年第 1 期。

场渠道，如果农户直接把果子拉到客商那里，客商往往不会接收；另外，小交易量与大客商无法对接，因此，在地方社会的市场信息的对接，就需要代办来做，代办利用信息赚钱，也利用社会关系网络赚钱。在农业生产投入上，尤其是脐橙产业种植方面，当地农业生产投入大，11—12 亩的脐橙种植成本总投入为 10000—11000 元。为了填补这种投入成本的亏空，低龄老人会在农闲的时间（一般是 6—8 月份）在县城周边做一些零工，比如道路绿化、建筑小工等。概括而言，凭借低成本、高效率的当地农业社会化服务体系和农地资源，低龄老人以农忙时务农为主，农闲务工为辅。

2000 年，随着脐橙产业和家具产业的发展，一部分原本在外地务工的村民回到家乡，从事家具行业的同时兼顾与家里老人一起经营脐橙果园。脐橙产业的劳动力剩余与本地家具产业发展几乎是同步发生，因此从脐橙产业中转移出来的劳动力可以很快进入本地务工市场。家庭劳动力的配置方式也随着产业的变化而变化，劳动力配置较为灵活。与中西部农村相比来看，中西部农村的劳动力流动方向是单向的，都是从乡村流向大城市，劳动力在一个较长的时段内整体呈现出外流的趋势。而本地劳动力在产业的不同阶段呈现出不一样的流动方向，劳动力在乡村—全国劳动力市场—本地劳动力市场等多个地方来回流动，使得农民与村庄之间有着持续不断的互动，这种互动也直接使得本地的城镇化样态呈现出与其他中西部乡村地区不一样的特征。中西部单向度的劳动力流动带来的人口整体性的外流，使得村庄呈现出空心化和留守化的样态。而对唐镇而言，劳动力的多向度流动，农民与村庄有着持续的互动，使得村庄始终保持着活力，在村人口多，村庄欣欣向荣。本地的劳动力之所以有着更为灵活的配置方式，背后的原因在于本地的市场区位优势和乡村内的农业产业的支撑。而其他大部分中西部乡村地区却缺乏这个条件。

从工耕比例上看，本地的耕地比重一直较大，工地部分由本地务工市场和外地务工市场共同组成；从分工样态上看，本地以夫妻分工为主，代际分工不明显，这与本地父代有限责任和女性在家庭中的角色定位有关。本地半工半耕的形塑机制在于市场距离和农业产业结构。从市场距离上看，本地靠近广东珠三角沿海地区，早在 80 年代就开始了打工经济；从农业产业结构上看，本地的山区地形可以发展具有地方特色的脐橙产业，维持了小农经济生产体系，一直发展至今，成为当地后期工业产业的重要资源基础；从内部社会结构看，当地传统以来的木匠手工业传承延续历史悠久，为后来从一门手艺发展成为工业奠定了基础。

可以看到，工农相互补充的半工半耕家庭生计模式形塑出来的农民家庭收入分化不大，乡村社会比较均质。农民家庭之间有限的分化仍然是基于劳动力进入市场的程度的基础上形成的，是与家庭生命周期密切相关。一方面，农民家庭耕地收入稳定且分化不大；另一方面，在本地产业发展初期，本地务工和外地务工，所带来的农民收入不一样，由此产生农民家庭的经济分化。相比较而言，绝大部分中西部乡村地区，耕种一部分收入主要以种植粮食作物为主，粮食作物的效益相对低，弹性小，而唐镇一直以来都种植脐橙果业，经济效益相对较高。随着本地家具产业的发展，在工地这一部分，本地可以进行村内务工、县内务工以及外省务工，务工选择多样化，可根据家庭状况进行调试；而在中西部，由于缺乏本地务工机会，因此农民不得不到东部沿海地区务工。由此，可以发现，本地农民家庭的劳动力配置更加弹性，劳动力的流动性更大；中部地区的劳动力配置则比较刚性，农民在农村与城市中单向流动。

从耕与工的关系上来看，农业产业是工业产业的基础。20世纪八九十年代，唐镇形成了南下打工的潮流，但随着本地脐橙产业发展起来，外出务工的农民回到村庄开始一边发展家具产业一边种脐橙，2015年前后，随着脐橙产业的破产，农民又开始陆续进入本地务工市场和外地务工市场。耕地不稳定性使得农民家庭不得不重新调整自己的家庭经济，重新配置自己的劳动力。因此，农业产业是农民家庭可以实现劳动力灵活配置的重要因素。在全国各地的调研中，我们发现，每个地方工耕比例、时间以及范围上都存在很大的差别。在湖北沙洋，江汉平原地带，土地肥沃，人均耕地多。当地直到2008年才开始务工。在东北，户均20亩土地，直到现在还没有人外出打工；在晋西北，地广人稀，户均土地十几亩，当地的农民以本地务工为主，很少外出打工。再看本地，农业生产上的经济效益吸引了农民返乡，由于农业种植上的经济收入，当地农民可以有一定的原始资金投入工业生产中，从而成就了本地家具工厂的规模化，推动了家具产业的发展。因此，工业产业体系是在农业产业基础上发展起来的，当地农民在农业生产基础上追求工业生产的动力就是来自家庭再生产扩大化的目标，如实现城镇化目标。而这就需要在农业生产之外寻求非农市场的空间。传统木匠手工艺与早期打工经济的市场经济规训进而催生了家具产业市场的兴起，并最终形成了完整的非农就业市场，大量本地劳动力被吸引到当地劳动力市场中，提升了农民家庭经济收入。

由此，家庭劳动力配置的特点之一是，在本地农民家庭中，耕地收入起到了基础性作用，农民家庭收入来源既包括家具产业的务工收入，也包括家中脐橙产业的务农收入，两者相辅相成。在家具工业与脐橙果业相互推进的过程中，本地非农就业市场得以形成，使得劳动力大量留在唐镇本地，农民的家庭生活长期保持完整，这反过来又进一步弱化了农民外出务工的动力，形塑了本地务工市场。

劳动力在工与耕之间不同的分配特点直接影响了农民与村庄和土地的关联。从唐镇的调研实践看，由于农业收入稳定，农民家庭一直没有放弃农业这部分的收入，土地收入在农民家庭中占据着很重要的位置，农民与土地之间有着深刻的生产关联。在不断地往返于城市与农村之间的过程中，本地城镇化的模式逐渐形成，而且农民与村庄有着持续的互动，使得农民与村庄之间保持着极强的经济关联和社会关联。这使得本地在村人口较多，农民的村庄生活得以维系，村庄结构维持完整。而在中西部地区，农业收入在家庭中不重要，只构成了糊口农业和老人农业的样态，农民家庭从农业中获得的现金收入十分有限，农民与村庄的生产关联相对弱，为了获得家庭收入来源，农民不得不离开村庄到东部沿海城市务工，大量的劳动力外流，使得中西部大量人口不在村，形成的是异地城镇化模式，而且他们与村庄关联也很弱，这使得中西部农村普遍呈现出留守空心的状态。与村庄社会不同的关联样态也对乡村治理的现状和治理的目标产生了影响。

对于唐镇来说，由于脐橙果业生产维持下来，小农生产体系得以保存，农民家庭得以围绕脐橙种植灵活配置家庭劳动力分工，依靠工业和农业的双重积累形成了家庭资源积累的最大化，农民家庭生活较为完整，不同代际间的家庭成员均留在本地，形成了就地城镇化的模式，农民家庭进城可以通过在县城务工来支持城镇消费，因此，唐镇实现了生产生活都在城的较高质量的城镇化；而在大部分中西部乡村地区，由于大量人口外流，当地小农生产体系遭到破坏，而且县域范围内工业生产体系未能建立，农民家庭中的青壮年劳动力基本都选择异地大城市务工，即使实现了进入县城买房的目标，也由于县城没有产业，无法安居在县城，因此，往往呈现出较为低质量的城镇化实践。

二　城乡空间形态："不离土且不离乡"

黄宗智在对长江三角洲地区进行考察的基础上，对吉尔兹[1]的内卷化概念进行延伸，提出"过密化"[2] 理论，即在人地关系紧张的大背景下，小农家庭的生产面临劳动力日均边际收入递减的现象与问题，当小农家庭人口增长而耕地数量有限的情况下，即便农业总产量在缓慢增长，而家庭人均边际收入水平的增长却是缓慢甚至负增长的。因此，在这种情况下，必须要有农业生产之外的非农化生产来支撑小农家庭再生产。

从江西唐镇的调研实践看，唐镇的脐橙产业种植暂未遇到人地关系紧张背景下的劳动力日均边际收入递减问题，反而在抗击"黄龙病"风险的过程中更新品种，拓宽市场，提升了品牌影响力。20世纪80年代中期，唐镇农民在由粮食作物向经济作物的农业产业结构调整中，摆脱了过密化陷阱，人均边际收入随着脐橙市场价格的上涨而增加。按照当地人的估计，一对夫妻最多可以管理2000棵树，修剪、打药、施肥等靠家庭劳动力，采果、除草时需要雇少量工。一棵树的产量是100—300斤，一般情况下产量是150—160斤/棵，脐橙价格最高为1.6元/斤，最低0.3元/斤，平均1元/斤。毛收入中80%是纯利润。投入主要包括：枯饼（肥料）5斤×1元/斤、化肥5斤×2元多/斤和农药（生长期间需要打20次），平均每棵树的成本

---

① Geertz, C., *Agricultural Involution：The Process of Ecological Change in Indonesia*，University of California Press，1970，p. 46.

② 黄宗智：《长江三角洲小农家庭与乡村发展》，中华书局2000年版。

不到 30 元。也就是一棵树的纯利润是 120 元—130 元。在脐橙产业最兴旺的时候，一个家庭十几万元的年收入很常见，一些种植规模大的家庭，一年的种植纯收入就能达到几十万元。

案例 4.1：唐镇白村陈组长，54 岁，脐橙收购商，十年前，开始做水果收购。他说，全县 18 个乡镇，与他有业务往来的有七八个。他的农户中，种植规模最大的有种 3000—4000 棵树的。脐橙的采摘期从 7 月开始，一直持续到春节前后，有半年的时间。代办费是 3 分钱/斤，代办不用负担任何成本，只是帮助找货、打包，费用都由收购商出。陈组长说，他有一年亏了 10 多万元，但这种情况是极少数，一般情况下，他每年的收购纯利润是 20 万元左右，每斤的利润大约是几分钱到 1 毛钱。（2022 年 1 月，白村村委会会议室访谈）

当地脐橙产业的发展使得农民在土地生产上能够获得一定的稳定收入，因此，多数农民家中的田地或山林间都种植有脐橙，其中，小规模种植由 50 株到 80 株不等，一年收益有 2 万—3 万元，中等及以上规模的种植可以达到百株以上，一年收益可以达到几十万元。而且脐橙种植的管理难度不大，最忙的时候如剪枝、疏果和采果等步骤都可以根据规模和时间来雇工安排生产。尽管当地土地流转现象不多，但是仍然有一些规模化种植的现象，如白村的老支书彭支书，今年 53 岁，现在种了 500 棵脐橙，最多的时候种过 2000 多棵。

彭老支书 1985 年高中毕业，1986 年开始种脐橙，是全村最早种脐橙的村民。他爱人在园艺场上班，园艺场种了很多橘子，很多都是由他爱人打理，所以在技术方面，他主要从园艺场学习。2005 年，他流转了 10 亩地，将种植规模扩大到了 1000 棵。2005 年之前，当地的土地流转费是 100 元/亩，但到 2005 年，他流转土地时，流转费是每亩 400 斤稻谷。即便如此，流转这 10 亩地也不容易，只有缺乏劳动力的家庭才愿意把地流转出去，所以他这 10 亩地涉及 20 户农户。从 2005 年开始，他需要雇工管理果园，除草、施肥都需要雇工，打药由他自己负责。2009 年，他进一步将种植规模扩大到了 2000 棵，这时，他自己负责的只有修剪和农药配制，其余都靠雇工。在彭老支书看来，自己负责技术，果园管理靠雇工的话，他最多可以管理5000棵。此外，唐镇所在的南县还设有果业协会，果业协会是1984年成立的，其宗旨是：上联政府、下联果农，内联商家、外联市场。目前，果业协会会员共1680人，在全县的15个乡镇都有果业协会分会，分会会员也是协会成员。果业协会做的工作包括配合政府防治黄龙病和到各大城市去推广赣南脐橙等。

然而，脐橙种植产业虽然给农民家庭带来了一定的经济收入，但是相对于农民家庭城镇化进程中的家庭再生产支出与消费来说，却显微弱。脐橙种植的季节性特征使得当地劳动力在大部分时间内可以被释放出来，小农家庭发展型任务和家庭扩大化再生产目标的经济理性促使农民家庭不得不想方设法在维系果业种植收益的同时寻求非农化收入，以增加家庭资源积累。调研实践中发现，唐镇农民进入务工市场经历了从外地务工到本地务工、外出与返乡的阶段性变化。早在90年代初期，唐镇当地形成了规模性的打工潮，主要去往广东珠三角沿海地区的制衣、家具工厂打工。由于唐镇在集体经济时期基本上村村有裁缝、木匠，因此，这两类工种广泛出现也是合情合理。到90年代中期，尝到了甜头的头一批唐镇打工人尝试利用第一桶金在家乡办厂，开始在县域范围内创办服装店和家具厂。服装店由于需要中心市场，一般被设置在县城范围内；家具厂一般需要较为低廉的租金和靠近劳动力市场，所以选址一般在乡下地区，如此可以降低成本。

据当地人介绍，2000年初期的时候，唐镇就有大大小小家具厂100多家，由于产业集聚效应集中在大岭工业园，这是自发形成的工业园区。2019年，当地政府对家具工厂进行"拆转建"管理，新建了家具集聚区，现在唐镇家具工厂达到了400多家。服装产业则是在2010年之前较为兴盛，成为当地人家门口的服装店，但是2010年之后，由于在衣服款式设计上跟不上江浙地区的生产速度，日渐凋敝。与之相对应的是，唐镇家具产业从唱独角戏到辐射到周围多个乡镇，现在发展成为县域主导产业，到2021年家具生产总值突破2000亿元大关。家具产业的进一步发展扩大了本地务工市场，在内陆地区工资收入水平与东部沿海发达地区趋于一致的情况下，农民工选择留守本地的情况显著增加，近十年返乡务工的人数也不断增加，截至目前，南县家具行业40万劳动力，本地劳动力占一半以上。

案例4.2：20世纪90年代，南县许多木匠师傅南下广东"淘金"，一度有"十万木匠下广东"的说法。1990年，23岁的杜永红来到了广东省顺德市乐从镇的水藤村，进入一家家具厂打工。只用了三年时间，杜永红就成了杜厂长。可没想因为一件小事，他炒了老板的鱿鱼。那年冬天，原本联系好接他们回家过年的包车没来，厂里的宿舍又不让进，杜永红和40名南县木匠就在河堤上吹了一晚上的冷风。"当时广东与我们内陆地区经济差异很大，一些工厂老板看不起那些外面来的打工仔，我心里很气愤，觉得一定要回家自己搞。"1993年4月，不服输的杜永红回到了南县唐西乡伍塘村，买了一台二手的开料机，雇了一个工人，就简简单单地把家具厂办了起来。20世纪90年代初，南县当地的公职人员一个月工资收入只有160元左右。而杜永红办家具厂第一年就赚了12万元，第二年赚了60万元。看到办家具厂能赚大钱，1994年，南县一下就涌出了200多家家具厂。（案例来源于赣州市档案馆《南县家具——无中生有的奇迹》，电子资料）

唐镇及周边家具产业迅速发展的一个重要原因在于，脐橙产业留住了本地大量劳动力，为家具产业提供了丰富劳动力。不同于江苏农民"不离乡"是把农村社会作为休闲养老的退所，江西农村在城镇化过程中则是把农村作为生产的重要一环，两者之间存有重要差别。以唐镇为例，老人在家管理脐橙园每年有5万—6万元的农业收入，低龄老人依靠可积累资本有较长的自养时间，还有余力支持中青年人进城生活。在中青年收入不高且不稳定但城镇生活消费开支大以及低龄老人乡村生活节余式生活状态下，低龄老人务农收入的剩余部分转移到子代家庭以缓解中青年人小家庭的城镇化发展压力。调研发现，中青年人进城买房基本是父代付首付，以每平方米4000—5000元计算，父代支付10万—15万元就可以买一套100平方米的房子，首付绝大部分来源于父代的农业收入和 90 年代外出务工之后的收入。除了这种一次性的代际间支持，由于子代背负起每月 1000—2000 元的还贷压力以及孙代的教育城镇化成本，多数情况还要依靠父代农业资源的经济转化来减缓子代城镇化压力。在当地"父—子—孙"三代家庭中，父代在村务农，子代在县城务工，孙辈在县城接受教育，父代与子代均不同程度参与到务农和务工的经济市场中，以农业资源与工业资源以及代际资源家庭向下流动释放城镇化压力，实现"不离土且不离乡"的县域城镇化。

三　以本地农业生产为支撑的内发型城镇化

前已述及，当地家具产业市场形成规模化优势的原因在于，多年的脐橙产业种植将大部分劳动力留在了本地，所以可以为家具工厂提供劳动力，最终把产业发展起来。南县家具产业作为内部成长起来的产业有如下几个特点。第一，工厂投资者和管理者一般是学过木匠技术并且有南下广东打工经历，因此，他们对家具生产环节较为熟悉，同时由于接触过沿海地区更为先进的工厂管理模式和业务，他们对于家具产业市场也较为熟悉，这些都构成本地人外出打工之后敢于回乡创办家具工厂的原因所在。第二，南县家具产业实质上也是东部沿海发达地区家具产业转移的一个缩影，当南县家具产业已经成规模地涌现时，广东佛山、顺德地区的制造业已经开始由初级劳动力密集型工业制造向家电家居品牌智造方向升级。第三，南县的家具产业生产体系的建立散布在国道、县道的城乡道路沿线，形成了特有的家具工厂"十里长廊"马路经济，一方面利用了当地廉价的劳动力价格，另一方面通过节省地租降低了成本，很多家具工厂最初就是老板在自己村子里租一块空地放几台机器就把工厂办起来了，成本之廉价可见一斑，也正因此，很多家具工厂老板从白手起家发展至今。正是基于当地脐橙果业这一农业产业基础留住了大量本地劳动力，维系了较为完整的乡村社会生活，支撑起了当地家具产业生产体系，农民家庭进城可以找到务工机会，同时还可以通过家庭劳动力的优化配置经营脐橙产业，获得"工业 + 农业"的稳定收入来源，为农民参与城镇化，融入城镇生活提供了资源基础。

家具产业带动了一个密集型劳动力市场的形成，由于家具行业发展起步时间较早，经历一个长时间段之后已经发展成较为成熟的产业体系，从家具工厂延伸出物流、电商、运输、餐饮、酒店等多种工商业类型。由一个主导产业发展到一定程度并最终带动其他多种工商业类型的发展是多数县域经济发展起步的重要特征。这一多元工商业类型的经济市场扩大了县域务工市场，进而带动附近乡村的工商业发展，提升了当地农民进入本地就业市场的机会，尤为重要的地方在于，其丰富了县域范围内的就业类型，形塑了一个正规就业市场和非正规就业市场相互联动的灵活就业市场，不但使得当地农民家庭中的青壮年劳动力能够在正规就业市场等有年龄、技术限制的工种找到务工机会，而且让具备劳动能力的低龄老人可以在非正规就业市场找到就业机会，增强了家庭资源积累能力，减轻了农民家庭进入城镇生产生活的压力与负担。

　　与江苏"工业反哺农业"的城乡二元关系相区别，江西的城乡二元互动表现出"农业支持城市，工农互补"的特点。质言之，低龄老人依靠果业经济获取农业资源收入，积累了自养阶段的经济资源的同时还有资本剩余，在厚重的传统代际伦理关系影响下，这部分资本剩余可以缓解子代家庭在城生活的消费压力，推动子代家庭再生产，实现家庭发展目标。以农民进城买房为例，其目的在于婚姻压力和子女教育压力，这构成了农民家庭进城买房的动力。二代农民工进城买房的城镇化路径选择的背后是基于多方面因素考虑的，二代农民工家庭积蓄能力有限，而且其本身又有城镇化需求以及很关注后代教育的问题。在这一城镇化路径中，县城买房的行为是与二代农民工的积蓄能力相挂钩的。东部沿海发达城市地带就业带来了工资收入的提高，却也增加了消费项目和消费支出，这使得二代农民工原本相对于就近务工市场提高的工资收入水平式微，其本身开源节流是一方面，但是城镇化的生活方式带来必然的消费支出增加又是另一方面。于是，二代农民工发达地区异地务工但在县域范围内买房来进入城镇生活就成了一个中间平衡性的选择。他们父母的帮持在其中起了很大作用，这就导致了一个很普遍的现象——当下的二代农民工进城买房的钱基本上是凑起来的，而不是自己攒起来的，"父母出资付首付，其余由子女慢慢还"变成一个规律。因而，农业收入成为非常重要的家庭收入来源。一方面，父母在确保有"养老钱"的前提下把剩余资源投入家庭城镇化中；另一方面，父代主动根据自身劳动能力和市场状况灵活安排农业生产，比如通过及时更新农业品种，增强技术学习获取更多农业经济收入，甚至寻找机会兼业打零工，提供子代家庭城镇化高消费中的后援支持。

综上，与江苏农民家庭城镇化相比，江西农民家庭的城镇化融入表现出不同的劳动力生产方式方面的特点，但是在生活上，两地农民家庭均实现了市场化，被县城较好的公共品设施所吸引，趋向于城市休闲消费以及让子代在城接受优质教育等。不同之处在于，江西农民家庭实现城镇化的物质基础来自"工农互补，农业支持工业"的生产方式，是典型的工业与农业相互交融、相辅相成的城镇化发展模式。因而，江西地区的农民家庭虽然实现了生活方面的完全市场化，但是，在家庭生产方面仍然"亦工亦农"，以城乡两栖互动维持城镇化实践，在城镇化融入程度上属于中度城镇化，次于江苏地区。

第三节　两栖流动的城乡社会与农民家庭半依附性融入

一　开放的市场与家庭发展目标升级

改革开放以来，唐镇与其他广大乡村地区一样，实施分田到户，"交足集体的，剩下全是自己的"，充分调动了广大农民积极性，在农业生产体制上的创造性改革举措大大提升了农业生产效率。唐镇以丘陵地形为主，人多地少，人均耕地0.6亩，实施包产到户之后，从农业生产中释放出大量劳动力，这部分剩余劳动力成为我国早期工业化建设的主力，由于当时县域范围内工业体系不够健全，难以吸纳这部分本地劳动力在本地就业，因此，"南下打工"成为当时如唐镇一样的普通乡镇农民家庭寻找出路的选择，浩浩荡荡的一代农民工队伍极大地适配了东部沿海发达地区的劳动密集型企业的需求。唐镇地处江西南部，毗邻广东珠三角沿海地区，是外出务工集中输出地区。早在80年代末开始就有人出去打工，90年代初当地就出现了打工潮。

从唐镇卢屋村的调研看，唐镇最早出去打工的时间在1984年，一直到80年代末，整个镇上出去打工的人不超过10个人，他们最先看到了改革开放给沿海城市带来的变化，看到了这种变化背后给他们创造经济收入的可能，也最早接受市场经济的洗礼和规训。外出务工的时间一般以一年为周期，一是由于工厂管理严格，二是来回路费成本高，不划算，他们在过年的时候从广东珠三角沿海等地回到老家，也把务工信息带回了家乡。这些信息在当地熟人社会交往圈很快被传播开来，在外打工赚得盆满钵满的吸引力也极具示范效应。也正因如此，外出务工的先行者发挥了传帮带的作用，把村子里的青壮年及剩余劳动力带到广东以及江浙沿海各地。这成为当时唐镇外出打工潮的一个非常真实的写照和缩影。

案例4.3：卢大叔，55岁，妻子53岁，有一儿一女。1983年高中毕业，其同班同学1984年去到广东佛山一个台企制鞋厂工作，当时进厂很难，需要经人介绍带到工厂附近住下来，等到有招工信息托熟人带才能够有机会进厂。卢大叔在他同学的带动下顺利进到工厂，当上了车间生产线的小组长。1990年结婚之后，妻子及其亲戚也陆续跟随南下。（2022年2月，唐镇卢村入户访谈）

一代农民工南下打工的潮流冲击了原有的乡村农业产业秩序，乡村社会封闭的社会结构开始受到市场经济的影响和冲击，从而走向一个更加开放的市场。出现这一历史性转折的原因有多个方面。首先，1978年改革开放，广东省地区早先开放的城市出现了一批外资企业，这些企业主要是劳动密集型的企业，他们瞄准了中国大陆地区潜在且巨大的劳动力市场，开始在广东省地区投资办厂，带来了比较成熟的工厂管理模式和管理人才，唯独欠缺的是劳动力，他们开始在大陆地区大量招工进行制造业的生产，当时进厂里工作的一般是流水线作业。而随着改革开放的程度加深和进程的加快，全国务工市场更加显现，南下打工成为一股不可逆的热潮。

其次，从教育方面来看，八九十年代，一方面是由于普通家庭的资源并不富足，难以支持家里所有的孩子上学，尤其像赣南地区这样的多子女家庭人口结构为主的区域，一个家庭一般都会有孩子在上完初中或者上完小学就直接辍学的情况。这些辍学的青年，早期帮忙家里操持家务和从事农业生产以减轻家庭负担，随着农村土地对于劳动力数量的束缚减弱，他们后期有了进城务工的选择；另一方面，当时的升学机会非常之少，一个镇上初中毕业可以考上高中或者中专的很少，像卢大叔的小舅子那一批 1994 届初中毕业生，考上高中或者中专的仅有一人，甚至有的即使考上了也由于家庭条件不好无法去读，这些无法通过继续升学来改变命运的青年无奈留在了农村，他们结束学业的时间正好与 90 年代的打工潮时期相吻合，这一批人就极其容易被全国务工市场所吸引。

再次，从家庭因素的层面来看，父辈他们那一代人在八九十年代正好到了结婚生子的年纪，结婚娶媳妇、房子扩建或者翻新、孩子的抚养以及老人的赡养这些责任都需要付出经济成本。老一辈传统的小农经济体系在那个时候受到市场经济体制影响，一个农村家庭单纯依靠农业生产维持生存不是问题，但是无法支撑起家庭扩大化再生产的目标，因此，在家庭再生产以及以发展为目标的家庭模式背景下，增收成为一个特别重要的任务，外出打工成为非常实际的一个选择，而且往往是夫妻两人一起外出打工，孩子则留在家里给老人照看，老人既照看孩子又可兼顾农业生产，这样也就形成了非常典型的以代际分工为基础的半工半耕的家庭生计模式，随着打工潮的出现，这种家庭生计模式最大化合理配置了家庭分工以及劳动力配置，这既是改革开放这个时代的创举，也是农民的智慧创造。

最后，乡村熟人社会的影响。打工潮成为一种潮流显然离不开一种"你追我赶"的趋势，在这种趋势当中就存在着一种竞争和攀比的心理，当那些出去打工的人从外面赚得盆满钵满回到村庄社会时，这种对于人们视觉和听觉非常直接的刺激，加大了人们外出打工的冲动和赚取收入的欲望。这些刺激主要表现在，打工赚来的收入让一部分人花钱盖起了漂亮的新房，有的家庭可以在镇上建房甚至在城里买上了房子，一些家庭的孩子可以到乡镇或者城里上学，等等，这些都是实实在在感受到或者看得到的改变，而且在村庄这种熟人社会里，大家条件原本都差不多的，突然一下子有了差距，这就会带来一种良性的竞争和攀比，很多青壮年劳动力都离开家乡走向了全国打工市场，成为打工潮的一部分。

除了外部市场的影响，从内部市场发展看，随着市场经济的逐渐繁荣，赣州出台了《关于加快发展个体、私营经济的若干规定》，经济政策的改革和松绑，个体户、私营老板开始在市场经济的大潮中崭露头角，也为刚刚萌发的县域家具产业生长提供了肥沃的土壤。至1996年，有4万外出务工的南县人返乡创业，家具产业成为南县个体经济的四大支柱行业之一，当年，南县家具产业首次被媒体报道。那时，105国道两旁和康唐公路沿线的家具厂如雨后春笋，生意一派红火，形成了"马路经济"的十里长廊。南县先后实施了"个私兴康""放水养鱼""扇炉子"等系列经济发展战略，南县家具产业快速发展。到2012年，南县有家具企业近6000家，产值首次超百亿元。与此同时，南县地方政府在推动农业产业结构改革方面，大力发展脐橙果业经济，奠定了当地"万亩果园"的农业生产基础，从而形塑了家具工业与脐橙果业的互为促进局面，实现了工农互促的城乡发展格局，为后期农民参与城镇化实践奠定了产业基础。农民向农民工身份角色的转化直接促进了农民家庭经济资源积累的增加，通过非农化就业增加了收入，在一定程度上推动了唐镇农民家庭进入城镇生活的动力，农民家庭由简单家庭再生产向扩大化复杂家庭再生产转变，而农民家庭得以顺利向现代化转型的核心正是基于工业和农业"工耕结合"的产业发展结构给予家庭代际间较为灵活的调适空间。

二 代际市场参与差异化与家庭积累最大化

与水镇这类东部沿海发达地区县域范围内市场经济的丰富程度不同，唐镇所处的一般中西部地区县域市场发达程度较弱，地方工商业经济起步较晚。以"60后""70后"为代表的一代农民工进入市场经济为起点，家中祖辈是以典型的农业生产为生计，形成了在一般中西部地区较为典型的基于代际分工的"半工半耕"家计模式。因此，唐镇所在县域不足以完全支撑起农民家庭完全工薪化就业。但是，由于家具产业的大力发展，其工业产业链相对较为成熟，能够支撑起中青年劳动力在本县范围内找到就业机会，包括以"60后""70后"为代表的一代农民工返回家乡创业和就业，以及新一代农民工选择到本地就业。家中的低龄老人则继续留守乡村从事脐橙种植。如此一来就在当地县域范围内，根据工业和农业的空间分布在城乡之间形成代际之间的"半工半耕"分工，以此形成农民家庭"半工半农"家庭生计策略，从而表现出代际参与市场的差异性，在这种差异性分工中形成了农民家庭资源积累最大化。具体而言，以唐镇为代表的乡村，小农生产系统维持较为完整，而且县域范围内工业产业发展也相对成熟的一般中西部乡村地区，主要通过以下几个方面进行家庭策略调适来实现家庭资源积累最大化，进而提升家庭参与县域城镇化的能力。

首先，家庭中青年劳动力进入县域范围内务工市场。一般而言，中西部地区的县城由于距离市场较远，受到区域性市场中心辐射的程度较弱，产业发展相对迟滞，也就难以发展成较为成熟的产业体系，导致中西部农民家庭中只有最优质的劳动力（主要是年轻人）才有机会进入市场务工，中老年人则被排斥在就业市场之外，尤为明显的是一代农民工由于人生阶段任务的需要，从东部沿海发达地区的发达就业市场返乡之后就难以在本地就业市场中找到就业机会，也就是说，这部分中西部县域只能保证最年轻的劳动力进入本地就业市场，如体制内、少数企业类的工作，如此，也难以留住年轻劳动力。从我们对南县的调研实践看，南县的家具产业从改革开放以来就开始发展，从最初的流动市场，走家串户上门帮人打家具的木匠，到80年代中期开始南下广东家具企业打工的农民工，再到90年代中期开始回乡创办家具工厂的个体老板，以及现在遍布县域范围内的家具厂工人，南县经历了从基层封闭市场到开放市场再到本地经济市场的转型。在此过程中，形塑了具有一定产业链的本地务工市场。在家具产业市场内部，工种类型可以划分为技术工种和非技术工种，技术工种一般有传统木匠手艺、喷漆工、雕花、工艺品设计等项目，非技术工种包括包装工、仓库管理员、搬运工、杂工、后勤等工种，此外，由家具产业延伸出一条产业链也提供了较为充足的就业市场空间，比如运输车队、工厂周边的餐饮店、外来家具客商带动的酒店住宿、五金、物流等。正是基于这样的产业基础，在南县，年轻劳动力可以在本地务工市场中找到务工机会，他们当中有的是在学校学习过相关的技术工种，适配家具生产工序中的技术需要，成为技术工，有的看到了当地家具产业的繁荣发展，与朋友合伙创业，开办家具厂或者投资在电商与物流行业，还有一部分成为家具工厂的管理者、行政人员，少数成为普通的员工，工资收入从4000元至10000元不等，技术工的工资可以达到上万元。

对于中年劳动力，他们的年龄一般在40—50岁，属于当地第一代农民工，由于包括唐镇在内的南县各乡镇在大集体时期就在各村专门培养了裁缝和木匠工，八九十年代出去打工的一代农民工当中很多都在广东珠三角沿海地区从事制衣、制鞋和家具厂等工作，受到了较为正规的市场经济规训和洗礼。因此，在90年代中期之后，从事家具行业的一代农民工中陆续出现回乡创业当老板的现象，为后来整个县域的家具产业发展奠定了基础。对于其余没有传统木匠手艺的一代农民工来说，虽然他们不懂家具行业的专门技术，但是他们受到了正规工厂制的管理与规训，因此，对于家具工厂中的非技术工种和整个产业链上的其他市场就业机会适应很快，基本都符合县域务工市场的需要和就业要求，工资收入一般在3000元—5000元不等。因此，总体来说，南县的产业市场能够包容农民家庭至少中青年两代劳动力，共同构建了县域生产市场的同时，也由于本地劳动力充分就业促进了消费市场的繁荣，正是基于此，南县的县域经济也较有活力，提升了农民的收入水平，其内发的产业市场成为农民家庭县域城镇化的优势。

其次，乡村小农生产系统为低龄老人提供经济收入来源。从笔者在多个一般中西部乡村地区的调研来看，农业耕地管理不善，小农生产水利设施等年久失修，土地抛荒成为普遍现象。究其根本，乡村地区青壮年劳动力的大量流失是造成农村地区小农生产体系崩塌的直接原因，非农化经济收入大大超出农业经济收入对于农业劳动力的推力则进一步加速了农业土地的抛荒。农业生产可回报率低使得村集体和部分地方政府缺乏动力投入资源到农业生产系统中，使得小农生产系统陷入恶性循环局面，农民种田难度增加，尤其是影响农民家庭中无法进入务工市场的低龄老人从事农业生产，以实现自给自足维持家庭生活。正由于此，乡村地区小农生产系统对于一般中西部乡村农民家庭的生计安排意义重大。从唐镇的调研实践来看，80年代中期之前，为了解决温饱问题，唐镇农民家庭以粮食种植为主，分田到户之后，国家实行"交够集体的，剩下的都是自己的"，不仅农民家庭生产积极性大大提升，而且各地方政府也在农业土地上想方设法提升农业经济效益。因此，在农民家庭温饱问题解决之后，唐镇地方政府着力于农业产业结构调整，其中最典型的一点在于把粮食生产的重心转移到脐橙果业种植上来。

赣南脐橙从80年代就开始发展，1996年以后进入兴盛期，以个体农户种植为主，由于当地村民较早进入脐橙种植产业，已经形成了既得利益，因此后期若有人想要到当地流转土地，就比较有难度。由于本地气候、环境适宜脐橙种植，而且交通便利，靠近广东，因此，脐橙的产、销都不成问题。在2015年之前，由于家家户户都种脐橙，且没有形成大规模的土地流转，因此当地的劳动力很少外出，40岁以上劳动力几乎全部在村。多年的脐橙种植，使当地围绕脐橙产业发展起了一条相对完整的农业生产体系上的产业链，从农资、种植、加工、销售，到相关的运输、餐饮、住宿、快递等服务业，在脐橙产业兴旺时，小镇上的就业机会很多，这也支撑了乡镇的繁荣。脐橙产业为当地低龄老人实现就业提供了市场机会，两个低龄老人在家就可以管理2000株的脐橙，一个普通家庭的年纯收入为5万—10万元。农忙的时候县城的中青年劳动力也会回到家中帮忙，家庭劳动力在差异化的分工状态下又呈现出合作的一面，实现了家庭资源积累最大化。

案例4.4：黄大哥，41岁，与妻子一起在县城一家家具厂打工，两个孩子，女儿上大学，儿子上高中。小夫妻俩在家具厂上班一个月两人工资一共有15000元左右，在县城租房陪读。家中有13亩脐橙园，其中三分之一种在田里，种脐橙有十多年时间了，家中的父母负责管理脐橙园，农忙的时候黄大哥夫妻俩与弟弟、弟媳就会请假回到家里帮忙。每年脐橙采摘时，黄大哥也用自己车子帮人送货，其间收入也不比上班工资少。（2022年2月，唐镇家具集聚区对工人的访谈）

可以看到，唐镇农民家庭在市场参与上围绕"工""耕"的空间区域进行生产上的灵活安排，中青年劳动力在县城进入正规就业市场获取务工收入，低龄老人在家乡管理脐橙园，维持农业经济收入，各自发挥了优势，实现了不同年龄阶段的家庭劳动力市场经济价值最大化。而且代际间的分工合作并不是相互独立，由于地理位置较近，并且家具生产也偶尔出现淡季和旺季，中青年劳动力在脐橙农忙时还会回到家乡帮忙，在此过程中实现了农民家庭劳动力配置最优化和市场经济价值最大化，为农民家庭城镇化提供了坚实基础。

三 农民家庭的"一家两制"与两栖城镇化

"一家两制"是指，一个家庭内部存在两套制度化了的生活方式，且以代际差异的方式显现出来。在一个典型的三代家庭，父代和子代仍然是一个基本的人情和社会交往单元，也是家庭再生产的基本单位。他们在完成婚丧嫁娶、生老病死等家庭任务的过程中需要共同合作，但在衣、食、住、行等日常生活实践中很可能分别进行①。尤其是在城市化的背景下，农民家庭围绕"工"与"耕"的城乡空间分离形成了差异化的家庭生计模式，即父辈低龄老人留守乡村务农，中青年劳动力则在县城务工的工耕结合家计模式，从而在此基础上形塑出具有典型特征的"一家两制"实践形式。虽然在两套制度化的生活方式下代际差异凸显，但是家庭内部在代际分化的过程中也实现了资源整合的一面，以最优化配置家庭劳动力，实现家庭资源积累最大化。其基本特征如下。

首先，从农民家庭生计模式看，家庭生计模式本质上是家庭劳动力的配置方式，这取决于三个要素。一是家庭目标，即家庭目标是发展型的还是维持型的，将决定家庭劳动力的调动程度，也是劳动力配置的最大化和最优化程度；二是家庭结构，即家庭劳动力的结构，老年劳动力、青壮年劳动力等各种劳动力的比例与组成样态，这决定了劳动力的生命周期及劳动力的价值；三是市场要素，即距离市场的远

---

① 吕德文：《"一家两制"：城乡社会背景下美好生活的实践逻辑》，《探索》2021年第5期。

近以及市场的吸纳能力，这决定了劳动能力及其货币化的价值。对照上面的三个要素，可以发现，首先，在发展型目标导向下，本地农民家庭的目标在于扩大化家庭再生产，具体表现为送下一代进城上学、进城买房和实现家庭阶层跃升，围绕此发展型的家庭目标，家庭内部会最大化地调动家庭劳动力，进行最优配置；其次，本地的家庭结构是主干家庭，即一对老年父母加一对年轻夫妻再加多个小孩的"2＋2＋N"结构。高龄老人与低龄老人均未能进入县域务工市场，留守乡村地区管理脐橙果业种植，中年父母与年轻夫妻则是全劳动力，可以在县域范围内实现正规就业；再次是市场要素，本地得益于广东珠三角全国性务工市场的辐射和经济带动，结合县域内部家具产业的长期发展形成的完整产业链，本地区域性的市场就业机会充裕，中年劳动力嵌入本地非正规就业市场，青壮年劳动力嵌入本地正规就业市场，实现较为完整的家庭劳动力务工安排。总结看，本地的家庭生计模式可以概括为以主干家庭为基础、服务于城镇化目标的"半工半耕"型家计模式。

其次，从家庭资源整合的角度看，高龄老人，如在唐镇白村的调研来看，70岁以上的老人基本处于退养状态，大部分该年龄段的老人仅干一些简单的家务活，但是仍有少数身体条件较好的高龄老人继续干一些零工，比如村里仍然有73岁的老爷爷在脐橙采摘季节用扁担挑着脐橙到售卖点。低龄老人，即55—70岁之间的群体，部分进入本地家具工厂根据自身特点和情况从事技术类或非技术类工作，家具工厂在就业上的包容性使得大部分中年劳动力群体都能够进入家具工厂上班，平均工资5000元/月，还有部分中年劳动力嵌入本地非正规就业市场，男性主要是从事物流、运输等工作，200—300元/天，部分还做一些建筑工，大工是300元/天，小工120元/天，女性主要是从事一些绿化方面的工作，一般是80元/天。中年群体的劳动主要是为支持子代，以及为自己积攒养老钱。当然，中年劳动力群体中的女性劳动力也有部分分流出来在县城带孙子，分担子代的压力，少数人周一到周五带孙子，周六、周日在县城范围内打零工。40岁以下的年轻劳动力群体，从学校毕业之后被吸纳到本地正规就业市场，成为家具企业管理人员、技术工或者通过考编留在本地，还有一部分青年大学毕业之后选择到省外发展，这部分青年劳动力群体工作主要是为了结婚、买房以及养育下一代，但是由于他们的父辈可以通过进入务工市场获得一定收入，而且家中祖辈中的低龄老人还可以通过种植脐橙得到一定的经济收入，也就是说父辈与祖辈都能够不同程度地给予经济支持，所以他们的城镇化压力相对"70后"来说更小。

从上述家计模式和家庭内部资源整合来看，基于劳动力能力和素质的差异，本地劳动力基本全部嵌入市场，家庭劳动力基本进行了最大化的配置。但是家庭劳动力的最优配置则主要取决于家庭发展的生命周期，这其中有几个关键节点：一是小孩教育问题，二是子代结婚、买房问题，就前者而言，涉及婆婆和媳妇谁来带孙子。就本地的经验看，婆婆一般会帮忙带孙子，从上幼儿园一直带到读初中，这期间媳妇也会一起带，尤其是在上小学之前的三年基本是婆媳合作。二是子代结婚和买房，子代结婚是本地父母的人生任务，在子代教育结束后，父母就要操心子代的婚姻问题，但实际还是子代做主，父代主要提供物质支持，这一时期子代赚钱自养，父代赚钱为子代结婚用；买房在本地不是父代必要的人生任务，主要根据父代的经济情况来，但是在城镇化竞争下，父代基本都会帮子代负担一部分首付钱，有的父代甚至还承担房贷钱。

本地半工半耕的家庭生计模式和基于情感伦理的家庭代际间资源整合，使得唐镇农民家庭的资源积累能力很强；城市化越发与子代教育和婚姻捆绑在一起，父代也被卷进买房的任务中，尽管本地买房不是父代必须承担的责任，但是基本上父代有能力都会为子代付一部分首付。所以，本地家庭关系虽然相对理性，代际关系比较均衡，父代有绝对的支配自己财产的权力和能力，但是在城市化压力下，农民家庭围绕工业与农业生产系统的城乡空间结构，充分把脐橙果业生产和家具务工市场相结合并转化成了家庭经济资源，本地仍然形成了代际合力式的进城模式，家庭劳动力高强度的合作，提升了本地家庭获取资源的能力与城镇化能力，在城镇化实践上表现为两栖城镇化形态。

四 小结："两栖式"城镇化及其实践逻辑分析

所谓"两栖式"城镇化，是指县域范围内有条件把乡村小农生产系统和县域工业生产系统相平衡,既能够充分利用农业资源条件转化成经济效益,又能够依靠长期发展的产业促成当地较为成熟的产业链,从而形塑一个工业生产体系和农业生产体系相互促进的城乡产业生态,农民家庭围绕工业和农业两种产业结构展开家庭劳动力的配置分工,达到资源整合效益最大化,最终实现农民家庭城镇化目标。两栖类城镇化在根本上依赖于乡村社会农业生产体系的保护,尤其是小农生产系统可以有条件使农民家庭在土地资源上获得较为稳定的收入来源,成为支持县域工业和农民进城的坚实物质基础,减轻农民城镇化的压力;同时,工业生产维系本地劳动力市场,维系了较为完整的农民家庭生活,反过来又进一步促进了农民投入农业生产的积极性和动力。

从唐镇的调研实践看,赣南地区靠近广东珠三角全国性务工市场,当地劳动力受到全国务工市场的拉力较强,在90年代初期就形成了南下打工潮,又由于其县域社会内部木匠手工业历史悠久,传承并辐射在乡村,这一传统手工业最终促使南下打工者返回自己家乡创业,家具工厂成规模涌现,带动了外出劳动力返乡,并最终形成了本地务工市场,随着家具产业发展不断成熟,家具产业延伸出包含多个工种的一条完整产业链,构成了一个正规就业与非正规就业相结合的灵活务工市场。此外,当地政府20世纪80年代中期开始调整农业产业结构,大力推动脐橙种植,将赣南脐橙打造成了具有全国品牌效应的农产品,由于脐橙种植经济效益佳,当地土地资源不仅被充分利用起来,还维持了家家户户种脐橙的小农产业生态系统,脐橙种植成为农户家庭一笔较为可观且稳定的收入来源。如此,唐镇农民家庭进城可以对接县域工业市场实现本地就业,留守乡村可以经营和管理脐橙获得农业经济收入,使得家具工业和脐橙果业的工农业资源整合成为农民家庭实现城镇化目标的重要物质基础。在此过程中,农民家庭"进"可留、"退"可守的状态,使得农民家庭可以充分整合家庭劳动力资源,形成代际合力,实现家庭经济效益最大化。家庭不同代的劳动力围绕"工"与"耕"的分工与整合,不仅使县域农民家庭就近城镇化得到了较大的资源支持,还维系了较为完整的家庭生活,被卷入城镇化的父代不仅依靠自身劳动价值有余力实现自养,还能在此过程中得以感受到家庭温情的一面。农民家庭可以进一步实现发展型的家庭再生产目标，保证了一定质量的城镇化。

农民家庭两栖式城镇化的实践模式需要一定的农业基础做支撑。从广大中西部县乡地区看，大部分中西部县域活力不足，大多数期冀通过产业转移的模式来发展县域经济，从而提高农民进入城镇生产生活的质量，事实上犯了只看到外部条件而忽视内因发展的错误，中西部地区的县域城镇化需要以县城为定位，重视乡村小农生产系统的维护，从而给未能有能力整体进入县城生产生活的农民家庭留有稳固后方。基于此，推进县域城镇化应结合地方优势发展产业，先形成一个有"人"的县域市场，从而吸纳劳动力回流，积极解决县域范围内新一轮剩余劳动力就业，以此提高农民收入水平，实现人的城镇化目标。

第五章 传统农业型乡村的农民城镇化实践机制

从城镇化基础来看，山西和江西的城镇化均是以小农经济为基础，两省的城镇化水平接近，但是这并不意味着两省城镇化逻辑一致。在大部分中西部乡村，农业剩余溢出的劳动力形成了外出务工的传统，乡村社会内部产业土壤一直得不到发育，在乡村社会与现代市场经济碰撞过程中，外部市场以更强有力的资源吸引了农民外出就业，更进一步造成产业空心化的现象。较为薄弱的产业基础打破了完整的农民家庭结构秩序，造成代际之间的城乡空间分离，农民城镇化负担较重。为了实现对这一类乡村的分析，本章将以山西新乡为典型案例，它构成了农业型乡村农民城镇化的缩影，以下从产业基础、城镇化实践特征、农民家庭秩序这三个方面展开分析。

第一节 去工业化生产与被消解的乡土社会结构

一 工业经济缺位与有限的经济剩余

新乡地处晋西北地区，是传统的农业型乡镇，所在县域内没有煤炭等相关产业资源，农户传统上以农业生产为主。新乡大多数村庄地处平川地带，人均耕地 7 亩左右，耕作条件也相对便利，以种植玉米、土豆以及各类杂粮为主，其中，玉米产量较高，可以达到 1500 斤/亩。新乡人口结构以"386199"为主，这部分人除了从事农业生产，农闲时间也主要是在县域内实现非农兼业或者就业，但是机会很少，调研中很多村庄只有几个人可以实现兼业，新乡的年轻人和中年人则多数以省外务工为主。

与绝大部分中西部乡村情况类似，在新乡农户家庭生计中依然形成了半工半耕生计模式，即父代留守农村从事农业生产，子代去往大城市务工。这种半工半耕模式，家庭劳动力一方面对农业生产有较大的就业依赖性，同时家庭收入中非农就业收入的比例也越来越重要。首先，农业生产在家庭收入中占有基础性地位。新乡人均土地较多，户均二三十亩土地，并且大多数处于平川地区，粮食产量较高，可获得不错的农业生产收入。由于农户土地资源较多，收入稳定，农户对于土地十分重视，很少有农户会选择让土地抛荒，流转土地的情况也较少。其次，非农收入对于农户家庭经济状况改善作用越来越突出。虽然农业收入较为稳定，但是也很难依靠传统的农业作物种植模式实现致富目标，在越来越多的家庭壮劳动力外出务工的情况下，家庭的发展型资源更多地依靠非农就业收入获得，尤其是在近几年玉米等粮食价格下降的情况下，农民家庭经济改善的主要方式更加依赖非农就业和非农收入了。在新乡农户的家庭收入结构中，形塑了农业收入为基础，非农收入是家庭发展型资金来源的基本结构，半工半耕的收入结构构成农户长期积累和发展的基本收入基础。

新乡农户的半工半耕家庭生计模式的实现，基本是通过家庭劳动力的夫妻分工和代际分工实现的。首先是家庭劳动力的夫妻分工。由于子代一辈人外出打工时间较晚，一般在2000年之后才大规模外出务工，相对广大中西部地区的90年代初出现的打工潮推迟，而且"70后""80后"一代人普遍学历层次较低，在没有较好的技术资质和打工经济磨炼的情况下，外出务工的子代一辈人的非农就业大多数是建筑、煤炭运输、植树造林等重体力和一定弱技术性的劳动形式，而这些劳动形式大多数是男性劳动力占据着，女性劳动力在县城范围内能够实现的非农就业形式大多数只是卖衣服、做餐馆服务员等，而往往这样的市场机会也相对较少，多数妇女在家中全职带孩子。因此在夫妻分工结构中，大多数中老年妇女以从事农业生产和田间管理为主，中老年男性在农忙时节从事农业劳动，农闲时从事一些零工获得兼业收入。而年轻媳妇大多数是在带孩子或者陪读，从事农业生产或者非农就业的并不多见，年轻男性则以非农就业为主，分散在异地大城市打工。在家庭劳动力代际分工结构中，形成了父代以农业生产为主、子代以非农就业为主的基本分工模式。中老年父代大多数在村庄中从事农业生产，照顾家庭，舍不得丢弃家里的土地，同时也没有太多非农就业机会，这时只能留守村庄从事农业劳动，有机会还可以从事一些零工，获得额外收入。而中青年一代很少留守村庄从事农业生产，一般在读书毕业之后，就会选择在城里打工、开店等。总结来看，山西新乡的农民通过家庭劳动力的代际分工，中老年父母从事农业生产获得农业收入，中青年从事非农就业获得务工收入，这样家庭同时可以获得务工和务农两份收入，只要家庭劳动力健全，家庭经济收入就还可以，这也是农民家庭经济条件改善的基本途径。

案例5.1：刘某，78岁，新乡羊沟村村民，有两个儿子，三个女儿，三个女儿皆嫁到外地，大儿子一直在农村从事农业生产，未外出；二儿子在村里开了一个小卖部，现在单身。老人现在将土地给二儿子种，每个月除了养老金和低保金之外，靠自己在庭院中种的蔬菜就可以维持生活。刘某每天的生活非常有规律：早上六点左右起床，除了早餐、午餐和午睡，白天时间，基本上会拿着小坐垫去村子人热闹的地方坐一上午或一下午，偶尔聊聊天，多数情况下静坐打发时间。(2020年8月，羊村入户访谈)

新乡以代际分工为基础的半工半耕家庭经济模式是农民家庭经济积累和家庭再生产发展的基本模式。新乡农户家庭中，老年人务工经历有限，大多数以从事农业生产为主，而中青年则很少有农业生产经历，在县域内实现非农就业。由于县域内就业大多数是运输、小生意等，很难获得稳定的城市工作机会，因此大多数家庭并不能脱离土地而进城，往往与大多数中西部乡村一样，通过家庭代际分工，中老年父母留守村庄从事农业劳动减轻子女进城的后顾之忧，同时也能给予一定的直接或者间接支持。子代在城里从事非农就业，在城市打拼，争取获得稳定的城市就业机会，实在不行还可以回到村庄，依靠父母精心管理的承包地以及打理下的村庄社会关系，还能够继续融入村庄生产生活。从一般中西部乡村的情况来看，中国农村和农民家庭，很难直接脱离村庄实现稳定的非农就业和城市生活，必须依靠全家之力逐步实现家庭再生产和家庭渐进式发展。正是半工半耕的家庭经济模式，支撑起农户家庭再生产和渐进式城镇化的实践。

二 传统乡村社会结构的消解

随着市场因素不断进入村庄，以及外部务工环境开放性日益增强，传统封闭的农业型村庄也逐步开放，村庄农户多元化趋势日趋明显。随着村庄开放程度的增强以及农户就业等多元化，村庄中农户的经济社会分化也逐步显现，传统农业型村庄也出现了逐渐明显的阶层分化状态。不同于东南沿海经济发达地区村庄明显的阶层分化，一般中西部农村的阶层分化更多的是初步显现出来的经济分化，明显的社会分化或者阶层区隔并没有成型。在中西部村庄中形塑农户经济分化的主要因素是劳动力及其就业因素，以及建立在其基础上的家庭代际支持状况。因此，以代际为基础的家庭是村庄经济社会分化的基本单位。就业类型及就业状况是决定家庭经济状况的基础，对于中西部农村来说，尤其是像新乡这样的无法脱离土地要素资源的地方，农民农业生产分化不大，而非农就业类型及状况就是经济分化的决定性因素。代际资源配置状况及其支持力度，决定了家庭发展状况，也从根本上决定了农民城镇化的程度，作为农户间分化和竞争基本单元的父子两代家庭，也是分化的基本单位。根据劳动力分工就业类型以及家庭代际支持状况，基于新乡村庄调研的基础，划分出上层、中层、中下层与下层各个阶层。

村庄经济阶层的上层在收入来源方面以非农收入为主，农业收入只是家庭经济收入中的补充部分，甚至是已经没有农业收入部分。一般是家庭中的年轻人在外打拼，主要是从事养车搞煤炭运输或者是有一定技术并且长期在外打拼的农户，而家庭中的父代还是有一定劳动能力的中老年人，在家里从事农业生产，种植自家承包地，不需要子女给予支持，甚至还可以支持子女。而这样的农户，子女在外发展的起步大多是依赖于父辈的支持和前期基础，比如养车起步多是父辈支持或者父子合力进行投入，一些技术工也多是父辈带动起来的，还有的则是直接承接了父辈积累的产业基础。上层家庭代际资源剩余多，代际支持力度也很强，一般的家庭年收入都在 10 万元以上。这类家庭是村庄中的少数，一般在 10% 左右。

对于村庄经济阶层中的中间阶层来说，家庭劳动力及其分工结构较完整的农户。年青一代或者从事上百亩的规模种植业，或者是有一定技术的打工者，而家庭中的父代作为中老年人，一般从事农业生产，有些还可以在农闲时打些零工，获得额外收入。这类农户家庭经济的剩余相对较多，代际支持较强，父代留守村庄从事农业生产，照料家庭，同时还可以帮助子女照料下一代。而年轻人可以在外没有后顾之忧地打拼，同时家里的生活以及照料下一代的开支基本不需要年轻人负担，他们的父辈完全可以承担，甚至还有结余继续支持在城市打拼的子代。因此，年轻人家庭积累性强，打工的收入就可以积存下来。虽然这部分农户非农就业收入较多，已经占据家庭经济收入的主要部分，但是农业收入依然是不可或缺的。农业生产和农业收入不单是父辈从事劳动发挥自身价值的基础，同时也是代际支持的经济来源，可以很大程度上减轻子代的负担，是家庭经济来源中最为稳定的部分，一旦缺少父辈的农业收入，家庭经济就会陷入困境，甚至会跌入中下层。中层农户的家庭收入一般在 5 万—10 万元，并且积累能力较强，这部分群体规模相对较大，占村庄农户的 50% 以上。

不同于上层与其他阶层之间的明显分化，中下层与中间阶层并没有十分明确的界限，并且阶层之间具有较强的流动性，但是中下层相较于中间阶层的明显特征是非农就业和非农收入不是太强，甚至是家庭劳动力素质较弱，劳动能力不强。中下阶层中的年轻人主要从事非技术性的务工，稳定性不强且收入也不高，少部分年轻人直接从事农业生产，但是规模也相对有限，而他们的父辈年纪大了，劳动能力较弱，只能从事简单的农业劳动或者帮子女打打下手，经济收入能力不强。中下层家庭经济收入能力不强，家庭资源剩余少，积累性也较弱，代际支持力度不大。虽然中下层经济条件相对不好，但是这类家庭也具有一定的上升动力和能力，暂时性的家庭困难并没有消解奋斗的动力，通过年青一代的外出务工和代际接力，随着下一代的成长，他们也有转化为中层甚至上层的空间。这类家庭年收入一般在 2 万—

5万元，占村庄农户的30%—40%。

村庄的下层，一般都是家庭结构残缺或者劳动力残缺的农户，或者一些因为家庭原因丧失奋斗动力的人。一些独立出来的老年户，通过从事简单的农业生产获得生活来源就可以，并不需要多么丰厚的收入。更多的是家庭中有大病或者缺乏劳动力的农户，一般年轻一代从事简单的打工或者直接种植承包地，老人可能是劳动能力较弱或者是丧失劳动能力，还有些是没有父代，更缺乏相应的支持。下层的经济收入来源少，对于承包地的依赖程度较强，家庭中代际分工和支持力度小或者没有代际支持，家庭资源剩余少，积累性很弱，处在简单的家庭再生产中。这类家庭的收入主要依靠承包地，一般年收入在2万元以下，积累少，甚至有时要靠借外债，这类农户占村庄10%左右。

在新乡各村调研发现，近几年农民进城购房增长迅速，并且还在持续，在多数村庄已经达到30%甚至更高的比例。本书所指的农民城镇化，所纳入考察的也主要是指进城购房农户或者长期居住城市的农户。虽然村庄中整体进城状况不断增加，进城比例不断上升，但是在各阶层的呈现却存在明显的差异性，这些差异主要体现在城镇化状况及模式中。

对于村庄上层来说，由于其长期从事非农产业，并且积累了大量的经济资源，逐渐脱离了村庄农业生产及村庄生活，在城市实现了稳定长期的就业。上层中一部分在城镇有正式职业的，已经实现了向城镇的转移，生产生活面向城市。部分农民的家庭，因为主要劳动力长期在城市从事技术性工作，或者买大车运输，这些人也都长期不在村庄，工作生活都是面向城市的，家庭经济积累强，通过家庭的经济积累逐步在城市购买了房屋，并且逐步定居城市。上层进城购房，主要是出于工作生活的方便，同时也有长期定居的预期，并且具有定居城市生活的经济基础和就业机会，通过长时间的积累适应，已经能够融入城市生活。这部分上层群体一般是在所工作的城市购房定居的，大多数是在所在的县城或者地级市购房。在城市购房，因为家庭经济能力强，并不需要代际资源的剥削性转移，代际关系也比较和谐，甚至一些子女在城市站稳了脚跟，把在农村的父母接到城市生活，实现了全家进城的目标。村庄调研发现，上层农户基本上都已经在城市中购买了房屋，甚至已经实现了城市长期定居的目标，很多农户也把父母接到城市一起生活。在上层农户中，城镇化水平和质量都是很高的，他们也都逐步脱离农村生活，表现出一种主动脱离型的城镇化。

中间阶层农户中的明显特征是，家庭中的年青一代大多是在城市生活就业，而他们的父辈部分从事农业生产，同时也有部分具有或者正在城镇就业的经历。这部分家庭具有对城市生活的向往，并且具有一定的在城市购房的经济能力。但是单纯依靠子代在城市买房生活是不现实的，年轻人还没有足够的经济基础来顺利实现城市生活，这时就需要家庭中父代的经济支持。中间阶层农户进城购房一般都是具有现实考量的，一方面是有一定的经济条件了，面对城镇化的大趋势，村庄建房就不如在附近的中小城市购房；另一方面，其子女面临成家的现实需要，这时父、子两代都有在城市购房的需求。中间阶层进城买房，大多数都是父、子两代合力的结果，单靠父代，经济压力还是很大；单靠子代，还不具有足够的经济积累，因此，一般都是父辈支付首付或者给予一笔资金，剩余的由子代继续在城市工作挣钱，这期间父辈经济条件允许还会继续支持在城市生活的子代。中间阶层进城是城镇化的主要群体，而且村庄中进城购房推动城镇化继续发展的动力也主要来自这部分群体，对城镇化的推进有着很大贡献。村庄中半数以上的进城购房者来自这一群体，并且他们中还会有越来越多的农户选择进城购房，体现为一种策略选择型的城镇化实践。但是需要说明的是，由于县城缺乏产业机会，作为进城的主力，包括中间阶层在内的大部分农民家庭都无法安居在城。

而中下层农户选择进城购房大多是出于被动的选择，城镇化的起步也是依靠代际支持甚至剥削方式实现的，被挤压进城的中下层也体现了城镇化的残酷一面。现阶段进城买房的中下层群体中的农户并不多，只有少数农户选择进城买房，一部分的选择则是在城市租房满足相应的需求，但是买房者也有不断增多的趋势。中下层的主要收入来源在农村的承包地，主要生活面向也在农村，进城买房是迫于子女结婚的需要，一般家庭经济条件还是难以支撑起城市购房需求的，很多农户因为进城买房而欠债。虽然实现了进城买房的目标，但是并不能稳定地在城市生活下去，进城的年轻人在城市并没有稳定的工作，依然靠打工为主，收入并不高。而要实现在城市生活的条件，就需要农村的父母继续支持，通过从事农业劳动，家里承包地上的产出还要继续向在城市买房生活的子女转移。靠一代人甚至两代人均很难实现在城市安居的目标，随着年龄的增大，原来进城的年轻人就更加难以在城市生活立足，甚至连收入来源都已经断了，这时就会选择返回家乡农村，接手日渐老去的父母的农业生产劳动，而他们的子女则继续为了实现城镇化而奋斗。整体来看，中下层农民家庭表现为一种接力式的城镇化实践。

村庄底层则被城镇化洪流排斥。其城镇化的动力和能力都是不足的，很难实现向城镇的转移，在村庄中，这部分农户也没有进城购房的，对于城镇化的预期也很弱。由于不断推进的城镇化进程，村庄中越来越多的农户选择进城购房居住，而留守村庄的大多是老弱病残以及底层群体，这样就形成了村庄底层的积聚效应，村庄活力不断减弱，甚至有些村庄已经破败。底层群体无法实现在城市购房的目标，在当下城镇化背景下，一些家庭再生产的任务也都和城镇化实现了捆绑，比如婚姻、教育等，这部分无法进城购房的底层群体，甚至陷入了家庭再生产的困境，成为村庄和城镇化进程中的边缘群体。

综合以上村庄各阶层的分化情况和城镇化融入模式，可以发现，传统型农业乡村受到市场化冲击进入了多元分化模式，传统社会结构被消解，农民家庭逐渐卷入市场化和城镇化的进程中。

第二节 "离土且离乡"

一 家庭劳动力配置：以代际分工为基础的"半工半耕"

在当地三代家庭结构中，"70后""80后"一代的中青年人成为外出务工的主力，他们由于学历层次低，大多数只能从事劳动密集型企业的普通工种或者工程队上建筑类的工作，广东珠三角沿海地区、长三角地区、京津冀地区成为农村青壮年劳动力跨省务工的主要去向。为了实现长周期的经济积累，赚取高于地方市场经济的经济收入，他们外出务工的周期一般为一年的时间，即年初出去务工，年底回乡过年，以家庭经济积累的最大化为目标实现家庭整体跃升和向上流动。低龄老人，即"60后"一代人系三代家庭结构中的一代农民工，他们为完成人生任务在异地大城市打工进行家庭经济积累。由于产业结构调整与一代农民工的市场经济劳动价值下降的主客观原因，中西部地区开始出现一代农民工的返乡潮。

以笔者调研的山西新乡为例，2015年前后出现了大批农民工返乡，年龄在45—50岁之间，他们回到家中留守农村的同时也寻找地方市场经济中非正规就业机会，但是地方县域工作机会与工资收入都与省外市场务工差距甚大，很多返乡农民工回乡后为支持子代小家庭发展，留守农村务农或者寻找机会兼业。子代夫妻双方务工增加家庭经济收入，服务于家庭城镇化发展，形成以代际分工为基础的半工半耕。但是区别于江西唐镇的工耕结合模式，新乡所在县域范围内由于缺乏产业基础，年轻人难以留在本地务工，而是异地大城市务工。在此基础上，近年出现的新情况是，小家庭对未成年人教育的重视使得夫妻双方分离出一方（一般是妻子）留守县城陪读，形成了代际关系内部更加精细化的夫妻分工，以提升家庭发展竞争力，但也伴随城镇化的经济压力。中青年中的丈夫一人在大城市务工承担了更大的家庭经济压力，妻子留守县城难以有就业机会，基本上全职陪读，低龄老人更加难以获得务工机会，留守乡村自给自足，实现底线自养。

从新乡的调研来看，新乡全乡42000亩的耕地中，灌溉地的50%是平川地，人均土地6亩，户均土地便达到30亩。在正常年份，玉米产量可以达到650—700千克/亩；在村庄中从事农业生产的人，主要是老年人，对于耕种技术掌握相对熟练，在播种、除草、收割等各个环节，90%的农户都会使用农机具，在安排农业作物种植时，农户形成了一种共识，既保证口粮，又要种植经济作物，既瞄向市场，又不会"把鸡蛋放在同一个篮子里"。以新乡羊村为例，人均土地4.2亩，户均土地20亩，该村的土地原来分为梁上地和平川地，平川地相对贫瘠，通过中华人民共和国成立初期开凿水渠，十几年中利用淤泥堆肥，提升了平川地的土壤肥力。近年来，梁上地退耕还林，平川地增加灌溉水井开凿，该村土地地利条件改善且相对稳定；分田到户后，尤其是土地二轮联包政策实施后，土地承包经营权三十年不变，以家庭为单位的生产经营方式在家庭和村庄发展中产生越来越重要的影响。再加上，近十年来，当地气候条件基本稳定，对农业生产整体上的发展是相对有利的。

在晋西北的传统农业型乡村，农民对于农业生产存在着高度依赖性，这种依赖最主要体现在家庭生计方面。首先，在一个家庭当中，必须通过农业生产来维持基本的生存，这是最为基础和最为底线性的目标，为家庭生产足够的口粮，保证家庭温饱，这是一个可以达到又必须长期保证的目标。其次，家庭维持基本生存，实现简单再生产是远远不够的，还要实现更高的目标，即家庭再生产。家庭再生产的投入和成本是极高的，光靠年轻人自身不稳定的打工收入是难以完成的，那么，作为具有相对稳定性的农业生产，则可以通过持续性劳动生产投入，获得一定稳定的收入积累。也就是说，在一个家庭的生计安排中，无法在劳动力市场获得优势的一部分人，尤其是老人，必然要留在乡村，通过进行农业生产，实现对家庭再生产的支持。再次，这种依赖性还源于家庭内部关系的维系，需要通过持续再积累的方式实现，而这种家庭内部关系的维持往往是单向性的，表现为父代朝向子代的资源输出，是基于"亲的逻辑"的，是代际责任无限延长所必然要求的。

案例5.2：张某，新乡羊村村民，75岁，老伴患有心脏病，不能劳动，儿子2005年结婚，在家干农活，很少外出务工，儿媳在县城给孩子陪读，从幼儿园开始，至今8年，8年间，张某和其儿子在村庄中进行农业生产，农闲时，儿子亦上县城跟媳妇和儿子一起住，家中十多亩地的农业性收入，除了老两口的吃喝外，主要供孙子上学以及儿子一家在县城生活的花销。张某的儿子尝试在农闲时找零活干，比如，在山梁上栽树，但是，这些活通常可以干的时期比较短。今年，张某的儿媳妇生病住院，由儿子来照顾孩子读书；而自己则必须在村里照看农田，最后还不得不请亲家母去医院照看儿媳。(2020年8月，羊村入户访谈)

以三代人的家庭为例：年轻的一代分两种情况，一种是在上学读书，另一种是已经完成学业或者辍学在外打工；中年的一代同样是有两种情况，一种是夫妻俩在家里，以农业为主，农闲打零工，农忙种田，另一种是夫妻一方在家务农，一方在外打工挣钱；老年人这一代则是在家种田，能干就会继续干，干不动了可以靠自己种一点口粮田和国家福利政策发放的养老金生活。打工经济在新乡这边是一种很重要的增收方式，因为除了农业生产之外很少有其他的收入来源，但是新乡周围的市场环境里面打工机会并不是很多，而且打工主要是家里的男性劳动力出去，女性劳动力传统上是不打工的。主要的打工经济来源有三种：养大车跑运输、打零工、异地大城市打长期工。养大车跑运输是这边很重要的一种增收方式，首先，新乡养车营生能够兴起和发展的优势是，新乡处在陕西—山西—河北的中间地带，有很优越的地理条件。其次，能够养大车的门槛是很高的，会开车是一个很重要的前提条件，2000 年初的时候考一个 B2 本就可以直接升 A2 开大车，但是后面的驾照规则是考完 B2 本后三年后才能考 A2 本，而且淘汰率达到了 80%。最后，养大车还需要找到一个合适的合伙人来分担经济成本和风险成本。经济成本包括买一部车需要付首付 10 万—12 万元以及每次从陕西运煤需要 2 万元的进货成本。风险成本包括大车的维修以及出现交通事故要承担的责任风险等，比如一辆车子出了事故要少卖 2.5 万—2.6 万元，这对于养大车的人来说是很重大的损失。一趟车下来赚的是运输的钱，他们承担了运输和路上的风险。跑运输的承担风险大，干这行的一般是 30 来岁，干到 50 来岁就不干了，怕出安全事故。以新乡羊村为例，这种能够养车或跑运输的全村只有 10% 的比例，也就是十来户，它一年的收入可以达到 8 万元到 15 万元不等。打零工，一般是家里可以有两代劳动力的支持：主要做一些建筑、工程项目的小工，一年可以有 3 个月左右的工作时间，平均每天收入可以有 90—100 元，它的特点是，不能放下家里的农田以及要处理家里的事务。打长期工，一般是通过教育走向外面打工的年轻一代，年龄在 20—30 岁，它的特点是：工作时间有规律、有稳定性的收入、比例小。

从家庭的劳动力配置与就业类型和代际支持能力与家庭资源剩余的两个方面来看新乡的社会分层。上层：年轻人与中老年人的劳动力配置，就业类型为中年人在家进行农业生产，年轻人靠技术就业，如养车和技术工。这种家庭的代际支持强，家庭资源剩余充足。中上层：年轻人和老年人的劳动力配置，年轻人在家进行规模种植或者在外进厂务工，老年人种地保证自身的生存。这种家庭的代际支持强，家庭资源剩余较充足。中下层：中年人和高龄老人这样的劳动力配置，中年人从事农业生产或者打零工，老年人劳动能力弱只能干一些轻体力活。这一类家庭代际支持弱，家庭剩余不充足。下层：中年人和老年人的劳动力配置，中年人从事农业生产，老年人这样的劳动力缺失或者无劳动力。此类家庭代际支持无，家庭资源剩余无，是城镇化动力和能力均较弱的一个阶层。

二　城乡空间形态："离土且离乡"

尽管当地农村得天独厚的农业生产条件可以满足人们基本的生存需要，解决最基础的温饱问题，但是对于家庭而言，光是满足简单的家庭再生产是不够的，还要实现家庭再生产的目标。因此，这一具有延展性的目标无一不从家庭内部生发出来，为了满足这种扩大的需求，家庭必须另谋出路，除了小农经济维持基本家庭生计，在乡土环境之外，必找寻得更好的发展机会，这成为当地农民家庭走出乡土实现非农化就业的动力。

山西县域范围的农民工务农范围以跨省务工为主，本地务工机会极少且收入低于全国性市场。本地中青年往往在县城买房，但是无法居住在城，青壮年劳动力中的男性在省外务工补贴家用和支持家庭城镇化发展，女性在县城陪读，家庭没有能力买房的甚至租房陪读；低龄老人比较勤劳，以退守农村为主，生产形式多样，比如50—60岁的低龄老人一边务农一边打零工即兼业型小农经营，60—70岁的老人则以农业为主，有较为稳定的收入来源和经济保障；从家庭资源消费来看，留守农村的老人消费低，平时不怎么吃肉类，主食和蔬菜基本上能自给；周末或者放假会带上一些粮食或者蔬菜进城，以缩减县城生活开支，力所能及支持子代小家庭再生产。值得注意的是，现代教育转型背景下，在广大一般中西部地区，父母也逐渐改变了只管挣钱和在小孩教育上当甩手掌柜的方式，投入时间和精力来参与到家庭教育陪读中，往往选择牺牲夫妻中的女性劳动力回归家庭陪读，但是女性回归家庭陪读无疑加重了男性劳动力一方在大城市务工的压力，即家庭劳动力减少状态下呈现出低积累能力与高消费的城镇化压力。本地农业资源与工业资源均难以支撑农民家庭县域城镇化的高成本和家庭负担，部分低龄老人甚至被迫远走他乡寻找务工机会补贴家用。在此情况下，当地农民家庭被迫卷入县域城镇化大环境中，表现出"突围式"城镇化，然而，受到本地市场经济资源条件限制，大多数"突而不破，破而难立"。因此，进入县城买房不易，立足县城更难，农民透支消费成为县域城镇化的共性现象。在城镇化融入程度上属于低度融入的半城镇化。

> 案例5.3：李大叔，55岁，新乡羊村村民，父母皆多病，家中有三兄弟。早年经人介绍，李大叔娶过一回亲，离婚后再也难成婚，其父母更无法承担起两个弟弟的结婚费用。李大叔在30岁的时候开始外出打工，在太原干建筑活，挣钱养活自己，顺便贴补家用，尤其是老人的医药费，直到父亲病重去世，回家料理后事，照料年迈母亲，种上三兄弟的土地，而不再外出打工。两三年前，李大叔45岁的二弟，娶了一个40来岁的离异女人，农忙时在家种地，农闲时在县城的公路上干小工，挣点生活费，二弟媳也在县城租房住，没有工作，平常最主要做的事就是给丈夫做饭。李大叔的三弟今年40岁，是水电工，一直在太原打工，自己租房住，至今没有结婚。（2020年8月，羊村村委会会议室访谈）

近年来，婚姻市场的竞争成为非常重要的农民城镇化驱动因素。从新乡的调研实践看，婚姻是两个家庭的事情，男方与女方的结合实际上是两个家庭的结合，男女到了22岁之后都要开始进行婚姻大事的筹备。从当地人的本体性价值追求来看，传宗接代和香火延续的观念在农民眼中是非常重要的，而这一切都要依靠婚姻来实现。最近几年婚姻圈逐渐从原先的本地婚姻圈变成了更加广泛的内外结合的婚姻圈子，村里娶外地媳妇有四户人家，有来自福建、四川等地方的，本地通婚圈的打破很大程度上是由打工经济带来的。年轻人外出打工增加了与外地女性交往的机会，有机会与外地的女性结合。同时，由于重男轻女的传统思想和早期计划生育政策的影响，当地男女比例严重失衡，使本地的女性资源大大少于适婚的男性，也正因为此，村里25岁到30岁还未结婚的人达到了七八十人。由于历史因素和市场资源禀赋影响，女性成了一种稀缺又备受争夺的资源，很多男性在这样一种竞争关系中是处在弱势。男性为了实现对女性性别资源的争夺，必须向女性展示自己的婚姻禀赋。女方以及女方家庭对于城市商品房的普遍要求，在某种程度上，又成为年轻人离开乡村、进入城市生活的条件和牵引力量。

除了内生动力和市场机遇以外，教育引导也是一个非常重要的条件或是影响因素。越来越多的年轻人有更多的机会接受更高水平的教育。在当地，教育一方面促成了人口流动，另一方面教育引导更是推动了人口外流。大批接受了较高教育的年轻人，脱离农业生产，离开乡村，在城市，甚至在他乡获得了更好的机会，获得了更大的发展空间，这在当地农村来说，逐渐形成了一种必然的趋势。尤其是在近期，在当地农村，存在的一个普遍的现象，教育推动的人口流动，不仅是在高等教育上，在初、中等教育甚至是幼儿教育上也形成了这样一种发展的趋势。新乡魏村全村只有三个学生在乡小上学，其他孩子全都去了县城读书。在乡小上学的三个孩子中，其中一个下半年也要去县城，另外两个去县城的可能性比较小，这两个都是单亲爸爸的家庭，不仅是因为在县城无人陪读，还因为他们的父亲必须在农村生产或是外出打工挣钱养家，无力承担陪读的费用，更无精力全天候地陪读。据在县城陪读的一位妇女讲，陪读的家长中80%以上是妇女，父亲陪读极少，并且，家境一般的家庭，小孩子即便从农村去了城市，大多数也是在县城比较偏的学校读书。这主要是因为：一来，这些县城较偏远的学校收费相对较低；二来，在学校附近租房的费用也相对较少。幼儿园教育在当地农村并未普及化，但是，这种"赢在起跑线上"的教育观念已经深深地烙印在年轻父母的脑海里；此外，乡村教育的衰落本身也应当引起人们的注意。一方面是乡村教育本身的发展，包括资源配备、教育力量和管理水平等，另一方面是人们对于教育尤其是乡村教育的认识面向。幼儿早教的盛行引导了大量年轻家庭，大批年轻妇女离开村庄，成为县城陪读妇女大军中的一员。

案例5.4：刘某，新乡羊村村民，27岁，女儿刚满4岁，2016年腊月送女儿到县城的一家私立幼儿园上小班，并开始在县城陪读。这家幼儿园一学期收费1300元，刘某在县城陪读，照顾女儿，租房、生活费等，每月将近1000元的花销，而刘某的丈夫给别人开车，有生意时，每个月4500—5000元，没活干时就在村里包地种，偶尔去县城跟她和女儿一起住段时间；刘某的公公在县城四处给人打零工，盖房子，婆婆种地。相对有补助的乡小学，家境条件一般的刘某坚持把女儿送到收费较高的县城读幼儿园，并且在县城陪读。刘某认为，村里只有几个学生，学校教得不好，就像放羊一样，她不想耽误孩子的前程，送去县城学多学少是学了的，至于把孩子留在乡里读书，她是坚决不同意的。(2020年8月，羊村入户访谈)

三　以全国务工市场为基础的外输型城镇化

从经济状况来看，留在村庄中的人群在村庄经济分化的环境中，基本属于中下层或下层收入群体，具有明显的经济分层特征。从笔者调研的新乡几个村庄来看，村庄当中，做生意的人，比如，开加油站、开饭店、开修车店等，收入最高的，年收入上百万元，但这样的人极少；养大车的人，年收入至少也有10万元，年轻人较多；在外从事一般性技术工作的人，收入达到5万元左右；在村庄中进行规模养殖或种植的收入达到3万元左右；剩下的就是农闲打零工，农忙季节从事农业生产或是只进行农业生产的人，这部分人的收入基本上是1万元到2万元之间。在这之中，收入较高的做生意和养大车的人基本上举家离开村庄，这部分人基本上也都在县城买了房。那么，留在村庄中的人，除了老年人群体，都是无能力离开乡村的。事实上，老年人群体中，也有一部分是处在经济分化的中下层，但是与其他群体不同，老年人在村，并不仅仅是经济因素，更重要的是家庭内部、文化观念等因素在起作用，表现在中老年一辈长期从事农业生产，对乡土社会有习以为常的故土依恋。以笔者统计羊村进城买房的情况为例，全村 106 户居民中，有 40 户在外买了房，在这 40 户之中，37 户在县城，1 户在忻州，2 户在太原；19 户是养车户，5 户是在省外打工多年的农户，其他的 16 户则是在外有正式工作或是做生意的农户。

由村庄中买房的情况可以发现，村庄中的经济分层与进城情况具有某种一致，这正是城镇化的表现之一。前已述及，当地处在山西、内蒙古和陕西的交界位置，邻近两省的煤矿产地，同时它又位于交通要道，如此独特的地理位置便造就了当地的煤运经济，包括饭店、加油站、煤台以及与之密切相关的养车行业。最早抓住这一契机的人，往往成为村庄中的先富者，也成为后来人竞相学习效仿的对象，因此，越来越多的年轻人进了养车的行业，带动了乡村人口从农业向非农产业的转移。其次，全国性的劳动力市场逐渐开放的过程也推动了当地的劳动力市场化。2000 年前后，当地出现了第一批外出打工的人，他们或者是有手艺的人，一般是报酬较高的大工，或是纯粹出卖体力的人，一般是报酬较低的小工。但是，无论是大工还是小工，市场化的需求都是持续增长的，行业报酬也是在市场上相对稳定的，并且，对于这类的工作而言，人们的进入门槛也是极低的。也就是说，在这样一个持续性的，具有开放性的市场，只要人们愿意出去，便有机会从事农业之外的行业，创造非农收入，增加家庭经济积累。

山西处在晋西北地区，距离全国区域性市场中心较远，虽然靠近煤产区，马路经济有一定发展，但是难以持续支持农民家庭资源积累的长久发展，如养车跑运输这样的工作对大部分人是排斥在外的。在全国市场经济发展的洪流之中，晋西北的村庄，作为市场经济重要构成部分的商品经济并不发达。一方面，当地自发形成的商品经济形态极为少见；另一方面，外部市场力量的介入始终难以冲破乡村的经济形态。从新乡的调研看，农村庭院经济为家庭内部提供了基本自给自足的生活支撑，家家户户都是至少三间窑洞或平房连上独立庭院的布局，庭院当中一般种植着时令蔬菜，比如黄瓜、萝卜、西红柿等，以及少量玉米和土豆；同时，当地农村基本上没有形成大型的公共商品交易场所。在中心村，仅有两家规模极小的商店，商店中的物品种类也极为单一且存货时间较长；而农民，尤其是老年人的活动大多数情况下不超出村庄的范围，部分生活必需品基本上由外地人，通常是五寨县城里的人或是忻州人以流动车辆运载商品的方式进入村庄中售卖，可以将之视为"升级版的农村货郎担"。正是基于外部市场远距离和本地工商业发展的迟滞，本地的工业化和市场经济发展一直没有得到充分发展，较为成熟的产业链也难以发展起来，导致本地务工市场缺位，农民无法在本地找到较好的务工机会，中青年劳动力大部分流失到省内和省外务工市场。

就新乡的调研实践看，当地低龄老人以在村庄从事粮食和经济作物种植为主，部分自给自足，有余部分可以销售到市场，以补贴家用，因此，农田灌溉等水利基础设施建设一直就是当地政府在农业方面的中心工作。中青年人则依托于全国务工市场寻找就业机会，其中女性一般留守在村，可以照顾家里，或在县城陪读。中青年男性当中除了少部分是养车跑运输或者马路上开店做生意外，大部分人在太原和南方地区打工，以此实现家庭非农经济收入，实现家庭城镇化目标。

可以看到，这是一种以全国务工市场为依托、以传统小农经济为保护的外输型城镇化模式。所谓"外输"，指的是当地产业基础薄弱，难以发展成较为成熟的工商业体系，由于农民县域城镇化的能力不强，乡村向城市的流动主要表现在中青年劳动力大量去往发达地区大城市务工，一方面打破了当地传统的封闭性小农经济状态，另一方面促使农民家庭发展目标升级，集中表现在农民围绕婚姻和教育的县域城镇化目标上。

正是基于此，以山西新乡为典型的传统农业型乡村地区由于缺乏产业支撑，普遍形成了父代老人留守农村从事小农生产作为底线保障，子代中的女性劳动力在县城几乎全职陪读的城镇化实践。然而，由于县城工业产业体系发展较不成熟，女性很难在县城找到合适的就业机会，对于男性劳动力来说，在县城务工更加难以实现家庭经济积累目标，而是去往发达地区大城市务工赚取较高的经济收入支撑小家庭在县城的居住、教育等方面的开支，可以说是靠着一个壮劳动力异地大城市务工养活小家庭的进城目标。

最近十几年，新乡的中小学学生和教师流失严重，原本是夫妻俩在外务工的中青年人，为了支持下一代能够在县城接受更为优质的教育资源，而不得不对家庭劳动力分工进行调整，最终影响城镇化策略的安排。其主要表现在，多数家庭中的年轻女性劳动力纷纷回归家庭，以求担当起家庭抚育的任务，陪同孩子在县城学校上学，负责生活照料的同时兼顾简单的学习监督，几乎完全取代了传统的隔代抚育家庭分工体系。还有部分中年父代未能完成子代结婚任务的还维持异地打工的状态，对他们来说，赚钱后能在县城买一套房子，儿子的婚事就更加可靠。因此，当地农民家庭城镇化是围绕教育和婚姻进城买房的初级阶段的城镇化。相比较而言，东部沿海发达地区乡村农民家庭早已经实现买房进城，并且同时完成了生产生活的城镇化。需要指出的是，农民在教育城镇化和婚姻城镇化进程中的刚性买房需求很容易迎合当地大规模的县城房地产开发和建造，致使当下很多传统农业型乡村地区农民进城买房之后几乎闲置下来，而过度的房地产建设也早已超出真实的农民家庭需求，造成资源浪费。从这一点来说，没有产业基础支撑的县域城镇化就无法形成生产市场，而生产决定消费，当买房进城却难以落脚，县城经济活力就不足，导致农民县域城镇化质量不高，农民负担较重。

第三节　乡村与农民家庭高依附性融入

一　城乡资源失衡与家庭资源分配转型

农民城镇化实践推动了家庭内部新秩序的产生。在新的家庭秩序中，女性劳动力退出一线劳务市场，加入教育陪读，是触发家庭资源配置和家庭策略转型的首要因素，家庭目标从资源积累最大化转向综合收益最大化。在应对教育竞争变化和小家庭经济积累压力情况下，农村家庭内部在代际分工的基础上增加了性别分工，资源配置也转向了以教育为主轴，从而实现家庭内部代际间的灵活动员与资源凝聚，形成"一家三制"。

（一）教育变迁与家庭教育投入集中化

从教育变迁的视角来看，乡村家庭教育至少经历了三个阶段的发展。第一阶段是家庭教育缺位的阶段，出现在 20 世纪 90 年代到 2010

年之前，家庭教育的参与是不在场的，家庭下一代的教育目标被家庭经济积累目标代替，父母出远门打工，祖辈在家里照顾孙辈的生活，父母对于下一代教育的参与主要体现在教育成本支付上。这一阶段的家庭教育提供的是保底式支持，主要是学生自主竞争，家庭教育的目标在于保证下一代不辍学、上得起学。第二阶段是素质教育改革阶段，发生在 2010 年之前，顶层教育政策制度导向学生综合素质发展，要求学生德智体美劳全面发展。这一政策的初衷在于引导学校不能仅重视学生成绩排名，还要注重培养学生健康成长的环境。社会评价在回应学生综合素质成长问题时具象化为学生的爱好特长、奥数竞赛的附加培养，造成了学生培养和素质教育目标的异化。学校在提供基础教育和知识教育的基础上无法达到这一外界评价目标，综合素质发展的任务部分外溢到了家庭，同时教育城镇化也进一步推动了教育责任转移到家庭，市场化资源也见缝插针进入青少年教育，涵盖文化、兴趣、成功教育等。农村家庭的中青年父母本着"勤能补拙"的简单理念理解家庭教育，认为不断地投入市场资源就会有好的家庭教育和下一代教育素质的提升，其结果就是家庭和市场不谋而合，家庭教育就成了市场资源投入多少的竞争。除了前已述及的经济能力竞争之外，还有父母教育理念的竞争，这发生在家庭教育参与的第三阶段，大致在 2010 年前后。这一阶段是家庭教育情感和时间投入的阶段，关键变量在于父母教育理念、教育投入的竞争，家长通过日常的沟通和细致辅导，保证家庭教育中父母更加精细化、具体的情感陪伴投入，重视学生良好的学习习惯的养成。

在广大一般中西部地区，父母也逐渐改变了只管挣钱和在小孩教育上当甩手掌柜的方式，投入时间和精力来参与到家庭教育陪读中，经受过市场经济洗礼的父母深刻意识到教育的重要性，把教育作为阶层跃升的重要途径，认为学历提升是孩子未来市场化参与和社会化参与的重要门槛。值得提出的是，不同阶层的家庭在教育竞争中呈现出不同的状态，中层及以上家庭成为教育竞争的主体，进城买学区房和择优入学，集中资源投入下一代教育，但是中下层家庭虽然也面临下一代教育成长焦虑，甚至因为家庭经济实力和资源积累能力弱而被排斥在教育竞争中。

"我们这一代（"80后"）打工挣辛苦钱就知道读书有多重要，好的成长环境影响孩子一生，如果他（指她儿子）将来可以考上一个好一点的大学出来，有个大学文凭，找工作也好找，我们也不会那么操心，宁愿现在多操点心多辛苦一些，也不能耽误孩子关键的人生成长阶段"（2020年8月，根据羊村村部访谈村妇女主任的资料整理）。

　　（二）教育理念进阶与精细化培养趋同

　　在教育目标导向下，围绕第三代教育安排家庭策略越发明显。当家庭核心教育理念是保底式理念时，第三代受教育目标和任务是完成义务教育。家庭投入的教育资源是基础性的，教育竞争主要是学生与学生之间的竞争，乡村教育与内部教育策略差异化不明显，主要差异在于城乡之间的教育资源不均衡，农民家庭没有受到太大的教育投入压力。一般是祖辈与孙辈留守农村，祖辈抚养，父辈在外打工挣钱，实现以半工半耕为基础的代际分工式的家庭生计模式，为"一家两制"（徐立成，2018）的家庭秩序。当家庭核心教育理念是市场资源投入的竞争式理念时，受到市场经济和城镇化因素的影响，第三代受教育的目标和任务是进城上学和通过教育改变命运。农村家庭在城镇化过程中卷入了教育竞争，家庭教育被市场激活，家长通过不断地投入校外市场资源以期实现孩子的学习成绩提升和教育立足。此时，城乡教育融为一体，不仅乡村家庭之间在竞争，农村家庭也加入了市场化竞争，农民家庭的教育投入压力大，教育期待高。一般是祖辈一方留守农村，孙辈进城上学，祖辈一方（一般是女性老人）进城陪读，父辈在外务工，并且在孩子关键的教育节点时有一方退出劳务市场回归家庭陪读。比如初三和高三的升学年回归家庭陪读，其余时间祖辈陪读或住校，形成隔代陪读和亲代陪读的灵活配置结构，为一家两制和一家三制相结合的家庭秩序，是"一家两制"向"一家三制"的过渡状态。当家庭核心教育理念是精细化养成理念时，"80后""90后"作为父辈群体，反身观察自身的教育经历和结果，结合家庭教育阶层跃升的发展型目标和择优入学的教育任务，父辈更加注重孩子在学习行为习惯的养成，关注到亲代陪伴对孩子身心健康成长的作用。他们不仅继续在教育市场资源方面加大投入，补强家庭教育的资源投入，提升学习成绩和综合素质，同时还亲身参与孩子的成长过程，在抚育期和学习阶段实现了父辈的亲代陪伴，主要表现在父辈—亲代陪读替代祖辈—隔代陪读，既监督和辅导第三代学习，又兼顾孩子的生活，实现了完整的陪读生活。家庭分工一般表现为，祖辈留守农村，父辈一方（一般是女性）进城陪读，祖辈有时候进城帮忙照料生活，父辈一方继续在大城市打工，父辈一代夫妻双方两地分居。农民家庭教育投入压力大，以牺牲一个劳动力以及大量市场资源投入支持第三代的教育跃升，为"一家三制"的家庭秩序（见表5.1）。

表5.1　　　　　　　　　　　教育变迁与家庭生活秩序的关系

核心教育理念	家庭劳动力配置	家庭秩序
保底式教育	祖辈与孙辈留守农村，祖辈抚养，父辈在外打工挣钱，实现以半工半耕为基础的代际分工式的家庭生计模式	"一家两制"
竞争式理念	祖辈一方留守农村，孙辈进城上学，祖辈一方（一般是女性老人）进城陪读，父辈在外务工，并且在孩子关键的教育节点时有一方退出劳务市场回归家庭陪读	"一家两制"和"一家三制"相结合
精细化养成理念	一般是祖辈留守农村，父辈一方（一般是女性）进城陪读，祖辈有时进城帮忙照料生活，父辈一方继续在大城市打工，父辈两地分居	"一家三制"

二　城镇融入的符号价值与农民负担加重

凡勃伦[①]深刻地指出，社会系统内部的调适与需求是相互并行的，当社会需求刺激系统调适时，新的结构化系统组织也在产生。不同需求层次的家庭发展目标主导农民城镇化策略，以农民联合式家庭再生产模式维系的家庭秩序可以实现家庭本体性价值任务，如传统"工""耕"合作能够回应子代结婚成家等人生任务的基础性需求。但是当

---

① 凡勃伦：《有闲阶级论》，蔡受白译，商务印书馆2017年版。

基础性价值任务被现代市场经济价值附加以及放置于村庄社会价值上的"面子"竞争时，农民家庭基础性发展压力开始倒逼家庭内部调适，在代际关系互动中形成了新型家庭生活实践秩序，两代人的生活模式开始出现分化。

在东部地区的调查表明，东部发达地区市场经济发展较早，资本原始积累富足，地方市场资源丰富，农村家庭内部调适变动性不大，中青年一代在现代化发展过程中过渡得较为自然和顺利，面临现代转型的家庭压力小。中西部地区则由于市场经济发展程度较低，距离全国区域性市场经济中心较远，县域内部产业发展不平衡，现代市场经济与城镇化对农民家庭秩序影响较大，需要农民做出的家庭内部调适变动较大，对农民家庭代际分工以及性别分工灵活性要求更高。在此过程中，子代家庭越来越重的家庭发展压力外溢到本该退出生产分工的父代。基层社会现代化转型进程中的家庭代际关系伦理异化、乡村公共服务水平失衡以及农民生育观念的转变成为家庭城镇化背后的风险压力。

有限的市场资源决定了中西部传统农业型乡村只能举全家之力完成最多一代人进城的目标，而且仅有少部分农民家庭具备城镇化的能力。而现实情况却是许多农民家庭即使没有条件也要想尽一切办法进城。中西部地区农民城镇化面临的刚性压力是由于把进城作为一种符号价值来追求，传统农业型乡村在教育资源和婚姻市场中都处在洼地，促成了农民围绕进城买房的激烈竞争①。农民进城购买房子并不是简单为了解决居住上的问题，而更多是为了完成婚姻和为孩子获得高质量的教育福利。这两种逻辑在时间上刚好是承接的②。从新乡的调研来看，具体表现为婚姻城镇化和教育城镇化。

第一，婚姻城镇化，指的是为完成使子代结婚的人生"任务"而进城买房的行为。与全国中西部乡村地区情况相像，2000 年前后，新乡出现了打工潮，父母一代人南下广东珠三角和江浙长三角等沿海经济发达地区务工，当他们五十多岁体力不支时，就要回到农村，这

---

① 李永萍：《农民城市化的区域差异研究——市场区位条件的视角》，《经济社会体制比较》2021 年第 1 期。

② 刘超：《城镇化进程中的农民家庭策略与发展型家庭秩序——基于"一家三制"的讨论》，《宁夏社会科学》2022 年第 1 期。

个时候一代农民工为子代积累了较多的资源，完成结婚的人生任务。2010 年以后，新乡当地的结婚成本急剧飙升，县城一套房成为结婚的标配，没有房子，几乎就难以成家。这也意味着，乡村社会已经形成了一种社会风气，结婚必须在县城有一套商品房，在农村建房子已经没有任何竞争优势了，否则，孩子就要打光棍。一些农民说，"社会发展得太快，三年一变，前几年，在农村建房还能相亲，这几年完全不行，必须在城里面买房了"。由于子代结婚这一人生任务产生的农民家庭进城买房竞争，一是通过中国家庭代际伦理观念体现，二是受到婚姻市场中的本地通婚圈内部竞争及外部婚姻市场的挤压①。中国家庭具有显著的绵延继替特征，具体表现在对于家庭代际传承和香火延续，这是中国农民内在的本体性价值追求，因此，支持子代完成结婚的人生任务成为"过日子"的动力②。完成子代的结婚任务不仅是父代一辈人的硬性任务，而且成为村庄竞争的重要内容。如今农村的光棍问题也越来越严重，新乡的基层干部说："现在村里的男性在28 岁以后基本上就很难娶到媳妇了，村里以前最多只有一两个光棍的，现在则有八九个，甚至有的村都有十个以上的光棍，大部分都是因为在适婚年龄没能找到合适的对象。"包括进城买房这样的刚性经济支出成为青年人结婚路上的"拦路虎"，村里人常常说，"现在只要有钱就很容易娶到一个媳妇，多好的都可以"。目前农村乃至更大范围内的被"车子、房子、票子"标签化的婚姻确实给男女嫁娶的乡土社会秩序带来了诸多问题，婚姻城镇化加重了农民家庭的负担，是一种农民家庭被动城镇化的样态，农民进城更多是依附于进城这一符号价值，即使进城也由于县城内部缺乏产业基础难以落脚县城。

　　第二，教育城镇化，指的是以追求县域优质教育资源而进城买房的行为。由于城乡义务教育发展不均衡，县城的教育资源更加集中，教育质量更加优质，促使"80 后"一代的年轻父母倾向于让子女到县城学校上学，在一定程度上破坏了乡村教育秩序。进城读书的学生

---

　　①　朱战辉：《农民城市化的动力、类型与策略》，《华南农业大学学报》（社会科学版）2018 年第 1 期。

　　②　陶自祥、桂华：《论家庭继替——兼论中国农村家庭区域类型》，《思想战线》2014年第 3 期。

放假回到村庄产生一定的示范效应，同辈群体缺失极大影响了乡村学校教学氛围，教学质量和学生学习成绩明显下降，进一步加速了教育城镇化。此外，优质教师从乡村地区高频率向县城流动也成为传统农业型乡村教育塌陷的重要原因。近几年，一些地方政府为了吸引农民进城买房，举全县之力建设教育新城，在房地产周边配套公共教育资源，新建一大批中小学，并将乡村优秀老师抽调到了县城，用"学区房"的名义诱惑农民买房。进城读书的必要条件是需要一套房产，地方政府规定："适龄儿童父母在城区有房产的，以房产证地址作为确定就读学校的依据。"这些举措进一步加剧了乡村教育的衰败与县城公共服务的集中，进一步刺激了农民家庭的教育选择①。然而，传统农业型乡村地区的教育城镇化并非全部源于乡村教育的塌陷，而是从最开始的选择优质教育资源进城到后来异化为乡村社会的面子竞争。基于县城优质教育资源的竞争首先是从经济条件较好的农民家庭开始兴起的②，但是在这个过程中经济条件难以支撑小孩进城上学的家庭很快就会跟进，从而在村庄社会内部形成进城教育的攀比风气："别人家里的小孩能到城里上学，我家的为什么不行？"在教育进城成为乡村社会主流，并且成为彰显个体及其家庭经济能力的标志时，越来越多的农民被卷进来，很多农民家庭借钱也要到城里买房，以便让子女到城市接受教育③。

概括而言，婚姻压力、教育压力、乡村熟人社会内部竞争压力是构成传统农业型地区农民城市化的主要动力。传统农业型乡村地区除少部分农民家庭是在经济条件达到之后选择主动进城购房之外，大部分农民家庭进城买房实质上是被市民化的符号价值捆绑而带来了家庭资源投入内卷。它脱离于农民家庭的实际阶层处境，是为了让孩子积蓄阶层跃升能力而临时形成的一种家庭城镇化实践。对家庭而言，这

① 刘超：《城镇化进程中的农民家庭策略与发展型家庭秩序——基于"一家三制"的讨论》，《宁夏社会科学》2022 年第 1 期。

② 朱战辉：《农民城市化的动力、类型与策略》，《华南农业大学学报》（社会科学版）2018 年第 1 期。

③ 李永萍：《农民城市化的区域差异研究——市场区位条件的视角》，《经济社会体制比较》2021 年第 1 期。

意味着要以透支家庭消费为代价，冒着很大的未知风险而用超出家庭经济积累能力范围的生活方式来养育孩子。对孩子而言，这种随大溜的教育城镇化策略既脱离父辈阶层的实际生活处境，又脱离于预期的城市中产化处境，反而容易成为"玻璃心的做题家"①。

三　农民家庭的一家三制与城镇化突围

"一家三制"指的是在一个家庭内部存在三套制度化的生产、生活实践策略，且以不同代际之间的差异化实践表现出来。其中，父代老人留守农村，依靠农业土地资源生产生活，自给自足；子代夫妻中的女性一方在县城陪读，有条件情况下进行兼业陪读；子代夫妻中男性一方在大城市务工，以实现家庭经济积累最大化。虽然三套制度化的家庭策略有差异，但是分化的家庭制度整合了家庭资源，形塑了一个生产、生活共同体家庭单元。其基本特征如下。

（一）家庭资源集中流向教育

家庭资源配置受到家庭发展目标的影响，传统家庭秩序以家庭积累最大化的实现为家庭发展目标。以数量占多数的广大中西部地区农村家庭为例，老人和小孩留守在村庄，夫妻外出务工，两代人以半工半耕为基础实现了家庭资源积累最大化。家庭积累主要是用于建房、小孩上学、儿子娶媳妇和家庭生活简单开支，完成家庭人生任务和体面的村庄生活是家庭目标。随着城镇化和市场经济发展，村庄人口流失严重，乡村教育进入衰落期，送小孩进城读书成为选择。小孩从乡村教育到城镇化学校教育，增加了生活的开支，同时教育竞争也在加强。在第三代的教育问题上，现代家庭出现了第三代教育的家庭策略调适。

调研来看，在中西部地区，传统的农民家庭中，年轻夫妇外出务工，爷爷奶奶照顾并且在家管教孙辈，孙辈成为村庄留守儿童，受到的是隔代教育。在这样的管教模式下，教育与抚养是一体的，爷爷奶奶既是生活抚养的主体，又是管教孙辈学习的主体，父母最多只是在

---

① 王旭清：《寒门温室：城镇化中农家子弟教育的家庭参与机制》，《中国青年研究》2021 年第 12 期。

关键节点，比如初三和高三升学节点回来家中陪读，只要老人身体健康，一般情况都是爷爷奶奶陪读。但是在隔代教育模式下，祖辈的知识结构与现代教育体制并不契合，对于孙辈的学习问题无法有效地进行家庭教育干预，管不住孙辈甚至以过分溺爱的方式管教孙辈成为通病。这是由劳动力配置不均衡造成的，中西部地区的父母实现了初步城镇化，还无法在城市实现生产生活。湖南衡阳①一个中高档小区，总共有 240 套房子，全部售卖，但是常年在小区居住的只有 30 多户人，大部分都是爷爷奶奶带孙辈上学，其余的住户一般是过年住一下，没有装修的基本不住，买房主要是看中学区的价值，好让小孩有资格在县城上学。

　　就一般中西部地区而言，教育性质发生了变化，由于老人无法承担家庭教育转型后的功能角色问题，中青年夫妻回归家庭教育的动力越来越强，教育理念也在发生变化，其后果是夫妻一方退出务工市场回来陪读，另一方继续坚守大城市务工，放弃了家庭经济积累最大化追求，转而解放出一个壮年劳动力（一般是女性）承担起家庭教育功能，以亲代陪读解决孩子的家庭教育亲代缺失和母职缺位②问题。从隔代陪读到亲代陪读，家庭资源配置从重家庭经济积累转变到以家庭综合效益最大化为目标，家庭教育从放任学校教育转变到主动参与培养。保证了子代生活照料与成才教育的双向辅助，实现了农民家庭高进阶的孩子教育陪读。在东部地区，得益于县城劳动务工市场的发达，农民家庭可以实现在城生产生活，孙辈教育陪读实现了抚育分离的代际间合作模式，表现为男性老人在村务工，女性老人在城负责接送小孩，给孙子做饭，负责生活照料，有条件的女性老人还可以兼业，中青年夫妻双方白天上班，晚上回来可以辅导孩子学习，监督孩子做作业，同时兼顾了孩子的教育和生活，形塑了完整的抚育分离的陪读生活。无论是东部地区本地城镇化，还是广大中西部地区教育城镇化背景下的县城买房潮，以亲代参与陪读，对孩子教育进行抚育分

---

① 于 2021 年 9 月 20 日下午在湖南衡阳衡县一个中高档小区的访谈。
② 莫兰：《家庭教育中父职母职都不可缺位》，《中国妇女报》2019 年 1 月 8 日第 3 版。

离，形塑家庭资源配置和积累的新型关系成为共性趋势。城镇化背景下，在孩子教育和经济积累中实现家庭发展和再生产的平衡，甚至更多地倾向对孩子教育的付出。

（二）女性劳动力配置转向子代抚育

家庭劳动力的数量和质量关系到家庭发展的竞争力。女性从家庭中解放出来已经有很长的时期，妇女从家庭劳务进入务工市场，成为家庭经济积累的重要成员，尤其是女性进入务工市场对于产业发展和县域经济发展做出巨大贡献。从家庭内部来看，女性的劳动力价值解放不仅在于经济价值外部性体现，还在于农民家庭内部的劳动力配置有了更丰富的可能性。家庭内部的女性劳动力一般指父代和子代两代人中的女性劳动力。父辈中的女性中老年人，年龄均在 50 岁以上，她们早期在长三角、珠三角和京津冀等全国经济区域中心务工，进行家庭经济积累，随着第二产业的转移，她们成为返乡的农民工，过早地从务工市场退回乡村社会①。在此过程中，为完成子代人生任务，父辈一代中的女性老年人出现了分化，未完成子女人生任务的家庭，女性老人还要积极参与到地方性务工市场中，为儿子结婚彩礼以及进城买房等大额开支继续家庭经济积累而无法退出劳务市场；对于一部分已经完成人生任务的家庭来说，女性老人也不能够闲下来，她们回归到家庭要协助子女抚育孙辈或者要照料老人，其中一部分女性老人还要跟随子女进入城市生活，成为"老漂"，与丈夫异地相处，部分女性老人在城市还可以实现一边兼业，一边照顾家里。对中青年女性而言，她们年龄在 30—40 岁，受教育程度比一代女性农民工更高，具有更广阔的就业市场空间，她们的工资收入构成其小家庭经济积累的重要组成部分。区别于第一代女性农民工在务工市场上的彻底性进入和彻底性退出的两点式节奏，二代女性农民工在小家庭发展中的角色不仅被定位为完全的劳动力价值经济获利功能，而且还考虑到女性在家庭内部的生活功能角色，比如在亲代教育、亲代关系中的母职角色作用。二代农民工女性的性别解放有着不同的轨迹，第一次解放是从家庭中解放出来，进入务工市场，为家庭经济积累做贡献并且实现

---

① 朱云：《从"打工潮"到"返乡潮"》，《社会科学报》2019 年 3 月 14 日第 6 版。

女性经济独立，这在一代女性农民工和二代女性农民工身上均有体现；第二次性别解放发生在城镇化和教育变革的近些年，二代女性农民工走向了务工市场和回归家庭的两栖，其中十分重要的一点是母职回归。二代女性农民工在孩子出生之后没有因为家庭经济压力而迅速进入务工市场，而是选择在孩子成长的关键阶段进行陪护，祖辈则是起到辅助的作用。

　　案例5.5：小魏，32岁，26岁结婚，小孩一岁零三个月，她一直在家照顾孩子，她认为，她们这一代，父母在他们一出生就出去打工了，留守农村的孩子明显自卑，缺乏父母的关爱，正因为有了教训，所以自己的孩子在1—6岁的阶段就要父母自己带，等他大一点了就可以带他去城里上学，"现在我老公一个人挣钱虽然辛苦，但是也过得去"。（2020年8月，新乡乡村小学教室的访谈）

女性回归家庭承担教育功能是对家庭经济积累和孩子抚育的更加合理的规划，二代女性农民工从打工经济的单一思维跳脱出来，成为家庭抚育的重要角色。对中青年夫妻一代人而言，小孩的成长要比打工挣钱更加重要，"钱什么时候都可以挣，但是孩子的成长阶段过去了就没有了"。对于大家庭而言，祖辈其实也是支持亲代回归家庭的，当祖辈传统的育儿和管教对孙辈无效，甚至有可能因为没有带好孙辈而与子代产生冲突时，祖辈愿意用经济支持来换取孙辈成长过程中亲代缺位的责任后果，所以老人进入务工市场打零工，儿媳妇在家照顾孩子的情况开始出现。

（三）子代家庭发展依附父代家庭

从家庭内部组合来看，当半工半耕家计模式为高强度积累时，代际合力强，家庭发展能力越强，家庭发展目标越容易实现。从这样一个变量关系中可以看到，家庭发展目标定位直接影响到家庭发展的策略安排，家庭发展目标越高，则需要配置的家庭发展能力越强。家庭发展的核心化就是集中家庭资源投入小家庭的发展目标和家庭发展中，服务于小家庭的家庭发展目标的实现，提升小家庭在市场经济和城镇化背景下的竞争实力。小家庭发展的核心化受到外部压力挤压做出的内部大家庭的策略调适，传统的联合式家庭再生产①目标是完成基本再生产，发展动力和能力不强，小家庭核心化再生产不仅需要子代的发展能力在市场经济中具有竞争力，而且受到外部压力倒逼，父代的资源投入形成的代际合力也成为关键要素。小家庭面对的外部环境挤压主要来源于城镇化生活与子女教育投入。年轻夫妻的市场务工环境和受教育空间都在城镇，成了"没有城市户口的城市人"②，城镇化生活预期是在自然而然的过程中形成的。城镇化生活消费压力增加了小家庭的经济开支，仅靠两个普通劳动力甚至男方一个劳动力无法支撑小家庭的发展，往往需要父母的资源支持以及父母一方进入城镇帮助子女照顾小孩；此外，城镇化教育带来的家长抚育成本竞赛成为城镇小家庭缓解教育焦虑的唯一办法，经济实力不足但是对孩子学习成绩预期均很高的父母被卷入教育市场化竞争当中，学生和家长都没有主体性，跟风式地从小学阶段就开始送孩子上各种补习班、兴趣班。外部发展压力倒逼小家庭发展走向核心化，父辈和子辈围绕小家庭发展形成一股合力，促使家庭内部秩序调整。

案例5.6：王静，男，37岁，结婚六年了，爱人在家带小孩，他是代理商，跑销售，问他家里开支最大的是什么。他说："小孩开支大，奶粉，幼儿园，上小学，吃穿都要花钱。幼儿园在城里一年一万元，上小学虽然学费不高，但是报这种班那种班，一学期下来也得七八千元，没得办法，家长聚一起的时候聊的都是报班、学习，别的家里孩子都去上，自己家孩子不上，总觉得是亏欠，报兴趣班是觉得万一高考的时候用得上也好。"（2020年8月，新乡羊村入户访谈）

"一家三制"作为农村家庭再生产模式的生产、生活组织策略。

---

① 齐燕：《新联合家庭：农村家庭的转型路径》，《华南农业大学学报》（社会科学版）2019年第5期。

② 郭芹、高兴民：《农民工半城镇化问题的多维审视》，《西北农林科技大学学报》（社会科学版）2018年第3期。

在时间安排上，一方面，该家庭再生产模式只会出现在教育阶段，小孩没有进入教育阶段的时候，家庭的主要目标是完成家庭资源的积累，以便有资源投入"一家三制"的家庭再生产，当小孩完成高考，家庭则又重新退回到既有的半工半耕①状态。另一方面，家庭进入"一家三制"的具体时间主要依据祖代支持力度和家庭经济状况而定。在空间布局上，形成祖代在农村，父亲在大城市，母亲随子女在乡镇或是县城的三片家庭。在生计安排上，祖代在村种养结合，有条件时打零工，以便低成本地实现自养阶段的养老功能；父亲在大城市务工，完成家庭经济在该阶段的最大化积累；母亲和子女在县城进行陪读，以期实现教育立足和家庭阶层跃升。从这个角度上而言，"一家两制"和"一家三制"的家计模式并不是一种互斥性关系，而是相互补充，且具有很强的转化空间，可以看作"半工半耕"与农民家庭弹性适配的体现②。

"一家三制"的产生，本质上是包括东部农村地区和一般中西部地区在内的广大农村家庭面对中国家庭现代化转型和小家庭城镇化压力和家庭发展型目标资源积累压力在县域社会范围内家庭阶层跃升竞争日益激烈的实践产物。家庭秩序转型到"一家三制"的触发机制在于，首先，农村家庭教育目标成为家庭发展型目标的中心，家庭资源配置集中到下一代教育资源的投入，学校教育分离责任到家庭教育，刺激家庭教育消费走向市场化，引发女性劳动力回归家庭陪读；其次，在第三代教育问题上，现代家庭出现了第三代教育的策略调适。基于教育引发的家庭发展策略的调适，农村家庭内部代际关系合作模式和夫妻分工合作模式重构新的家庭秩序。在此过程中，农民家庭劳动力由最大化配置转变为父亲务工、母亲兼业陪读，家庭资源更多地流向现代教育，在以半工半耕为基础的代际分工模式下，夫妻分工更加精细化，一家三地分居，男性在大城市务工，女性在县城陪读，祖代在农村生活。在新的家庭秩序中，家庭目标从实现资源积累

---

① 夏柱智、贺雪峰：《半工半耕与中国渐进城镇化模式》，《中国社会科学》2017 年第 12 期。

② 张一晗：《教育变迁与农民"一家三制"家计模式研究》，《中国青年研究》2022 年第 2 期。

最大化转向实现家庭综合收益最大化，资源配置也转向了围绕教育为主轴展开，从而实现家庭内部代际间动员与家庭劳动力资源凝聚，形成围绕小家庭再生产目标和核心家庭再生产的"一家三制"实践。

"一家三制"的家庭现代化转型实践，证明了中国农民家庭内部应对现代化家庭转型冲击的灵活性和创造性。但是"一家三制"家庭实践模式下，家庭教育更加突出，导致女性劳动力退出一线务工市场回归家庭，市场教育资源被家庭教育激活后果的同时，女性劳动力退出务工市场在广大中西部县域如何谋得生存？农村家庭教育怎么应对教育城镇化和市场教育资源投入的经济压力和消费能力挑战？从现实来看，女性回归家庭在兼业可以得到保障情况下兼顾家庭既能够促进县域经济发展，又能够减轻家庭经济积累压力，保持完整家庭生活。有鉴于此，笔者提出：应依托县域经济发展，发掘县域产业资源，完善产业链体系，完善县域范围就业体系，提供充足就业机会，吸引返乡农民工为家乡工业建设贡献和服务，保障农民家庭生活完整性，提高县域教育水平，促进县域经济发展。

值得进一步讨论的是："一家三制"家庭秩序在性质上虽然是家庭内部成员凝聚形成的合作型实践关系，但是对家庭关系造成的负外部性影响不能置若罔闻。一方面，女性劳动力回归县城陪读，男性劳动力坚守大城市务工造成夫妻两地分居引发夫妻关系不稳定，导致高出轨率与离婚率[①]；另一方面，"一家三制"新型家庭秩序中对于亲子关系的注重，使得亲子关系处在高密度、高强度监管，过于紧密的亲子空间使得母亲学习成绩高期待和孩子学习压力显现，造成亲子关系紧张，产生青少年精神压力过大的心理健康问题需引起重视。"一家三制"新型家庭秩序模式下，对农村家庭城镇化的家庭消费能力挑战以及县域产业发展与农民家庭城镇化生产空间不足关系问题则需引起重视。

四　小结："突围式"城镇化及其实践逻辑分析

"突围式"城镇化是以全国务工市场为基础，以代际分工和夫妻

---

① 冯小：《陪读：农村年轻女性进城与闲暇生活的隐性表达——基于晋西北小寨乡"进城陪读"现象的分析》，《中国青年研究》2017年第12期。

内部分工经营家庭发展而出现的中西部地区农民进城方式，其揭示出"无工无农"县域地区农民家庭城镇化发展困境。在三代家庭中，不仅需要低龄老人以农业资源为依靠留守后方，还需要中青年一代冲锋在前获得城市务工收入，只有这样才能满足未成年人一代的教育需要和家庭城镇化发展目标，实现家庭跃升。在这其中，农民家庭如果没有县城农业资源和工业资源支撑，就很难实现突围，只能以透支消费和借贷消费来实现低水平的县域城镇化，而且进入县城的同时也无法安居在城。农民家庭突围式城镇化的关键是依靠农业资源支撑起来的稳固后方以及冲锋在前获取工业务工收入提供的经济基础实现城镇化。同时，农民家庭突围进城的推力和拉力值得被重视，即乡村公共品供给无法满足农民对美好生活的追求和县城优质公共服务体系的强大吸引力之间的落差。从这个意义上说，实现县乡村公共品供给均等化，解决县域内部产业空心化危机，将能够有效缓解"突围式"城镇化给农民家庭带来的负担和城镇化压力。因此，在中西部地区，农民家庭为了维持城镇生活，在空间上往往分布在三个不同的地方，一般是父母在老家务农，丈夫在大城市务工，妻子在县城陪读。

在"突围式"城镇化模式下，县城的城镇生活之所以能够维持，是因为能够获得来自农村和大城市的资源支持，从而形成外输型城镇化类型。从县域内部看，农民虽然通过买房实现了进城目标，却无法居住于县城，即使住在县城陪读，放假时也要回到农村，以尽可能减轻居住县城的消费负担。而从当前来看，传统型乡村农民家庭中有能力进城买房的占比不大，因此，虽然县城房子一栋栋拔地而起，但是到了夜晚却看不到几盏明灯，陷入了买房热热闹闹，人气却十分不足的尴尬境地。

综上，以江苏为代表的东部地区，受长三角区域性市场经济中心辐射，县域工业资源丰沛，就业体系健全，中青年和低龄老人均可实现务工增加家庭收入，实现了"离土不离乡"的高度城镇化，以"工薪式"城镇化为实践；以江西为代表的中部地区，县域工业资源受到产业转移红利和部分先天性县域资源条件局限的影响，可实现中青年在县城的务工机会，低龄老人则以务农为主，打零工为辅安排生产，形成了"不离土且不离乡"的中度城镇化，以"两栖式"城镇化为实践；以山西县域为代表的西部地区，县域工业二、三产业结构尚不健全，发展时间短，极少务工机会，中青年中的男性劳动力在大城市务工，妻子在县城陪读，低龄老人退守农村进行自给自足的农业生产支持子代家庭，形成了"离土且离乡"的低度城镇化，以"突围式"城镇化为实践。总体来说，以江苏、江西和山西为代表的东部和一般中西部地区，围绕进城买房、教育和婚姻均实现了县域城镇化的数量规模，但是由于区域性市场经济辐射、县域工业资源和县域农业资源三方面造成的产业基础差异，不同区域的农民县域城镇化程度和质量也不等。

第六章　县域城镇化实践与城乡
一体化构建

第一节　县域城镇化与"经济系统—社会系统"关系的逻辑转换

我国城镇化起步较晚，但是在较短期内实现了乡村社会向城镇社会的快速流变，实现了城镇化规模、速度和量上的突破。基层现代化转型背景下，县域城镇化不仅改变了乡村社会生态，更深刻影响了县域经济社会秩序。通过前文的分析表明，乡村社会与县城社会生态系统都是县域城镇化的均衡关系的建构，但在实践中，尽管以县域为载体的城镇化把城乡社会协调发展作为目标，却由于不同的产业基础，导致县域城镇化带来的城乡经济系统与社会系统关系的逻辑并不完全相同。以下对不同经济系统与社会系统关系下的县域城镇化实践逻辑进行分析。

一　县域城镇化：经济与社会的互动性关联

在县域城镇化进程中，乡村经历了经济变迁、社会转型和文化重构，具体表现在：经济结构由以农业为主转变为以非农业为主，城乡社会结构经历乡村人口比重逐渐降低和城镇人口比重稳步上升过程，文化重构则表现为农民的生活方式逐渐转向市民化生活方式的过程①。

---

① 顾朝林：《改革开放以来中国城市化与经济社会发展关系研究》，《人文地理》2004年第2期。

县域城镇化并不是单向度的经济发展，既不能脱离经济结构谈社会发展，也无法脱离社会结构谈经济发展，而是在乡村社会向城镇社会的变迁过程中实现经济社会的协调发展，并推进经济发展程度较为薄弱的乡村社会现代化，形成了"经济系统—社会系统"关系结构。乡村向城镇转型过程中的经济与社会的关系在县域城镇化中实现关联，以此为基础的城乡一体化发展决定了两者互动的形式与关联的模式。

县域城镇化中的乡村社会经历了两重变迁。其一，在产业结构上呈现去产业化的特征。人口流动的高速城镇化背景下，一些地方小镇的低端产业正在面临淘汰，乡村社会稳固的社会结构被打破，个体和家庭都进入同一市场，劳动力成本提高，人际陌生化，乡村产业发展的传统社会结构优势消弭，其维持产业基础的传统社会结构受到冲击，一些县和乡村出现了产业空心化问题。传统时期，农民以乡村为生活单位，乡村产业具备完整的产业空间，而最近十年来，城镇化发展带来了乡村空心化，农民从乡村进入县城，逐渐以城市生活为主，农民的整个生活逻辑就变成市民化逻辑，乡村社会资本（社会资本：指产业长期发展以来形塑出的地方社会规则，包括家庭秩序、生产秩序、市场秩序、社会制度、环境和文化观念等，这一套社会规则反过来又支撑起乡镇产业的发展）被打破，年轻人（二代农民工）生活、休闲、教育期待、生活方式都城市化，觉得进厂不体面，宁可闲着也不进厂，进城就要过体面的生活，期待拿高工资、进体制或者当白领，即使打工也要到大城市打工。有些地方，政府唯政绩指向打造房地产市场经济，不计代价透支农民消费，推动农民进城，破坏了乡村社会的完整生态系统，乡村经济社会系统没有了产业基础，造成产业空心化的危局。在此，笔者认为，当前重视乡村产业并不是要与城镇化的时代主流相悖反，而是透过乡村产业理解基层社会转型中的乡村社会秩序。乡村产业空心化的直接后果在于，农民失去了赖以支撑的进入县城生活的产业基础，也就无法支持个体和家庭落脚县城生活。因此，失去产业基础的城乡社会导致县域城镇化成为一种被动的城镇化。

其二，乡土社会的生活方式和生活结构是城乡社会的重要组成部分，构成县域城镇化的重要社会机制支撑。前已述及，不同于西方发达国家建立在工业化基础上的城镇化，中国的城镇化是优先于工业化发展起来的。在中国县域城镇化进程中，农民以乡土社会为生活和生产单位，形塑了较为稳固的基层流动市场，并且以生产市场维系了消费市场，为市场化的进一步扩大提供了经济基础。从县域社会看，乡村市场的进一步扩大就是县城生产和消费市场的发展空间。随着农民生活水平的提升，县域市场的完整性越发充分，由县域城镇化推动的县城建设可以为乡村社会发挥更好的经济服务功能。可以说，乡村社会系统内部的生产生活方式与县域经济发展形成了相得益彰的效果，共同构成了县域城镇化的动力。其机制在于，一是依托于社会系统保留了生产主体和消费主体，留守乡土的农民成为乡村产业和县域生产的重要人力资源，他们得以通过嵌入本地市场获得非农化经济来源；二是通过县域市场对乡村市场的吸纳，推进了乡村社会向城镇社会的流动，从而带动农民进入城镇生产生活的县域城镇化进程。因此，经济系统和社会系统两相结合，两套机制同时发挥作用，成为县域城镇化的重要关联机制。正是在这个意义上，县域城镇化并不只是指单纯的城镇社会对乡村社会的吸纳，从经济与社会关系的角度，它在更为根本的层次上维系了县域城乡社会的流动秩序，推进了城乡社会一体化。

可以看到，经济系统与社会系统是县域城镇化的两重基本属性，这使城乡社会不仅是农民生产生活的公共空间，更为形塑城镇与乡村的均衡发展提供了可能。正如有学者指出，县城在城乡流变社会中建构起了城市与乡村之间的第三极①。这一第三极最突出的特点与作用就表现在，它兼容了乡村社会融入城镇与城镇吸纳乡村的双重开放性，允许农民在经济系统与社会系统这一互动空间中做出主体性选择和保持与城乡社会的密切互动。农民融入城镇的主体性在于，当乡村社会有完整的产业生态结构时，农民既能够获得生产资源的保障，维系家庭结构和生活单元的完整性，又能够以此为基础支撑起进入城镇享受更优质公共服务的经济基础。由此，城镇与乡村社会内部就能够

---

① 桂华：《城乡"第三极"与县域城镇化风险应对——基于中西部地区与东部地区比较的视野》，《中州学刊》2022年第2期。

依靠经济与社会系统的互动性关系展开有秩序的流动，推动基层社会的现代化进程。质言之，县域城镇化作为一种生活方式，涉及农民进城以后的生产、消费、教育、居住等，并且在农民县域城镇化的实践过程中受到社会系统的介入与影响，必须有能够支撑起这一套生活方式的经济基础来维系均衡的城乡流动秩序，正因此，农民县域城镇化主体实践性的互动关系将在很大程度上影响城镇化质量和乡村社会现代化程度。

从这一角度看，经济系统与社会系统的互动性关系对于县域城镇化具有重要意义。本书的第三至五章在对不同产业基础的乡村社会县域城镇化进行分析的同时，也对这一组关系进行了反思，下面将经济系统与社会系统的互动关系对县域城镇化的影响总结为以下两个方面。

其一，建立乡村经济社会生态与县域城镇化的有机关联。在县域城镇化进程中，乡村社会向城镇社会的流动是由社会结构维系的一套经济基础作为支撑来建构的生活方式，而这一套生活方式反过来又使得乡土社会的经济基础得以维系和发展。尽管不同乡村地区的经济社会生态各有差异，但是不同的经济基础对应不同的生活模式，农民县域城镇化恰恰建立在乡村社会内部的产业基础之上，将分散的农民组织起来，嵌入非农就业体系中，形成了县乡范围内的流动市场，推动了农民家庭向县城流动。也正是在这一意义上，以农民为主体实践的县域城镇化不是城乡结构的二元分立，它既是乡村社会现代化发展的结果，也是城市建设的延伸。国家事实上是将城市公共服务体系的溢出以均等化的方式来实现城乡居民共享社会发展成果的目的，以县城为载体的县域城镇化则是实现城乡社会协调发展的有机整合体系。正如有学者指出，乡村的发展逻辑并非一个由工业化与城镇化主导语境下所定义的不断追赶城市的"线性发展过程，随着未来中国城镇化红利的不断释放，乡村应当成为重要的受益者"。①

其二，实现城乡社会流动的均衡秩序，并维持经济系统与社会系

---

① 申明锐、张京祥：《新型城镇化背景下的中国乡村转型与复兴》，《城市规划》2015年第 1 期。

统的协调关系。在基层现代化转型背景下，将县域作为载体承接农民城镇化的去向，是由中国的现实国情决定的。一方面，中国自然资源分布和经济发展程度的区域差异决定了中国推进城镇化的先天条件是千差万别的；另一方面，外部环境的变化，如改革开放和经济体制转型影响着乡村社会与城镇社会的互动。这两个因素都导致了中国的城镇化改革和走向具有自己的特色。但是更重要的是，县域城镇化依托于县域城乡社会保持了经济—社会的两重属性，并客观上使乡村社会向城镇社会的流动依赖于经济社会基础的支撑，尤其是产业基础作为经济系统与社会系统互动的元素凸显出来，成为影响县域城镇化的关键。由乡村社会结构维系的人力资源、非农化要素成为产业经济发展的重要条件。在经济市场与社会结构互动过程中，经济与社会两方面共同构成了县域城镇化的支撑力和延伸空间，如果缺乏产业基础以支撑农民主体性进城，县城与乡村社会将产生更大的张力，导致农民被动进城的后果。因而，县域城镇化的政策制定要重视实现农民有主体性的进城，即实现人的城镇化目标，在乡村社会的产业基础上推动县域城镇化，并与农民实际生活方式和经济基础相契合。这一过程正是通过县域城镇化实现了撬动社会结构要素以动员产业经济发展，农民基于一定的经济基础有主体性地选择生活方式，由此，农民经济基础和生活方式实现了匹配。只有当农民经济基础与生活方式相匹配的情况下，农民才能负担起一种生活方式的选择。换句话说，县域城镇化作为农民的一种生活方式，其背后需要一定的经济基础作为支撑。由此，经济与社会的互动形塑了县域社会内部的有机循环，进一步构成了城乡社会均衡发展的条件。

总结来看，县域城镇化中经济与社会的关联是实践县域城镇化战略和推进城乡一体化发展的重要抓手，而产业基础正是乡村经济与社会互动产生的交集点，既实现了城乡社会结构的动员，即组织流动的农民和分散的市场要素资源，更推动了非农就业体系的转型升级，使得农民可以在地化实现等同于外部市场的经济参与，最终形塑较为完整的生产和消费市场。因此，可以将县域城镇化体系下塑造的经济与社会关系转化为城乡社会互动性关系。它强调的是经济基础与生活方式的适配，是农民有主体性实践的互动性城乡关系，即基于一定产业基础的城镇吸纳和有主体性的农民城镇化融入。而且，相比于脱离于经济基础的"速度"城镇化，这一互动性关系视域下的城镇化策略将具有更为灵活的适应性。

二　县域城镇化风险与政策反思

县域城镇化与传统保护型城乡关系下的城市化差异很大，县域城镇化是以县城为载体且高度依赖城市—乡村两级支持的乡村与城镇的互动状态。相比于乡村社会，县城公共服务体系更加完善、市场经济区位较好，因此，县城在发展过程中对乡村社会资源形成汲取，吸纳乡村社会向县城流动，大部分农民在经济资源有限和进城刚性需求的张力下，把县城作为实现进城目标的目的地。不同于经济与社会系统互动性关系下建构的农民有主体性的城镇化，刚性的城镇化则更加强调县城完成对乡村社会的吸纳。从前文第三到五章的多案例分析中可以看到，县域城镇化要建立经济与社会的互动性关系必须同时完成产业生态的非农体系转化、社会经济剩余的内生和激活这两个基本内容，只有实现两者的共存才能带来经济与社会互动性关系的建构。县城相比大城市而言，普遍存在产业体系不健全和就业空间不充足的问题，导致工业化发展与城镇化发展水平失衡，这为县域城镇化的风险埋下了伏笔，具体可以从以下两个方面进行分析。

其一，县域城镇化扩张与县域市场非完整性的张力所带来的挑战。从现阶段看，乡村社会向县城的流动仍处在增速状态，县域城镇化规模也在不断扩大。这直接带来了县城建设中的"开发"热潮，尤其表现在对房地产项目的建设，以及其配套的教育、医疗资源的建设。短期内可以看到，这样一种县城建设浪潮对乡村空心化的巨大影响，带来了乡村社会的衰败，造成了农民家庭刚性进城的负担。然而，从长期看，甚至是当下已经开始出现的问题是，县城过度开发造成的公共服务体系饱和所造成的资源浪费，一项网络平台公布的数据显示，中国目前所建造的房子可供38亿人居住，县城的过度开发由此可见一斑。此外，由于产业基础缺失造成的县域产业体系不健全带来了生产市场和消费市场的双重贫瘠，随着买房潮进入县城的人口根本无法依托县域就业空间寻找到就业机会，因此，即使农民进城买房了也因为没有收入来源无法安心住在县城，即买房潮背后是县城人气的冷清。县域生产市场不足导致了消费市场的颓靡，不仅对农民生活造成负担，还对县域经济发展带来挑战。

其二，县域城镇化造成农民负担加重，影响社会公平稳定。县域城镇化的快速推进，不仅吸引了外部市场资源对县城公共服务体系的投资和建设，还吸纳了乡村社会优质的社会资源进入县城，带来了乡村公共服务体系的衰败，显化了城乡二元结构状态，背离了县域城镇化初衷。在此过程中，乡村与城镇分化为优劣明显的两极市场，造成了乡村社会成为教育、婚姻的洼地。很多农民即使没有能力进城也想方设法送孩子进城上学，部分家庭为了儿子能娶上媳妇，借钱贷款也要进城买房。然而，大部分人进入县城却无法在趋于饱和的正规就业市场中找到可以匹配城镇生活方式的工作机会。这加重了农民的焦虑感和生活负担。他们不得不在异地大城市打工以支撑起城镇化成本，这进一步导致了县域社会人口的流失，削弱了产业基础。刚性的县域城镇化是超越于乡村社会现阶段的经济基础的，脱离了农民生产生活的实际现状，从而不得不依赖外部力量来供给县域城镇化，造成城乡差距拉大，影响县域社会内部的公平稳定秩序，冲击了乡村社会对农民家庭和城镇化负担的兜底功能，使得县域城镇化风险显现。

可见，县域城镇化需要基于城乡社会内部经济与社会互动性的关系来践行，不仅需要稳定城乡社会结构秩序，还需要合理均等分布城乡公共资源。相比于异地城市化的不完全融入状态，县域城镇化更加需要在县城与乡村双向互动中形成经济基础与生活方式的契合，当县乡社会中城乡一体化结构失衡时，县域城镇化就出现了城镇化半融入的样态，造成县域城镇化风险。要实践县域城镇化，达成城乡协调发展目标，就需要精准定位县域社会在城镇化进程中的功能，在经济与社会互动性关系基础上建构城乡一体化，从而解决县域城镇化存在的风险问题，减轻农民负担，保障县域社会稳定公平的秩序，最终实现以县城为载体的新型城镇化。

为此，笔者提出，第一，要因地制宜，基于不同产业基础的乡村社会，合理制定城镇化策略。从实际需求看，要通过发展相关产业来完善县域社会产业结构和非农就业体系，留住县域人口，完善县域产业链，构建较为完善的生产市场和消费市场。从本书第三到五章的分析可以看到，工业型乡村和半工半农型乡村都具有较为稳定的产业基础，为本地农民就地县域城镇化提供了经济基础，因此，这些地方的农民进入城镇的同时还可以依托本地就业市场支持其城镇化生活方式，不仅推动了农民自主进城，还带动了县域产业提升和经济发展。然而，从我国现阶段国情来看，传统型农业乡村仍然占全国乡村数量的大多数，即多数乡村地区社会资源外流严重，无法支撑起本地产业体系的建立，造成产业基础贫弱。在此种情况下，县域城镇化的推进就不应该盲目追求速度和开发，其结果会造成县域建设重复和过度，带来负债和资源浪费问题，而是应该立足于当地实际情况，挖掘地方特色和优势，积极发展地方产业，重构非农经济社会秩序，进而推动县域城镇化和乡村社会现代化转型。

第二，要立足稳定公平社会秩序，均等布局城乡公共服务建设体系。一方面，大多数普通乡村，由于受到自身经济发展水平和自然资源禀赋的客观条件限制，其公共服务体系建设已经处在完善和更替阶段，难以匹配处在现代化转型过程中的农民生活方式需求；另一方面，县域社会其本身处在较好的市场区位，公共服务体系优于乡村社会，但是其实际承载人口与实际资本投入错位，造成公共服务项目使用过剩，这些均不利于县域社会城乡一体化结构的建设。从长期来看，县城人口承载量有限，乡村社会必然也要承担起相应的社会功能。因此，在县域城镇化进程中，要合理均等化布局城乡公共服务体系资源，避免通过房地产开发与公共服务配套的形式来推动农民县域城镇化。也正是在这个意义上，从产业基础着手建构城乡社会流动的均衡秩序，是推动县域城镇化和提升农民生活水平，实践新型城镇化战略的可选择思路。基于产业基础对新型城镇化的影响，可以将县域城镇化中的经济与社会关系称为"城乡均衡一体化结构中的互动性关系建构模式"，这区别于脱离经济基础而盲目推动的县域城镇化模式。

第二节　中西部地区县域城镇化面临的问题

县域城镇化是农民实现家庭整体向上流动和家庭阶层跃升的重要

途径①，农民在城镇化过程中实现了家庭资源整合，完成县域城镇化的家庭发展目标。但是城镇化的正向效应反馈是有一定限度的，尤其是对一般中西部地区农民来说，农民家庭依靠进城实现"市民化"②的角色转化困难重重，显然无法真正改善家庭生活质量，也无法通过农民县域城镇化来实现县域经济发展目标。学界多数研究认为，城镇化的衡量标准在于农民进城的规模、速度和比例，农民进城速度越快、规模越大、比例越高，则城镇化发展越好，水平则越高，但是"量"的多少真能够决定质吗？县域农民进城的生活质量究竟如何呢？又要如何实现农民城镇生活质量与县域经济发展的平衡呢？长期来看，县域城镇化可能面临一些问题，并使得农民陷入城镇化背景下的家庭转型负担中。概括而言，中西部地区县域城镇化面临的问题主要表现为：家庭资源投入内卷、农民家庭传统代际伦理受到冲击、家庭生育意愿的主观抑制和城镇化中的策略问题。

一　家庭资源投入内卷

美国人类学家吉尔茨认为，一种社会或文化模式在某一发展阶段达到一种确定的形式后，便会出现停滞不前或无法转化为另一种高级模式的现象，并称之为内卷化③。黄宗智④把内卷化这一概念用于中国经济发展与社会变迁的研究，他把不断投入产出获得总产量增长的边际效益递减的方式称为没有发展的增长，即"内卷化"。农民县域城镇化，尤其是一般中西部地区农民家庭进城，为实现城乡向上流动投入了大量家庭资源，这些资源投入一般超出了农民家庭在乡土社会的投入。

在乡土社会，农民在衣、食、住、行方面可以做到缩减开支，依

---

① 李永萍：《家庭发展能力：农村家庭策略的比较分析》，《华南农业大学学报》（社会科学版）2019 年第 1 期。

② 吴文恒、李同昇、朱虹颖、孙锦锦：《中国渐进式人口市民化的政策实践与启示》，《人口研究》2015 年第 3 期。

③ 刘益东：《面向用户的开放评价与一流学科建设——从"以尖识才"力破"五唯"开始》，《科技与出版》2021 年第 2 期。

④ 黄宗智：《长江三角洲小农家庭与乡村发展》，中华书局 2000 年版。

靠土地资源自给自足，家庭资源积累足以应付家庭生活开支，还能实现资本储蓄和节余。农民进城之后，从乡土社会进入城市生活圈，家庭资源投入面向城市消费，增加了日常的水、电、煤气、物业费用等方面的分散性开支，以日常消费替代了自给自足的家庭资源投入。按照农民家庭两个劳动力在外务工一年收入在 6 万元—8 万元的平均收入水平计算，农民家庭收入可以支持城镇生活的日常性开支，基本实现收支相抵。

同时，除了日常家庭资源投入以外，还有城市教育、购房等大宗消费的开支。农民家庭的城镇化伴随着教育城镇化，即农民进城的家庭目标之一就是送孩子进城上学。由于公立学校名额所限一般很难进，家长往往要交一学期 1 万元的学杂费送孩子进城里的私立学校。此外，在一般中西部地区的婚姻市场竞争下，进城买房成为刚需，"不买房，孩子就娶不上媳妇"，而且婚礼花销也不菲，买房、装修、婚庆、彩礼等费用集中性开支达到了 50 万元以上。在豫北县城调研发现，年轻人结婚必须得在县城有房子有车，房子首付需要 30 万元，汽车需要 20 万元，加上彩礼 50 万元和其他一些婚庆花销，总计不下100 万元。可以看出，一般中西部地区家庭资源积累能力不足以支撑起城镇化超出家庭能力范围的家庭资源投入，家庭资源的城镇化支出与农民工家庭收入失衡，表现为透支性消费和提前消费，加重了农民的经济还贷压力，不但生活质量没有明显提高，反而增加了家庭经济负担和负债压力。

从一些中西部乡村地区的调研实践看，一部分农民家庭进城买房的主要驱动力来自对下一代教育资源的关注，还有不少农民家庭最近几年进城买房是为了提升子代在婚姻市场的砝码，以完成子代结婚的人生任务。无论是下一代教育还是子代婚姻大事，农民家庭用一笔本不属于刚性家庭支出的消费进城买房支撑起了部分中西部地区县乡社会的城镇化。在教育体系衰退和婚姻市场劣势背景下，农民家庭蜂拥买房进城已经成为乡村社会的某种符号意义，使农民被动"自愿"进城买房。

显然，类似于这种城镇化模式在很多中西部县域社会情况非常普遍。农民的被动性主要由于，一是大部分中西部地区乡村社会基层市场足以满足乡村农民的需要，约定俗成的集市市场①与农民对物质需求的购买形成了长久的默契，县域消费市场其实不在乡村农民家庭的选择范围内，它们所欠缺的只是生产市场，即县域生产市场提供务工机会，吸引农民家庭入城，提高农民家庭收入，在此过程中所获得经济剩余，使得农民家庭可以到更高一级的县域市场消费；二是乡村农业生产体系能够为农民家庭提供粮食、果蔬、家禽等日常生活所需，实现自给自足的生活节奏，即使家中不种田了，一些低龄老人可以依靠子代外出务工的经济支持和国家福利政策满足基本生活需求，而这对于传统乡村农民家庭的节约型生活方式而言也已足够。对于打工回到家乡的农民工来说，县城终究不是落脚的地方，他们在家待不了多久就又要出门挣钱。在城市陪读的妇女为了减轻家庭负担，周末都会选择回到村里，"能少花一点是一点，回了家还能带一些干菜去，也算是省钱"。

事实上，随着国家市场经济发展，农民收入水平提高很快，支持下一代进城上学或者在城里买房子作为婚房对大部分中等收入的农民家庭来说是负担得起的，关键是进城之后呢？尤为突出的是，大部分农民负债进城买房后却无法长期居住在城，造成县城房子闲置。原因在于县城没有完成产业化，即产业化与城镇化不相一致，导致农民无法在县城找到工作。随着农民家庭从乡村教育的均质化进入城镇教育的多元分化，农民家庭对下一代教育的资源投入增加，农民家庭亲代教育逐渐代替了传统隔代教育，在教育方式上趋于市民化，陷入资源内卷的负担和教育焦虑中。不仅如此，一些地方政府看到农民买房带来的直接 GDP 政绩，纷纷看中县城房地产这块"蛋糕"，以开发房地产和兴建学校不断推动农民进城，导致房地产市场早已超过农民所需，成为名副其实的鬼城。有的农民年初买的房子 10000 多元/平方米，仅仅过了半年，房价跌到 7000 多元/平方米。这样的事例在很多中西部地区县城并不是个案，质言之，盲目追求城镇化规模或速度，忽略产业化发展，不仅造成农民家庭个体资源的耗散，而且造成了国家资源的浪费。

---

① 潘维：《农民与市场——中国基层政权与乡镇企业》，商务印书馆 2003 年版。

二　农民家庭传统伦理代际关系被冲击

中国家庭伦理在现代化转型过程中发生了诸多变化，呈现出不稳定特点，在代际关系上，以子代为核心小家庭与以父辈为核心的大家庭独立性越来越强，长幼之间的伦理规则弱化。在夫妻关系上，传统以性别为准则的分工原则逐渐被家庭综合利益最大化标准下的灵活配置代替，女性在家庭和社会分工中的影响逐渐扩大①。现代性力量进入传统社会必然会引起原有社会结构的变化，造成对传统伦理关系的多层面冲击。

在城镇化过程中，农民家庭由简单家庭再生产向扩大化家庭再生产转变，为了实现家庭发展型目标，不得不对家庭策略进行调适，在此过程中，无论是夫妻关系还是代际之间的关系都围绕城镇化的目标进行调整，其核心在于支持子代家庭实现较为高质量的城镇化，不仅可以实现进城买房，还能够在县城安居。有学者指出，家庭内部老人赡养资源出现了自上而下供给不足转而出现老人自养的现象，其中缘由并不是伦理规则的约束性弱化所致，而是由于家庭现代化转型背景下的家庭资源配置流向发生了转移，即由传统伦理关系中的孝道文化主导的"亲代优先"原则转变为"恩往下流"的原则②。在这一转型过程中，存在着农民家庭扩大化再生产和家庭生产能力有限的张力，尤其是父辈进入退养阶段，理论上可以做到完全退休的状态，但是大部分家庭的低龄老人为了减轻子代对亲代的赡养压力和尽可能支持子代完成家庭城镇化目标而进入"退而不休"的状态③。

可见，农民县域城镇化是父代家庭和子代家庭资源整合的再生产实践，而地方产业生态结构和社会经济剩余是影响这一家庭合力的重

---

① 李云峰：《中国家庭伦理共同体的时代变迁、现状审视及逻辑建构》，《伦理学研究》2022 年第 1 期。

② 狄金华、郑丹丹：《伦理沦丧抑或是伦理转向？现代化视域下中国农村家庭资源的代际分配研究》，《社会》2016 年第 1 期，转引自吴小英《寻找韧性：代际实践中的情感转向与伦理再造——评〈活在心上：转型期的家庭代际关系与孝道实践〉》，《妇女研究论丛》2021 年第 4 期。

③ 李永萍：《新家庭主义与农民家庭伦理的现代适应》，《华南农业大学学报》（社会科学版）2021 年第 3 期。

要因素。以江苏水镇、江西唐镇、山西新乡为例，从村庄社会结构的区域差异来看，作为团结型结构的江西唐镇乡村社会农民家庭代际合力最强，江苏水镇和山西新乡的代际合力次之，需要说明的是，这一比较方式是基于村庄社会结构的理想类型进行划分，实际上排除了市场资源因素对农民家庭代际合力的干扰。因此，结合市场资源和村庄社会结构差异看，江苏水镇的代际合力是最强的，江西唐镇次之，山西新乡最弱。

农民县域城镇化在一般中西部地区表现为两代人通过整合家庭代际合力实现的城镇化，即通过整合家庭两代人的资源实现接力式的城镇化①。其中，家庭伦理代际关系连接了父—子—孙三代人的血脉关联，父代作为一代农民工进行家庭资源的原始积累，返乡后留守农村稳固后方，继续以农业和缩减家庭开支完成大家庭人生任务和支持子代小家庭的发展，呈现出联合式家庭再生产②的家庭发展模式，代际资源遵循"恩往下流"的行动逻辑传递，家庭继替式发展得以实现。但是在这个过程中，由于子代小家庭城镇化目标导向和家庭发展目标扩大化，子代家庭发展压力蔓延到父代家庭。这样一来，从下往上的资源回馈阻断，给父代退养阶段的生活造成了重要影响，退而不养成为常态。由于子代养老的资源回馈能力限制，低龄老人即使完成人生任务还要为自己的养老生活继续奋斗，在工地上打工，挣"血汗钱"，"青壮年劳动力一般吃不了这部分工作的苦，不愿做"，部分老人成为"老漂"进入城市负责子代家庭家务和孙辈照料，"干到干不动的那天就不用干了""那老到不能动了，谁来养老呢？""不能动了就要子女来养，能动就不要他们养"（笔者与一位67岁仍在建筑工地上务工的老人之间的对话）。一般中西部乡村地区农民城镇化发展过程中，农民家庭进城的同时无法实现两代人同时进城，造成老人与子代的空间分离，自养阶段后的失能老人的生活照料无法得到保障，村庄空巢老人以及独居老人的养老问题已不被家庭传统伦理代际关系保

---

① 王德福：《弹性城镇化与接力式进城——理解中国特色城镇化模式及其社会机制的一个视角》，《社会科学》2017 年第 3 期。

② 黄佳鹏：《联合式家庭：新冠肺炎"家庭聚集型"传播及其防控的经验启示》，《中国农业大学学报》（社会科学版）2020 年第 5 期。

护，村庄公共舆论约束也不再起作用。可以说，农民家庭城镇化压力之下，子代资源回输能力与城乡空间分离的家庭结构冲击了传统的家庭伦理代际关系，家庭代际关系异化趋势明显。

从现阶段大多数县城的发展情况来看，占全国数量多数的广大中西部地区县域范围内未能发展起较为完整的产业链，这与东部沿海发达地区产业向内陆地区转移处在同一个时期，但是从现实情况来看，由于大部分县域地区产业基础不够完善，县乡劳动力长久以来处在流失状态，产业空心化和人口空心化严重，从而不存在相对应的经济基础来承接发达地区市场经济产业转移。因此，在廉价劳动力市场缺失、产业链条不完整、付给工人报酬相差无几的情况下，以产业转移激活中西部县域市场经济红利，短期内无法兑现，即广大中西部县域生产市场不是简单的外部市场嵌入问题。

基于江西唐镇的家具产业考察来看，凭借广东与江西南部接壤的地利优势，江西赣南地区是 20 世纪 90 年代打工潮的劳动力外输区域。随着打工经济的开放，20 世纪 90 年代中期，赣南地区以南县为中心区域就开始了创办家具厂的潮流，从而形成了类同于广东佛山、顺德等家具工业前沿区域早期发展的规模，并顺利承接了珠三角沿海的订单，逐步发展起了完整的产业链，成为中部地区家具产业第一城，带动了县域经济发展。

可以看到，唐镇所属南县的县域家具产业发展除了外部市场经济助力之外，还在于县域内部两方面因素的促成。一方面，90 年代脐橙产业的发展留住了大批劳动力，为家具工厂提供了重要的劳动力支撑；另一方面，南县在集体经济时期建立了木匠生产队，最初是为了给集体建造房子和简单的生活用具，后来成为当地人重要的谋生手艺。由于当地学徒制的手艺传承，80 年代，大部分人都学到了基本的木匠技术，形成了村村有木匠的手工业格局，这为后来本地家具工厂规模化涌现和市场经济效益提升赋予了技术基础，也正是基于农业产业支撑起的劳动力市场和传统木匠手艺人的技术传帮带，当地县域家具产业才得以建立，农民买房进城的同时还可以进入本地务工市场打工，支撑起教育城镇化和婚姻城镇化，县域经济市场活力较好。

相比较而言，光靠外部市场转移而缺乏内部产业承接基础的大部分中西部地区，没有小农生产体系支撑起的劳动力市场，也没有传统以来持久传承的技术手艺作为技术支撑。所以，县域产业发展薄弱，农民家庭进城买房的同时，无法通过本地务工来支撑婚姻城镇化和教育城镇化。甚至在教育城镇化越发强调家庭教育在场的背景下，不得不从家庭青壮年劳动力中抽离出一个女性劳动力全职陪读，男性劳动力继续在发达城市地区异地务工，老人留守农村的"一家三制"局面。这不仅打破了完整的家庭生活结构，使代际间和夫妻之间均处在空间分离局面，而且面临家庭积累和家庭发展效益的两难境地，冲击了原有的家庭伦理秩序。

三　家庭生育意愿的主观抑制

受到当前复杂和不确定的人口环境影响，我国根据国情采取了阶段式且有针对性的生育政策，从取消间隔年生育政策到放开二胎，再到推行三胎政策，在调整限制和鼓励生育的过程中满足了不同群体的生育需求[①]。然而，在生育政策越来越开放的背景下，却存在农民家庭生育意愿和家庭发展意愿之间的张力，在家庭发展型目标升级，城镇化压力较大的背景下，发展型家庭目标对家庭资源的集中配置提出更高要求，多孩生育面临资源挤压[②]。在此过程中，农民家庭围绕核心家庭发展型目标转向了生育策略上的理性化，表现在教育压力、照料压力和女性生理压力下的生育意愿降低。市场经济背景下，农民家庭城镇化目标实现分为买房进城和就业在城两个阶段，在此过程中，农民进入县城能够有产业空间以匹配生产市场，并最终支撑起县域消费市场。因此，进城意味着投入城镇生活的消费成本和亲代参与下一代抚育投入的时间精力的付出，这不但需要一个正规就业和非正规就业相结合的务工市场来支撑一对夫妻的经济积累，还要能够在生产之外兼顾下一代抚育的任务，这就对县域内产业结构、家庭劳动力配置方式、劳动力数量、劳动力质量等提出了更高的要求。

---

① 石智雷、邵玺、王璋、郑州丽：《三孩政策下城乡居民生育意愿》，《人口学刊》2022年第3期。

② 毛一敬：《"全面二孩"何以不"全"？——家庭转型视角下农村青年生育意愿研究》，《湖北行政学院学报》2020年第5期。

传统的生育观念秉持着：一是必须要生儿子，重男轻女观念强，没有儿子就是绝户，因此如果头三胎是女孩，那么还会生四胎；二是追求儿女双全，所以生了两个儿子，也还要再生一胎女儿。但是在教育成本普遍较高的情况下，由于房价的攀升导致婚姻成本进一步上升，年轻人消费升级，"90后"生育观发生变迁，少生甚至不生的声音越来越多。在现代化、城镇化的浪潮下，传统家族观念正在逐步瓦解，同时伴随着精细化教育所带来的养育成本的提高，这两方面共同导致了生育率一降再降。家庭生育意愿往往受文化价值因素的影响，但有了生育意愿却并不一定会导致生育行为，生育意愿和生育行为之间的张力越来越体现在"生得起但养不起"这一现实境遇上。以教育为例，当前中国教育的两个阶段——儿童社会化阶段和竞争流动阶段——并非完全割裂的，教育的阶段性是以连续性为基础的，这意味着教育的竞争面向必然从高中阶段向下传导到义务教育阶段。竞争带来的是家庭的教育焦虑和竞争的恶性内卷。实际上，农民对多子的态度已经发生了由喜转忧的彻底改变。调查中村民讲过关于两个三胎家庭的故事，两家头胎均是男孩，二胎都是双胞胎男孩。第一家双胞胎出生后，偶遇同村人向他道喜，他非但不喜，反过来认为别人是看不起自己，"感觉别人好像说他养不起三个男孩，看他笑话"。第二家生育三子的母亲只有33岁，公婆和丈夫都在经营茶叶生意，她独自一人带孩子，由于三子压力大，再加上生育后的生理反应，年轻母亲在孩子哭闹时心烦不已，不仅不哄抱哺乳，还踢了孩子一脚。年轻一代生孩压力增大不仅与其个体生育观念有关，还与城镇化背景下的家庭经济负担和新时代家庭转型背景下抚育成本急剧上升相关。

在市场经济不断发展和城镇化的快速发展进程中，农民生育策略的调整集中体现在隔代抚育向亲代抚育的转变，这对年青一代夫妻的生育策略产生了深远影响。以占全国数量多数的广大中西部地区农民家庭看，"60后""70后"与"80后""90后"在下一代抚育上明显表现出区别，"60后""70后"夫妻在下一代抚育上以隔代抚育为主，在城镇化进程中表现为隔代陪读，其家庭分工模式为，孙辈上学期间，农村女性老人陪读，男性老人留守村庄，夫妻双方打工挣钱，因此，县域范围内的老人隔代陪读形成周末夫妻和单干户现象。县域范围之外，老人进城则产生"老漂"现象。隔代陪读的教育城镇化目标是对下一代的生活照料与管理，表现为生活抚育型的家庭教育再生产，在孩子学业上表现出一种顺其自然心态，孩子成绩好就是带得好，成绩不好就把原因归结为天赋不好。但是随着小家庭的资源积累到一定程度，亲代会在关键节点回归家庭承担起学业监督的责任，形成家庭合力陪读的教育城镇化实践，即女性老人和年轻夫妻中的女性一起陪读，男性老人留守农村，男性中青年劳动力继续在异地大城市打工。而以"80后""90后"为代表的年轻夫妻则以亲代抚育为主，在教育城镇化实践中表现为母职回归的陪读教育，即女性劳动力回归家庭，男性劳动力异地城市务工挣钱，老人留守农村，在这种情况下，若县域内产业基础薄弱，则女性无法实现兼业，只能被迫全职陪读，家庭城镇化的经济积累目标只能落在男性劳动力一个人身上。在教育竞争越发激烈的当下，部分家庭为了子代教育，甚至以父母双方回归县域的方式参与陪读。可以看到，广大农民家庭亲代参与下一代抚育的教育城镇化压力和经济负担与当前的开放式、鼓励性生育政策存在一定张力，抑制了年轻夫妻的主观生育意愿。

四 农民城镇化中的策略问题

城镇化快速发展的背景下，城乡社会结构变迁和灵活的就业方式重构了传统雇佣关系，促成新生代农民家庭家计策略的调适。一些欠发达乡村地区因为劳动力流失陷入产业空心化，冲击了农民家庭半工半耕的生计模式，在家庭经济积累与母职回归的家庭再生产张力之间，形塑了农民半脱产城镇化策略。农民半脱产城镇化策略是农民家庭在强发展导向和发展诉求与弱发展能力之间的张力中寻求出路的一种策略性选择，是新生代农民家庭"回归家庭"与"市场社会"的供需矛盾所造成的结果，造成了农民家庭劳动力无法完全融入市场并转化为经济收入增量，导致了农民家庭城镇化突围困境，直接影响到农民美好生活愿景的实现。为破解农民家庭半脱产背景下的家庭发展困境，需要推动县乡村三级公共服务供给均等化，积极吸纳县域新一轮剩余劳动力灵活就业，促进基层社会转型的公平性，缩小城乡差距。

（一）从"半工半耕"到"半脱产"：农民家庭现代化转型实践

涂尔干认为分工越细，个性越鲜明，每个人对社会和其他人的依赖性越深，社会整体的统一性也就越大。县域经济在不同阶段对农民家庭经营策略产生不同的影响。根据不同时期的县域经济特点，文章按照时间先后顺序，把农民家庭在不同阶段的城镇化策略分别概括为完整型半工半耕家计模式、转型中的家计策略和半脱产家计策略。从生产非农化县域经济到消费增长型县域经济再到产业发展型县域经济的乡村社会城镇化进程中，农民家庭实现了灵活的策略性调适，表现为家庭现代化转型实践。

1. 完整型半工半耕家计模式

从县域发展的阶段来看，生产非农化县域经济是县城发展的最初阶段，处在 20 世纪 80 年代至 21 世纪初，县域城镇化还未开始，城乡分化明显。这一时期，无论是消费型经济还是县域生产体系都尚未建立起来，县域劳动力向外流动，在家庭劳动力配置上普遍是祖辈留守农村，父代外出务工的完整型半工半耕。对于祖辈来说，他们缺乏融入务工市场的能力，也难以在当地实现非农化就业，依靠农村土地资源为生并且赚取部分农业剩余价值就是对家庭经济积累的最大贡献。这一阶段的县域就业体系主要有两种，一种是围绕县域基础设施建设的非正式就业工作，比如建筑类、纺织类、手工类的工作，50岁以下的劳动力基本上不会去做这部分的工作，因为既辛苦又累，而且不稳定。青壮年劳动力多数选择工资较高且稳定的工厂务工。另一种是乡镇企业就业。乡镇企业从 80 年代末兴起，90 年代中期开始衰落。鼎盛时期，乡镇企业和当地作坊，如采石场、砖瓦厂，为本地农民提供了就业机会，使本地农民既能从事农业生产又可以务工兼业，增加了农民的经济收入。但是中西部地区的乡镇企业由于发展时间短暂，没能持续解决县域剩余劳动力问题。

在生产非农化发展阶段，农业生产剩余之外的劳动力在本地县域范围内就业空间有限，造成县域劳动力外流。对于第三代教育来说，这一阶段，国家教育承担了知识传播和教育功能，学校承担教育主体责任制，家庭教育并未承担太多的责任。由于学校教育主阵地的位置牢固，乡村教育兜底性作用很强，解放了家庭劳动力，父代可以放心地出远门打工挣钱，长期在外务工，过年才回来，以获取务工收入来支持家庭经济积累和教育开支。在这种情况下，祖辈隔代教育分担了父代家庭教育职责，形成以代际分工为基础的半工半耕的家庭代际间合作模式，从而可以实现家庭经济积累最大化。

2. 转型中的家计策略调整

始于 2000 年初以消费增长型为特征的县域经济发展阶段，不同于县域经济发展的早期市场供需之间的结构关系，它是指城镇化阶段下的县域经济发展，这不仅表现在农业支持县域工业的发展，还表现为县域工业反哺农村。在这个阶段，农民开始进城买房陪读，或者在县城租房陪读。长期生活在乡村的农民家庭面临消费模式的变化，在县城需要支付城镇生活的日常开销，而不同于农村节衣缩食的生活。城镇化过程中，农民要从乡土社会的简单消费转型到城市生活的复杂消费。由于农村人口大规模向城镇社会转移，农民在城镇的生活完全不同于乡村的生活方式，直接推动了县域消费市场的转型升级。换句话说，农村人口转移与县域消费总需求的增加是成正相关关系的①。

从建设阶段过渡到发展阶段，这一阶段的县域经济发展已经初步完成了基础设施建设，随着基础设施建立的完善，商业、房地产、城市教育等消费产业也成为县域发展的新增长点。消费增长型县域经济下，随着农民家庭的消费增加，家庭资源积累的压力也不断加大，更加需要半工半耕为基础的代际合作模式来维持小家庭教育城镇化压力。这一阶段，农村家庭城镇化冲击了乡村教育的完整体系，乡村学生开始流向城镇，部分村小逐渐变成教学点，最终完全撤掉。教育主体从学校主阵地转移到家庭教育，并开始注重家庭在资源上的支持。这部分资源成了家庭资源分配的新增长点，比如县城的住房花费、私立学校花费和陪读等花费。

消费增长型县域经济发展阶段，农民家庭教育负担开始加重、农民城镇化压力显现、农民收入水平提高的同时伴随着家庭再生产成本的增加，特别是在消费增长型县域发展阶段，农民家庭教育成本和城镇化成本均在增加。与此同时，隔代教育中表现出来的强抚养—弱教

---

① 赵润田：《欠发达地区城镇化与县域经济发展》，《理论学刊》2012 年第 11 期。

育功能无法匹配农民家庭教育城镇化的目标。随着教育变迁和目标转型，父代退出务工市场，在关键节点（如初三、高三）回归家庭陪读成为普遍现象，并且在时间周期上有不断延长的趋势。

3. 半脱产家计策略

近十年来，县域经济进入产业发展新阶段，即在消费市场基础上再造生产市场，对接县域产业发展和东部沿海发达地区的第二产业转移，从而形成完整产业链的经济发展期。这一时期，教育竞争逐渐由家庭理念和市场资源决定。农民家庭城镇化嵌入程度加深，加快了学生向城市的流动，带来了乡村范围内的撤点并校，家长不愿意让自己孩子在乡下上学，而是更加信任县城的教育质量。学生流失和乡村学校教育质量下降产生了系统性的恶性循环。县域学校在学生质量和师资力量上都要好过乡村学校，城乡教育资源不均衡性甚至被进一步拉大。私立学校在这一阶段兴起，家长宁愿花超出公立学校许多的学费让孩子有一个好的学习环境。在湖南衡县调研期间一位家长说："我们长期在外地（打工），孩子爷爷奶奶管也管不住，私立学校有生活老师，一学期的学费加生活费有上万元，经济负担很重，但也是没有办法。"[1] 家庭在教育上的投入不仅是经济货币，还牺牲小家庭一个劳动力回到县城陪读。由教育触发的县域劳动力回流和县域就业市场发展不充分不平衡之间的矛盾冲突造成了新一轮的农民城镇化负担和压力。

对于农民城镇化策略来讲，要应对城镇化消费压力以及因壮劳动力（一般是女性劳动力）回流农村带来的家庭经济积累能力不足的困境，就要实现县域范围内兼业陪读以减轻家庭经济积累压力。但是目前县域产业发展并不够完善，产业链还没有完全建立起来，要建立与县域务工市场相适应和匹配的劳动力结构的困境在于，一是中西部地区县域产业发展自身的先天资源条件参差不齐，产业链发展基础薄弱；二是沿海发达地区的第二、三产业转移辐射到中西部局部地区，但并不是所有县域都承接了产业转移的规模工业，而且产业转移到县域还有一个阶段性的工业体系融入过程，还无法兑现县域经济劳动力就业。

数据显示，2018 年，广东省珠三角沿海地区转移到中西部县域

---

① 访谈内容来自 2021 年 9 月 17 日在湖南衡县教育局的调研访谈。

地区的工厂中，有588家劳动密集型工厂撤资，原因在于，县域社会内部壮劳动力资源流失过于严重，相关产业链也不够成熟，无法维系长久的生产成本和产生生产效益，这也导致跨区域的产业转移明显滞缓[①]；三是一代农民工返回县域，受到劳动技能和年龄结构影响，可就业类型少，就业空间小，再加上新生代农民工部分留守县域从事正规就业和体制内就业，进一步压缩了就业空间。从县域教育发展和家庭稳定关系考虑，县域经济发展必须建立完备的就业体系，以激活回归县域范围内的劳动力，结合返乡劳动力的个体劳动力经济价值和县域经济发展，实现教育主体在家庭回归与县域产业发展的阶段匹配，以达到城乡互动的一体式城乡发展目标。

可以看到，教育主体的变化不仅体现在县域教育成效上，还反映了城镇化策略的调整与家庭目标相适应的问题。可以说，农村家庭发展目标从追求家庭经济积累最大化到追求家庭综合收益最大化的过程中，教育主体转换是触发农民家庭经营策略调整的首要机制，家庭策略的调整又影响到农民与县域的关系，表现在一代农民工回流县域带来的县域劳动力剩余。在推动实现城乡一体式县域经济发展经济目标和处理好农民对美好生活追求与生产力发展不均衡不充分的矛盾上，必须要结合政府政策引导，打造有活力且健康的县乡村教育体系，找到规律的且适合县域发展实际的中小学学校教育模式，管理市场乱象，解放家庭和家长负担，回归以学校教育为主阵地，农村家庭教育负担能力范围之内的农村支持城市、城市反哺农村的城乡融合发展关系，从而促进县域经济发展，参见表6.1。

表6.1　　　　　　　　农民家庭经营策略差异分析框架

影响因素	完整型工耕家计	半脱产型工耕家计
本地劳动力市场	县域劳动力市场空间大，吸纳本地劳动力，形成代际分工为基础的家庭发展型家计策略	县域劳动力市场空间小，无法充分吸纳本地剩余劳动力，形成代际分工以及夫妻分工基础上的亦工亦耕半脱产家计策略

---

① 樊烨、龙粤泉、李昱霖：《我国产业转移的现状、问题及建议》，《中国发展观察》2020年第Z2期。

影响因素	完整型工耕家计	半脱产型工耕家计
全国劳动力市场	不受本地劳动力市场影响，形成代际分工为基础的家庭发展型经营策略	受到弱本地劳动力市场影响，夫妻一方大城市务工，一方"弃业"留守县域的半脱产家计策略

（二）新生代农民"半脱产"的形成动因：家庭策略转型与教育变迁

结合前文所述，可以发现，农民家庭半脱产城镇化策略是新生代农民深度融入县城的强发展诉求与县城产业弱支撑性的张力之间寻求出路的一种策略选择，代替了家庭经济积累最大化目标导向下的家庭劳动力完全参与，转而围绕城镇化目标完成了家庭生计重构，形塑了年轻妇女县城脱产陪读、青壮男性异地务工、中老年夫妇村庄务农的一种新型策略安排。

其中，教育变迁是导致家庭策略转型的直接原因。教育城镇化和家庭教育凸显并推动了新生代农民家庭策略现代化调适，在教育变迁背景下，教育城镇化和县域就业市场"缺位"之间的张力形塑了新生代农民家庭"半脱产"实践。

1. 策略转型的制度之维：乡校衰落与教育城镇化

自从乡村教育解体，进入城乡二元教育结构中，农民家庭在乡村接受教育的环境遭到破坏，大部分被迫放弃就近的乡村教育途径，而进入城镇接受教育。教育空间的转变背景是城乡教育资源不平衡发展的结果。为此，国家在教育政策上进行了多方面的政策努力，比如撤点并校、划片入学、高中指标向乡村倾斜等，集合乡村教育优势资源以及减少乡村教育教师资源的流动性，留住学生和家长，这些政策在一定程度上扭转了乡村教育的衰败局面，但是教育城镇化的趋势仍然不可逆转。这其中的原因是多方面的，概括来说，主要有三方面的原因。

一是农民收入增加，城镇化趋势加快。在乡村社会现代化转型阶段，教育下一代的任务全部依托于学校的旧教育方式已经无法适应教育竞争扩大到县城的现实需求，家庭教育逐渐凸显其重要性，尤其是农村留守儿童的隔代教育问题不得不促使部分家庭的亲代回归家庭承担家庭教育的功能。家校共育的教育模式成为家庭和学校两方教育主体的共识①。二是乡村教育的"病症"仍未做到"药到病除"，后遗症显现。城镇化背景下，乡村学校师生资源向县城流失成为乡村困扰学校提升教育质量的难题。由于县城学校在师资和硬件资源上具有先发优势，乡村学校难以在教育资源失衡的劣势中与集全县教育期待为中心的县城学校相竞争。即使部分乡村学校通过调整教学模式保证教学质量来留住学生，但是短期来看，学生和优质教师向城镇流动是不可逆的趋势，导致乡村教育的衰败②。三是市场化教育的"搅局"。市场化教育对教育的平等促进是有条件的，在家庭收入不构成市场化教育的影响因素的前提下，不同家庭经济条件的学生通过市场化教育手段得到课外补习的机会将是均等的，也就能够促进教育公平，满足不同学情的学生群体的课后教育需要③。

然而，现实情况是，课外教育成为超越学校课堂教育地位的竞争场域，无论家庭条件是否有能力支出，在教育竞争的推动下，家长为了下一代可以在教育竞争中占据优势，纷纷投入资金和时间精力保证孩子参与市场化教育，部分没有经济实力的家庭不得不卷入其中。从送孩子进入县城接受教育到投入额外资源保证孩子的市场化教育，其结果造成了家庭教育资源投入内卷，不利于教育公平④。面对家庭之间和城乡之间的差距，构建家庭、学校和社会密切配合的立体化的"三位一体"教育格局成为现实⑤。

2. 策略转型的价值之维：教育竞争与家庭教育凸显

从教育变迁的视角来看，教育主体的转换与变迁至少经历了三个阶段的发展。第一阶段是家庭教育缺位的阶段，出现在 20 世纪 90 年

① 朱战辉：《落脚县城：县域城镇化的农民参与机制研究》，博士学位论文，华中科技大学，2020 年，第 79 页。

② 齐燕：《"县中模式"：农村高中教育的运作与形成机制》，《求索》2019 年第 6 期。

③ 侯慧丽：《市场化教育与公共教育对教育不平等的作用机制》，《中国青年研究》2020 年第 12 期。

④ 马克·贝磊、廖青：《"影子教育"之全球扩张：教育公平、质量、发展中的利弊谈》，《比较教育研究》2012 年第 2 期。

⑤ 杨雄、刘程：《关于学校、家庭、社会"三位一体"教育合作的思考》，《社会科学》2013 年第 1 期。

代至 2010 年之前，这一阶段的家庭教育是不在场的，家庭下一代的教育目标被家庭经济积累目标代替，父母出远门打工，祖辈在家里照顾孙辈的生活，父母对于下一代的教育主要体现在教育成本的支付上，这一阶段的家庭教育是保底式支持，家庭教育的目标在于保证下一代不辍学、上得起学，教育竞争主要体现为学生的自主竞争。第二阶段是 2010 年之前的素质教育改革阶段，顶层教育设计引导学术综合素质发展，要求学术德智体美劳全面发展。这一政策的初衷在于引导学校弱化学生成绩排名，转而要更加关注学生心理健康成长。但是，社会评价机制往往把素质教育具象化为学生的艺术特长、奥数竞赛等，造成了学生综合素质培养和素质教育目标的异化。学校在提供基础教育和通识教育上无法达到这一外界评价目标，导致综合素质发展的任务部分外溢到了家庭，同时教育城镇化也进一步推动了教育责任转移到家庭，市场化资源也见缝插针进入青少年教育，如兴趣班、特长培训和成功教育等。这一阶段的家庭教育本着"勤能补拙"的简单理念，认为不断地投入市场资源就会有好的家庭教育和下一代教育素质的提升。其结果就是家庭和市场不谋而合，教育竞争就变成了家庭资源投入的竞争。

2010 年之后至今的这一阶段可以划分为家庭教育转型的第三阶段，除了前已述及的经济能力竞争之外，还有父母教育理念的竞争，主要体现为家庭教育情感和时间投入。教育竞争的关键影响因素在于父母教育理念、教育投入的竞争。家长通过日常的沟通和细致辅导，保证家庭教育中父母更加精细化、具体的情感陪伴，更加重视学生良好的学习习惯的养成。实际调研发现，在广大中西部地区，父母也逐渐改变了只管挣钱和在小孩教育上当甩手掌柜的方式，转而投入时间和精力来参与到教育陪读中。究其原因，经受过市场经济洗礼的父母一辈深刻意识到教育的重要性，把教育作为阶层跃升的重要途径和第三代市场化融入和社会化参与的重要门槛。值得提出的是，不同阶层的家庭在教育竞争中呈现出不同的状态，中层及以上家庭成为教育竞争的主体，进城买学区房和择优入学，集中资源投入下一代教育，但是中下层家庭虽然也面临下一代教育成长焦虑，却因为家庭经济实力和资源积累能力弱而被排斥在教育竞争中。

3. 策略转型的市场之维：劳动力回流与市场缺位

在一般中西部地区，近五年县域劳动力的回流对地方就业市场提出了更大的挑战。20世纪90年代初，内陆地区开始出现第一代农民工南下打工潮①，最早进入务工市场的部分农民工获得了超出农业土地收入的劳动力市场回报，在村庄起到了很大的示范性作用，通过亲缘和地缘范围内的传帮带，县域范围内的青壮年劳动力纷纷进入全国务工市场。打工潮的形成实质上是农业生产剩余的推力和全国性务工市场的拉力双重作用的结果。随着家庭人口结构的变化和家庭再生产需要的扩大，农业土地生产有限的家庭经济积累无法适应市场经济下家庭增收扩大家庭再生产的需要，家庭发展目标转向了家庭经济积累最大化，推动家庭剩余劳动力，尤其是家庭青壮年劳动力外出务工。另外，全国务工市场的形成，推动了中西部内陆地区大量的劳动力南下从事以劳动密集型工厂为主的工厂就业。

2010年之后，随着改革开放程度不断深入，各地经济迅猛发展，南下打工的潮流逐渐有了一定程度上的消退，明显的一个标志是2008年前后，广东珠三角等沿海发达地区出现了大量的"用工荒"，很多工厂无法招到工人被迫停产。这与之前打工潮形成了非常鲜明的对比，全国劳动力流动趋势从"人找厂"到"厂找人"，出现了劳动力回流的趋势，具体表现为一代农民工在40—50岁年龄段回流县域，甚至一些新生代农民家庭也开始改变南下务工的选择，转而在本地县域范围内就业。这一阶段的县域劳动力回流特征明显，主要表现为新生代农民家庭留守县域从事正规就业或体制内就业，一代农民工回流县城产生了县域就业条件不足状况下的县域劳动力剩余问题。

从外部环境来讲，原本八九十年代由外来资本主导的工厂变成了多种混合型资本并存的工厂，而且单一类型的制造业工厂变成了多种产业链不断扩展和发展的工厂，沿海地区的工厂得到了升级转型，开始转变工厂生产管理模式。随着工厂数量的增加，务工市场在一定程度上出现了供过于求的现象，也就造成了一些工厂招不到工人或者要去千方百计招工的现象。此外，随着工厂的升级转型，进厂的门槛在

---

① 朱云：《从"打工潮"到"返乡潮"》，《社会科学报》2019年3月14日第6版。

逐步提升，劳动密集型工厂资本化，导致有一定技术和知识文化的工人替代了劳力型普工，这样一来，全国务工市场中心地区（主要指长三角、珠三角和东部沿海城市带）不但拒绝了新一批劳动力涌入，同时也在淘汰一批原有劳动力回到县域①。如广东珠三角沿海地区的劳动密集型工厂，以转向内陆或者东南亚地区寻求廉价劳动力和异地订单派送方式减轻生产成本和缓解招工难问题。此外，县域经济发展享受到了改革开放福利，本地就业市场逐步建立，尤其是新生代农民家庭有条件在本地从事正规就业和体制内就业。

　　从内部的家庭策略转变来看，随着城镇化和市场经济发展，农民家庭发展目标从家庭经济积累最大化转变为家庭综合收益最大化，亟须处理好人民日益增长的美好生活需要和不平衡不充分的发展之间的矛盾。打工潮时期，以代际分工为基础的半工半耕②家庭合作策略实现了家庭经济积累最大化目标；随着城镇化兴起，第三代家庭的发展压力，包括进城、孙辈教育等家庭发展压力增大，家庭再生产从联合式家庭③再生产转向核心家庭④再生产模式。由于教育转型带来的教育城镇化压力，新生代农民工中的女性从劳务市场退出从而回归家庭的动力越来越强，在实现照顾家庭和县域兼业的情况下可以实现家庭综合收益最大化，既能够照顾老人，又可以管理子女教育，提升家庭阶层跃升砝码。因此，在教育高期待、家庭教育现代化转型以及家长教育理念转型的情况下，新生代农民半脱产城镇化策略成为当下普遍的现象。对新生代农民家庭而言，他们在就业选择上也更加倾向于县域就业或体制内就业，既能维持经济收入来源稳定，又可以兼顾家庭。此外，中西部地区新生代农民家庭受教育层次不平均，他们受市场经济冲击强烈，对下一代教育和学历获得的意识更加强烈，他们在

　　① 朱云：《从"打工潮"到"返乡潮"》，《社会科学报》2019 年 3 月 14 日第 6 版。

　　② 夏柱智、贺雪峰：《半工半耕与中国渐进城镇化模式》，《中国社会科学》2017 年第 12 期。

　　③ 黄佳鹏：《联合式家庭：新冠肺炎"家庭聚集型"传播及其防控的经验启示》，《中国农业大学学报》（社会科学版）2020 年第 5 期。

　　④ 李永萍：《功能性家庭：农民家庭现代性适应的实践形态》，《华南农业大学学报》（社会科学版）2018 年第 2 期。

教育理念和家庭教育策略上更加强调亲代抚育和精细化养成教育，相比第一代农民工在学业关键时期回归，新生代农民家庭留守县域，至少一方留守县域的态度更明显，这也强化了当前县域劳动力回流趋势。县域劳动力结构中的回流和留守状态产生了县域劳动力剩余。对县域产业发展来说，解决不同年龄结构的剩余劳动力就业既是发展机遇，同样也面临产业链建设发展的挑战和压力，参见表6.2。

表6.2　　　　　　县域不同代农民工劳动力回流状况

类型	教育水平	状态	可就业方式	县域匹配就业就会	家庭发展目标
一代农民工	普遍低	后期回流	正规就业和非正规就业	可选择多	家庭经济积累最大化
新生代农民工	不平均	半留守	正规就业和体制就业	竞争激烈	家庭综合收益最大化

农民家庭半脱产是农民家庭在强发展导向和发展诉求与弱发展能力之间的张力中寻求出路的一种策略性选择，是二代农民工"回归家庭"与"市场社会"的供需矛盾造成的结果，带来了农民家庭城镇化突围困境，影响农民家庭美好生活愿景的实现。其本质上与"人的城市化"目标不相适应，不利于缩小城乡差距。县域产业发展要在县乡村现代家庭教育策略转型过程中起到稳定器作用，研判县域劳动力市场和农民家庭城镇化的良性城乡互动关系。促进县域经济发展和乡村振兴，根本上是解决县域劳动力市场转型与教育竞争触发的农民家庭城镇化实践影响到社会治理秩序的问题，本质上是需要为"被束缚"的农民家庭松绑。

第三节　县域城镇化策略：家计重构下的
农民家庭城镇化融入

布迪厄①认为，人类社会是由社会结构与心智结构组成的，而生

---

① 布迪厄：《再生产——一种教育系统柜理论的要点》，邢克超译，商务印书馆2002年版。

活在社会空间的行动者具有经过客观限定而产生的社会位置，在人类一般性的日常活动之中，行动者凭借自己拥有的资本和惯习不断地调适自己的位置或者构建自身所处的社会。对于新生代农民家庭来说，教育变迁和家庭发展目标转型背景下，农民家庭卷入了家庭经济积累与追求综合效益的双重诉求，家庭教育理念的变化影响家庭秩序，带来了家庭经营模式重构下的县域城镇化策略调整。

一　理念进阶：代际差异与家庭生计模式

教育城镇化背景下，当家庭核心教育理念是保底式时，第三代受教育目标和任务是完成义务教育。这一阶段，家庭投入的教育资源是基础性的，主要是学生与学生之间的竞争，乡村教育内部教育策略差异化不明显，主要差异在于城乡之间的教育资源不均衡。农民家庭没有受到太大的教育投入压力，一般是祖辈与孙辈留守农村，祖辈抚养，父辈在外打工挣钱，实现以半工半耕为基础的代际分工式的家庭生计模式，为"一家两制"的家庭秩序。

当家庭核心教育理念是市场资源投入的竞争式教育理念时，受到市场经济和城镇化因素的影响，第三代受教育的目标和任务是进城上学和通过教育实现阶层跃升。在家庭教育被市场激活的情况下，农村家庭在城镇化过程中也卷入了教育竞争，家长通过不断地投入市场资源以期实现孩子的学习成绩提升和教育立足。此时，城乡教育融为一体，不仅乡村家庭个体之间存在教育竞争，而且农村家庭也加入了市场化竞争。这一时期，农民家庭的教育投入压力大，教育期待高，一般是祖辈一方（一般是男性老人）留守农村，孙辈进城上学，祖辈一方（一般是女性老人）进城陪读，父辈在外务工，并且在孩子关键的教育节点的时候有一方退出劳务市场回归家庭陪读，比如初三和高三这种升学年回归家庭陪读，其余时间由祖辈陪读或住校，形成隔代陪读和亲代陪读的灵活配置结构，为"一家两制"和"一家三制"相结合的家庭秩序，是"一家两制"向"一家三制"的过渡状态。

在家庭核心教育理念向精细化养成理念转型阶段，"80后""90后"作为父辈群体，反身观察自身的教育经历，结合家庭阶层跃升的发展型目标和择优入学的教育任务，父辈更加注重孩子学习行为习惯的养成，关注到亲代陪伴对孩子身心健康成长的作用，他们不仅继续在教育市场资源方面加大投入，补强家庭教育的资源投入，提升学习成绩和综合素质，同时还亲身参与孩子的成长过程，在抚育期和学习阶段实现了父辈的亲代陪伴，主要表现在父辈—亲代陪读替代祖辈—隔代陪读，既监督和辅导第三代学习，又兼顾孩子的生活，实现了完整的陪读生活。一般是祖辈留守农村，父辈一方（一般是女性）进城陪读，祖辈在被需要时进城帮忙照料生活，父辈一方则继续在大城市打工，形成父辈一代夫妻双方两地分居的家庭秩序。此时，农民家庭教育投入压力大，以牺牲一个劳动力以及大量市场资源投入支持第三代的教育跃升，为"一家三制"的家庭秩序。

二 目标转型：分工细化与亲代赋能

教育主体在家庭分工中的精细化，让家庭劳动力从县域外务工进入县域内陪读，家庭发展目标发生了变化，即从家庭经济积累优先的单向度经济积累型目标到综合考量家庭多项指标以追求综合效益最大化，促使家庭发展目标转向了围绕教育为核心的家庭再生产目标。围绕教育作为核心的家庭发展目标表现在，学校分离责任给家庭，家庭需要采取措施来回应家庭教育责任的承担，此时就需要明晰，家庭教育的内容是什么？在中国家庭中，家庭教育最朴素的内容是围绕儒家传统文化教孩子学会规矩，这种教育不是一套文本固定式的，他深刻地刻画在中国农民的生活习性实践当中。比如留守儿童的教育，留守儿童与外出父母联系的内容可以从代际关系的角度进行分类：一方面是父母对子女的教导和交流，另一方面是子女对父母的交流和诉说①。概括而言，家庭教育随着家庭发展目标转型表现出三个阶段的变化。第一阶段，低度参与阶段。家长通过口头说教，甚至是传统的"打骂"方式来教育，这是中国民间最早的"家教"和家庭教育方式。受到父辈和祖辈生长环境的影响，它的特点首先是内部文化教化，是家长自然习得的，并且受到乡村熟人社会公共舆论制约，而"没有家

---

① 段成荣、吕利丹、王宗萍：《城市化背景下农村留守儿童的家庭教育与学校教育》，《北京大学教育评论》2014 年第 3 期。

教"这种公共评价其实对一个家庭来说是带有极其负面影响的，家庭教育受到乡村熟人社会公共舆论的压力。

第二阶段，中度参与阶段。无论是父辈还是祖辈都能够作为家庭中"家教"的主体，父辈因此其实可以放心地在县域外务工，即使一年到头只回来一次也没有什么问题，过年从外地给孩子带一点糖果或者买几件新衣裳就可以补偿常年不在子女身边的亏欠，县域家庭中的留守儿童都是由留守农村的爷爷奶奶照顾，因此，这一阶段家庭教育的内容是允许隔代教育替代的，也是低要求的。随着城镇化的发展，农村家庭教育开始走向分化，一部分农村家庭孩子仍然留守农村，另一部分农村家庭孩子去往城镇读书。由于农民经济收入的增加，城镇化比例逐年递增，乡村学生流失非常严重，乡村教学环境一时间也跌落低谷，乡村学校的孩子普遍不如城市孩子的学习成绩好，家庭教育的内容发生了深度变化，表现为家庭教育的外部化和围绕教育外部环境的资源竞争。孩子学习成绩落后让家长产生了焦虑和压力，促使家长反思对孩子的补偿不能仅限于体现在物质上，还要努力创造好的学习环境和提供好的教育资源，比如在城市租房子陪读，让孩子进到城里上学读书，这一阶段的家庭教育特点表现为教育投入增长阶段。

第三阶段，高度参与阶段。这一时期的学校教育走向网络化和信息化。学校通过建立微信群与学生家长保持沟通，很注重与学生家长的信息互通，以求通过"家校共育"① 模式促进学生成绩提高。在教育转型背景下，家庭教育策略也在发生变化，一方面，农村家庭的教育理念发生变化，"80 后""90 后"家长更加注重孩子学习习惯的养成，把家庭教育注意力放置于孩子整个学习生涯周期内，注重家长陪伴式监督和教育，超出家长能力范围内的则购买市场化教育，让孩子参加培训班，家庭教育中的亲代抚育周期拉长。另一方面，隔代教育功能代替的失效，家校共治的教育模式转型对于祖辈陪读具有排斥性，农村家庭中的祖辈老人在使用智能手机、监督孙辈学习以及辅导

---

① 朱永新：《家校合作激活教育磁场——新教育实验"家校合作共育"的理论与实践》，《教育研究》2017 年第 11 期。

检查作业上难以具备教育辅助功能，只能提供基本的生活照料功能。这一时期的教育内容围绕"家校共治"进行家庭教育综合实力的竞争，其特点表现为强调家庭教育中的亲代在场。不同于半工半耕模式下代际分工的家庭教育模式，这一阶段，新生代农民家庭需要牺牲一个壮劳动力回到县城陪读，不仅要想办法让孩子接受好的学校教育，还要保证一定质量的家庭教育。但是在城镇教育消费压力大于乡村教育支出的情况下，农村家庭牺牲一个劳动力回归家庭进行亲代陪读是当前教育环境下的无奈选择，集中表现在农村家庭教育城镇化追求与农民家庭城镇消费能力冲突。

可见，在城乡社会转型背景下，家庭经营策略和教育目标也经历现代化转型，家庭教育负担重、城镇化消费以及生育焦虑成为掣肘农民家庭城镇化的因素。需要说明的是，家庭教育参与的第二阶段和第三阶段在很多中西部县城地区几乎同时进行，即家庭教育外部化阶段和家庭教育消费增长型阶段同时发生，加重了农村家庭城镇化的教育负担和生活压力。保底式教育理念下，围绕家庭经济积累最大化的家庭发展目标，形成了祖辈与孙辈留守农村，祖辈抚养，父辈在外打工挣钱，实现以半工半耕为基础的代际分工式的完整型工耕城镇化策略。市场资源投入的竞争式教育理念下，围绕综合收益最大化的家庭发展目标，形成了祖辈一方（一般是男性老人）留守农村，孙辈进城上学，祖辈一方（一般是女性老人）进城陪读，父辈在外务工，并且在孩子关键的教育节点时，父辈有一方退出劳务市场回归家庭陪读的节点型半脱产城镇化策略。在精细化养成教育理念下，围绕综合收益最大化的家庭发展目标，形成了祖辈留守农村，父代中女性一方留守县城陪读，夫妻中男性一方继续在大城市打工，祖辈间歇性进城帮忙照料生活，父代两地分居的典型半脱产城镇化策略。

三　城镇化融入：策略调试与产能支撑

（一）以代际分工为基础的半工半耕

各地调研经验表明，中国农村普遍存在以代际分工为基础的半工半耕城镇化模式。首先，城镇化改变了城乡人口和经济结构。农民进城购房和进城务工是城镇化的主要表现形式，购房和务工伴随着农村人口向城市的流动，带来了当前我国城乡关系的深刻变革。从调研的情况来看，由于土地生产经济附加值低，人地关系紧张，传统农业生产模式难以满足农民家庭生计需求，因此大量青壮年劳动力从 20 世纪八九十年代开始就外出务工。农户的承包田一是耕种（一般以留守老年人为主），二是流转，三是抛荒。农村青壮年劳动力外流导致城乡人口和经济结构关系发生转变，以城市为中心的全国劳动力市场成为农民主要的务工地，同时城市务工也成为绝大多数农民家庭生计的来源。而农村则成为老年人的留守之地，小农经济成为农民家庭经济来源的补充和兜底保障。

其次，城镇化带来了农民家庭结构的变化。进城务工意味着农村劳动力进入高度竞争的全国性劳动力市场，全国劳动力市场的竞争性和排斥性，决定了中老年劳动力面临被城市劳动力市场排斥的风险。因此在城镇化和劳动力流动环境下，形成了以代际分工为基础的"半工半耕"家庭劳动力分工结构，也即农民家庭中的青壮年劳动力外出进城务工，而不再具备劳动力市场竞争优势的中老年劳动力则在乡村继续从事农业生产。对于低龄老人而言，劳动是养老和生活的一部分，通过劳动不仅可以获得养老生活的经济来源，也可以作为家庭"半工半耕"生计模式的组成部分从而减轻家庭应对城镇化的经济压力，低龄老人从事生产劳动是实现其自身价值的重要途径[①]。与土地相结合的"老人农业"是农村老年人养老生活和劳动的重要方式。东部地区由于市场经济发达，形成了高度非农化的家庭生计模式，即父代和子代两代人均可以实现进城务工。虽然父辈基本脱离了土地生产要素，转而进入市场经济获取家庭资源积累，但是两代人务工的程度却不同，其实质上还是半工半耕组合下的家计模式。

（二）家庭扩大化再生产中的代际融合

城镇化和家庭现代化转型成为中国家庭代际内部调适的关键动因，农民家庭从简单家庭再生产到复杂扩大化家庭再生产[②]，对传统

---

① 刘利鸽、包智俊、刘红升：《"老有所依"抑或"劳有所依"：乡村特色产业发展视角下农村老人的经济支持研究》，《宁夏社会科学》2020 年第 4 期。

② 王黎：《城镇化背景下农民家庭消费策略》，《华南农业大学学报》（社会科学版）2021 年第 4 期。

的家庭再生产秩序形成冲击，重塑了家庭代际内部调适下的新型家庭秩序。调研发现，东部地区中青年往往在县城买房，工作日在城里上班和生活，周末或者假期回到村庄和父母一起生活。低龄老人可以实现在城务工以及兼照料孙辈或者是"白天务工，晚上返村"的早出晚归生活，孙辈则跟随父母进入城镇接受教育，父母在工作的同时监督孩子学业、生活照料问题，如接送上下学、做饭等家务一般是交给女性老人。如此，形塑了完整且稳定的家庭关系秩序。家庭老、中、青三代人均能凭借地方劳动力市场优势实现经济价值货币化转换，地方社会关系网络以及社会福利保障为农民在县域范围内的城镇化提供了较优质的公共服务与完整家庭生活质量的保障，从而实现了本地农民城镇化深度融入的农民市民化转型。

在中西部地区，市场资源稀缺，农民工务农范围大都以跨省务工为主，本地务工机会极少且工资收入低于全国性市场。因此，本地中青年往往在县城买房，但是无法居住在城，而是夫妻双方通过省外务工补贴家用和支持家庭城镇化发展。低龄老人以退守农村为主，即使进城照料孙辈，周末或者放假会回到农村，返回城镇时带上一些粮食，以缩减生活开支以及基本农业生产缓解子代家庭再生产压力，孙辈则留守乡村或者由祖辈在城镇陪读照料，成为县域内留守儿童。值得注意的是，现代教育转型背景下，祖辈虽然可以提供孙辈生活上的家庭照料，但是不能在现代教育转型背景下监管孙代的学习，比如孙代放学后的手机管理以及祖孙两代日常生活中的沟通等成为隔代教育的阻碍。在广大一般中西部地区，家庭教育的激烈竞争让父母逐渐改变了只负责赚钱的生活模式，投入时间和精力来参与到家庭教育中，且往往选择牺牲小家庭中的女性劳动力，但是女性回归家庭陪读无疑加重了男性劳动力在大城市务工的压力，即家庭劳动力减少状态下的低积累能力与高消费的张力带来的城镇化压力。

（三）家庭价值实现的转型

传统家庭秩序中，家庭对老人而言是自我价值实现和精神寄托所在，家庭成员的照料和陪伴给予老人最大的养老满足。家庭关系仍然遵循大家族的逻辑，父代的伦理权威仍然存在，具有很强的统筹能力，有能力在多个儿子之间进行总体性的调平，因此，传统家庭秩序中的代际支持主要是子代对于父代的反哺，代际伦理呈现出厚重平衡的关系。对于父代养老，子代之间不会计较投入多少，而是各凭良心，比如在湖南衡阳了解到，子代一旦工作就开始每月给父母"吃饭钱"，由父代统筹各个儿子的资源维持大家庭的开销。父母也有足够的自主性和权威在家里召集家庭成员谈养老的事情，兄弟关系服从于代际关系，家庭价值生产建立在包含父代家庭在内的大家庭之上。

而当城镇化和现代化潜在改造子代家庭发展观念，子代扩大化的家庭再生产目标冲击了以大家庭再生产为价值中心的家庭代际关系秩序时，父代代际责任是刚性的。在家庭厚重伦理责任关系影响下，父代责任无限延伸且没有节点，只要父代具有劳动能力，就要为子代付出，包括为子代娶媳妇、带孙子、买房等。中年父代的劳动力是兄弟竞争的资源，在父代丧失劳动能力之前要经历一个漫长的自养阶段。因此，等到父代完全丧失劳动能力了，才需要子代养老。养老矛盾往往也是这个时候尖锐地爆发。

可以看出，在家庭现代化转型和城镇化发展过程中，围绕厚重均衡代际关系的家庭价值生产秩序被子代家庭竞争发展压力阻断，子代家庭核心化发展目标催生了以"小家庭"价值为中心的家庭观念价值异化。新的价值再生产秩序中，农民家庭代际内部主动调适后的家庭资源整合壮大了子代家庭发展竞争力，使中青年一代能够从容应付复杂化家庭再生产。

综上，中国农民家庭在以代际分工为基础的半工半耕城镇化策略下，实现从简单家庭再生产到扩大化家庭再生产的转型实践具有区域差异性。其中，东部沿海发达地区由于生产空间与生活空间的重合度较高，不仅可以在地化利用丰富的市场经济资源和家庭经济资源储备应对城镇化压力，还可以维系较完整的家庭生活。而一般中西部地区的农村家庭也卷入了城镇化背景下的家庭转型与家庭竞争环境中，但由于市场资源稀缺，多数中西部地区农民家庭在现代化转型过程中经历了家庭代际内部调适的阵痛期，即在家庭代际资源和子代家庭市场参与程度不深的情况下，承担起城镇化生活和抚育孙代的家庭扩大化再生产压力。中西部地区的农民家庭在以代际分工为基础的半工半耕家计模式下，父代留守农村"稳固后方"，子代为实现家庭跃升目标

"冲锋在前"，成为中国家庭代际关系调适应对家庭现代化转型的缩影。总的来看，中国家庭现代化转型背景下的代际关系调适与农民家庭内部价值实现的转变紧密相关，以核心家庭发展为目标的家庭价值实现成为农民家庭代际关系内部调适的最大动力来源。

中国家庭现代化和城镇化转型下，农村家庭从传统简单家庭再生产进入现代复杂家庭再生产，农民家庭代际差异显现。西方家庭现代化理论认为工业化以来的经济生产变革促成家庭的个体本位、"私化"和"独立"。中国农民家庭父子代际生活模式的分化，实质上区别于西方家庭的独立化趋向，中国家庭的代际差异具有"分"与"合"的双重面向。从唐镇的调研实践来看，农民家庭的代际差异在"分"与"合"的状态下呈现中国家庭的独特面向，具体表现为代际间分"工"合作、"分"中有"合"、形"分"实"合"的差异化实践，促成家庭资源优化、权力结构重塑和价值观念再造。

中国家庭代际差异凝合家庭资源应对家庭现代化转型挑战的同时也蕴藏着社会风险，一是家庭代际关系伦理的异化，二是城乡公共服务水平失衡，三是农民生育观念的转变。笔者认为，城乡二元融合状态下，不可忽视乡村公共服务体系建设的重要性，要提供有层级性的农民生活保障和公共服务体系，县域发展应定位在基本公共服务供给方面，要在制度层面做到城乡均等化，消除对特定人群的歧视性政策，构建"城区—中心镇—中心村"的基本公共服务供给体系，减轻农民负担①，使社会心理负担有释放的空间，实现家庭社会健康发展。中国农民家庭面对现代化和城镇化的家庭生活实践表明，虽然中国家庭正在经历着剧烈的现代化转型，但是家庭的核心化并不意味着家的整体性的退场，中国的现代家庭依然具有自己独特的传统面向，代际合作在家庭再生产过程中的普遍发生使得"合"具有了功能主义意义上"实"的内容②。正是在家庭劳动力配置、家庭资源分配和城乡流动的代际差异中，农民家庭内含代际融合的可能性。农民家庭现代

---

① 桂华：《城乡三元结构视角下的县域城镇化问题研究》，《人民论坛》2021 年第 14 期。

② 印子：《分家、代际互动与农村家庭再生产——以鲁西北农村为例》，《南京农业大学学报》（社会科学版）2016 年第 4 期。

化转型具有鲜明的代际融合特征，子代家庭扩大化再生产是建立在代际合力基础之上的；父代传统生活方式的现代转型亦以子代家庭发展目标的实现为前提。

正是基于农民家庭面对城镇化压力所体现的实践韧性，大部分中西部乡村地区的农民家庭可以整合家庭资源，实现进入县城买房的目标。农民家庭县域城镇化的策略体现了中国特有的乡村社会向城乡社会发展的阶段化进程。从当前来看，农民家庭制度化的实践模式有助于家庭现代化转型的顺利过渡，如"一家三制"和"半脱产"城镇化策略充分调动了家庭内部劳动力资源要素，实现了城镇化发展目标下的家庭精细化分工和家庭现代化转型。但是，以个体价值服从于家庭整体价值和家庭整体性资源核心小家庭化，冲击了传统家庭秩序，使得农民家庭围绕家庭发展型目标高速运转而陷入了内卷。究其根本，在于乡村社会产业基础薄弱，无法支撑农民在县乡社会的完整性家庭生活。从这个意义上来说，发展县域产业和以产业振兴带动乡村振兴，不仅能够逐步完善地方社会的产业基础，还能够以产业润滑和平衡农民生产生活，实现有质量的城镇化，最终实现均衡的城乡一体化发展。

四　小结：产业基础与县域城镇化实践逻辑分析

工业型乡村依靠大城市经济资源的强有力辐射和本地工业资源的支持，能够实现劳动力资源与县城发展的高效益结合，使得不同年龄阶段的家庭劳动力均可以获得经济收入。由于家庭普遍工薪化，工业型乡村的农民县域城镇化能够实现生产与生活的平衡。半工半农型乡村在农业资源方面体现出优势，同时凭借传统手工业优势与市场的结合，使得县域本地工业市场逐步发展起来，完善了非农就业体系，让农民家庭在县城与乡村之间兼顾工业和农业发展，提供了农民县域城镇化的产业基础。传统农业型乡村则在工业技艺和农业生产上不具有优势，未能形成本地非农就业体系以增加农民收入。因此，该区域的县乡社会发展往往依赖外来资源，尤其依靠自上而下的政府资源供给和支持。为了实现县域城镇化目标，传统农业型乡村的青壮年劳动力主要流向了全国劳动力市场，在城乡空间形态上表现出离土又离乡的乡村社会向城市社会的突围，表现出较低质量的城镇化。

　　由于不同县域地区的经济、社会资源环境不同，中国县域城镇化在发展模式上呈现出分化状态。产业基础是衡量县域经济—社会互动性关系的指标，直接影响县域城镇化质量。当县域范围内的资源优势（工业资源、农业资源）与城市经济优势（区域性市场辐射强度）结合较好时，县域城镇化发展与农民生活方式相契合，城镇化发展程度和质量较高。当县域范围内的资源优势与城市经济优势薄弱时，农民县域城镇化就面临压力，农民家庭生活方式往往不能匹配人的城镇化发展目标，城镇化质量较低。正因此，推动县域城镇化需要因地制宜，不应忽略农民进城的实际能力和需求而过度地盲目开发县城，要注重有农民主体性的县域城镇化融入，实现县域经济社会的良性互动秩序。

第七章　总结与讨论

通过第一章到第六章的梳理，本书已经较为全面地展示了农民县域城镇化实践的完整图景。在第一章，本书提出突破以城乡二元结构为中心的城镇化实践分析范式，强调产业基础的分析视角，并建立了"资源环境与行动取向"的分析框架。在第二章中，本书建构了乡村产业与县域城镇化的关系模型，同时基于产业基础的差异对我国乡村社会的类型做出划分和理论爬梳。第三章至第五章则以三个典型乡镇为范例，细致分析了现代型乡村、半工半农型乡村、传统农业型乡村，县域城镇化的差异化机制与实践逻辑。第六章分析中西部地区县域城镇化面临的问题，并将县域城镇化的实践逻辑进一步延伸到城乡经济社会系统发展与基层社会现代化转型的讨论。下面将对当前的产业基础理论进行反思，并提炼出县域城镇化与县域经济社会均衡关系的建构逻辑，最终对于县域城镇化进程中经济—社会系统之间不相匹配的悖论进行思考，逐渐揭示产业基础的理论意义以及它的转型对于县域城镇化的相互作用。

总体而言，文章将从以下三个方面展现本文的理论发现：第一，进入县域城镇化的产业基础问题，提炼产业基础的理论反思和发现；第二，通过从县域城镇化对"经济—社会"关系变革的分析，提炼县域城镇化与县域经济社会均衡关系的建构逻辑，并且基于乡村经济社会的特征反思县域城镇化的风险；第三，基于上述分析，进一步反思推进县域城镇化进程中经济系统与社会系统不相匹配的悖论，逐渐揭示产业基础的理论意义，并指出县域城镇化与产业基础的现代化转型的密切关联。

第一节　理论思考：乡村产业化发展
与农民县域城镇化机理关系

　　长期以来，县域城镇化被放置在城市与乡村的二元结构中探讨。经过前文的分析，我们已得出明确的判断，即不同产业基础的乡村社会的农民县域城镇化有不同的实践逻辑，其中，产业是农民家庭从乡村向城镇转移的基础。依托于产业基础，农民实现了亦城亦乡的城镇化或者高度市民化，而没有产业基础的乡村地区城市化难以实现就近城镇化，表现为异地大城市务工和就近买房却难落脚县城的低质量城镇化。在这一过程中，指出产业是农民县域城镇化的重要基础。

一　农民县域城镇化的产业基础分析视野

　　涂尔干①提出社会是有机联系的，从社会专业化到社会分工，社会是有机联系的一体。社会系统理论提出社会与各种生态要素之间是相互交织联系的，经济与社会互为嵌入，产业作为经济社会交织的互动关系并不独立于社会而存在，而是作为社会生态的重要组成往往深刻嵌入在一个地方社会。产业与社会的关系不仅体现在有机团结的社会结构，还在于产业具有塑造社会形态的主体作用和主动性。这些因素决定了产业经济能够推动乡村社会现代化转型的顺利过渡。城镇化的进程始终受到工业化发展的影响，农民进城的实践模式也呈现出不同的阶段特征。我国经济发展不充分不平衡的国情决定了我国各乡村地区产业基础各有不同，城镇化的实践模式也各有差异。

　　从县域社会看，产业基础的区域差异主要表现在县乡社会的资源环境差异，也就是工业资源、农业资源和市场辐射程度的差别，不同产业基础的乡村社会通过差异化的资源环境影响农民城镇化策略。正是在这一基础上，本书提出资源环境与行动取向的分析框架，以资源环境为抓手厘清不同产业基础的乡村社会农民城镇化行为实践。从产

---

　　①　埃米尔·涂尔干：《社会分工论》，渠敬东译，生活·读书·新知三联书店2005年版。

业基础的视角进一步分析发现，农民城镇化背后的实践逻辑是县乡经济—社会互动性关系的有机运作，推动县域城镇化要以经济基础适配农民进城的市民化生活方式转型，实现经济—社会互动性关系的平衡，有序实现城乡融合。

"产城互动"是近年来中央政策在县域社会发展领域中的一项重要实践策略，将产业作为县城发展的抓手和突破口，是国家通过巩固和提升地方产业基础促进农民收入增加，以提升农民城镇化质量的重要决议。2022年中央"一号文件"——《中共中央　国务院关于做好2022年全面推进乡村振兴重点工作的意见》，对大力发展县域富民产业、加强县域商业体系建设等提出要求，推动形成"一县一业"发展格局，支持大型流通企业以县城和中心镇为重点下沉供应链等措施。《2022年新型城镇化和城乡融合发展重点任务》（发改规划〔2022〕371号）、《国家新型城镇化规划（2014—2020年）》（中共中央、国务院〔2014〕）等相关文件不断出台，文件提出推动区域协调发展的有力支撑，是扩大内需和促进产业升级的重要抓手，城镇化与工业化、信息化和农业现代化同步发展，是现代化建设的核心内容，彼此相辅相成。文件对城镇化与产业发展的相辅相成关系等做出了明确且具有可操作性的策略安排。在这个过程中，虽然地方具体政策执行有所差异，但是通过产业发展推动城乡区域协调发展的总体目标和精神却有一致性，均指向新型城镇化规划，以实现人的城镇化目标。从政策文件看，以城镇化推动产业发展，并最终通过产业发展效益回馈更高质量的城镇化，是循序渐进的，其最终落脚在以县城为定位，实现区域内部经济协调发展，农民收入水平提高，破除城乡二元结构，减轻农民家庭城镇化负担，提升城镇化质量。

为了实现2035年初步建立现代化国家的远景目标，中央提出新的城镇发展规划，新型城镇化发展战略在全国实践开来。广东省最早实践的"专业镇"小城镇发展模式，是最早的通过产业发展推动城乡区域协调发展，以产业提升农民进城生产生活质量的城镇化模式。笔者通过研究发现，产业成为农民由乡村向县域城市流动的关键变量，有无产业基础成为县域城镇化质量的关键因素，基于产业基础的启发，笔者认为，产业是连接农民由乡村到县城的一个节点。本书提出县域城镇化的产业基础分析视野，尝试将城镇化研究推向一个新的阶段，即采取产业发展路径来实现人的城镇化目标。具体而言，产业基础分析视野包括四方面内容。

为何要实践以产业为基础的县域城镇化模式。从嵌入理论的角度来说，基于产业发展推动县域城镇化蕴含着三方面的目的。其一，以产业化推动工业化进而带动城镇化，这是国家的初级价值目标。从总体上看，工业化与城镇化的相关关系是互为一体的，但是在不同时期的工业化发展阶段中，工业化与城镇化的变动关系存在较大波动，工业化过程中城镇化的演进速度，与产出结构和就业结构的转变趋势有很大关系。从我国现阶段的城镇化进展看，城镇化与工业化进程保持相对一致性，但是城镇化率的提升并没有转化成较高的城镇化发展水平，这其中的缘由在于以就业结构转变为主要衡量指标的工业化水平不高①。在这种情况下，国家提出乡村产业振兴和产业融合的经济发展实践路径，以求通过产业化的进一步发展，夯实地方产业基础，推动地方非农产业就业的增长，从而带动城镇化的进程。其二，以产业化促进农民收入增加和提升农民在县城生产生活能力的次级价值目标。政策文件强调城镇化的核心不以牺牲农业和粮食、生态和环境为代价，其本质在于不脱离乡村建设的前提下推动城镇化发展，而是着眼农民利益，涵盖农村，促进经济社会发展。通过三产融合解决农业产业附加值过低问题，实现共同富裕，旨在说明通过产业化进一步优化非农产业就业结构，在推进工业化和城镇化发展过程中提升农民就业，以增加农民收入和提升城镇化水平，使产业化发展成为乡村社会农民家庭现代化转型的助推器。因此，县域产业结构优化升级和三产融合发展是国家把工业化与城镇化发展放置在一个新的经济发展阶段，其更加强调乡村与农民的利益。其三，实现乡村振兴，推动县域经济发展，实现人的城镇化，这是最高层级的目标。国家通过实施产业资源输入、产业转移和内部产业融合发展的一系列地方产业结构优化升级政策的最高目标无非是想以产业化发展为抓手，以此实现农民

---

① "工业化与城市化协调发展研究"课题组：《工业化与城市化关系的经济学分析》，《中国社会科学》2002年第2期。

收入水平的提升，进而提升地方城镇化水平，即城镇化的发展不仅在于县城对乡村地区人口、资金、资源的吸附，而且在于如何缩小城乡差距，提供均等化的城乡公共服务体系，让城乡居民共享城镇化与工业化发展成果，促进以人为核心的城镇化，推动城乡协调发展和实现城乡融合，这成为乡村振兴和县域经济发展的重要构成。

县域城镇化的基础为什么是产业。产业是国家提升城镇化发展水平和质量的关键，国家政策文件的意图就是通过更为合理的产业结构嵌入转型中的城乡社会来联动农民向城镇的自下而上流动。以产业为切口，可以通过经济结构调整落实城乡发展一体战略，均等化城乡公共服务，缩小城乡差别，因此，以产业基础为关键因素的县域城镇化体现出城乡关系发展均衡的内在要求。产业是城乡经济社会生态的重要构成，在农民由乡村进入城镇的实践中，存在县城生产市场、县城消费市场和乡村生产市场三种不同场域的市场，这三种不同场域的市场可以通过农民家庭的城镇化参与实现串联，乡村生产市场中的剩余劳动力可以进入县城生产市场并且进而带动县域消费市场内需的扩大，而县城消费市场的扩大必然反过来会推动县域内生产市场发展，最终形成更为完整的产业链，在此过程中，不仅维系了农民生产稳定性，增加农民收入，提升农民进入城镇的能力，还带动了县域经济发展，激活县域发展活力。

产业基础对县域城镇化有何影响。以产业为基础的县域城镇化是把产业置于联动农民进入城镇生产生活的关键要素。其影响是指从产业发展，基于乡村产业基础，完善产业结构来推动城镇化的效果。实践调查中发现，这样一种产业发展导向的城镇化实践效果有好的一面，也有不好的一面。比如，有的地方政府在内部产业基础不足的情况下，着力推动产业转移，甚至以牺牲环境为代价来推动工业化产业发展，其结果是以短期的眼前发展换取了长期持续发展的价值，很多地方出现类似情况，比如从东部沿海发达地区转移至中西部地区的工厂仅仅吃了两年的政策红利，就难以生存下去，无法转化成当地产业经济发展效益。2022 年 5 月 13 日中共中央办公厅、国务院办公厅印发《关于推进以县城为重要载体的城镇化建设的意见》针对不同县域实际情况指出，要"加快发展"大城市周边县城、"积极培育"专业功能县城、"合理发展"农产品主产区县城、"有序发展"重点生态功能区县城、引导人口流失县城"转型发展"，正式从政策文件上强调了基于产业基础推动县域发展，进而根据地方产业发展实际情况合理推动农民进入城镇的重要性。因此，对于以产业作为基础的农民县域城镇化实践要科学辩证看待，不可盲目扩大非就业结构产业发展推动农民进城却无法让农民安身立命于县城，如此推动城镇化必然与农民和乡村发展利益相悖，不符合人的城镇化的题中之义。

如何继续依托产业推动县域城镇化。要继续依托以产业来推动城镇化就要规避脱离县域内部产业基础实际情况而忽略农民利益的要素式的城镇化，即不重视农民主体性，以房地产市场吸附农民资金、资源进城买房的要素城镇化，其与人的城镇化目标不相符，最终将进一步加重农民负担，县域经济发展内生活力不足。要继续依托产业来推动县域城镇化应该从县域内部产业基础着手，更加合理利用既有产业结构，解决返乡劳动力的剩余劳动力问题，将剩余资源转化成产业发展动力，推动地方产业结构优化升级，以支撑人的城镇化为目的来推动产业发展。

从农民县域城镇化的起点开始，为何要在这个过程中有产业基础——县域城镇化的基础为什么是产业——产业基础对农民城镇化有何效果——如何继续依托产业，最终到人的城镇化目标实现，上述有关于产业基础与农民县域城镇化机理关系的梳理构成了一个完整的分析路径。

基于水镇、唐镇和新乡的调研实践看，不同产业基础的乡村农民家庭进入县城的实践逻辑差异明显。江苏水镇靠近长三角经济腹地，受到区域性市场中心辐射程度强，改革开放初期就依靠内部水运资源和外部市场资源输入的内外优势结合形成了工商业发展的气候，并且在后续的发展过程中，基于该产业基础的不断发展形塑了一个完整的产业链，促成了本地发达就业市场的形成。在此产业发展条件下，当地很早就出现了农民到县城买房子、向县域集聚的现象，农民家庭不仅可以买房进城还能够实现工薪式进城，实现了生产生活在城的高质量的城镇化，县域经济活力较充足。

对于江西唐镇来说，唐镇距离区域性市场中心较远，其木匠手工业在基层市场社会中发展历史悠久，并且在代际之间得到了传承，形成了以点带面的手工业技艺传播。随着市场经济的发展，当地以木匠师傅为主的南下打工潮流使得唐镇内部的传统手工业与现代市场工业产生了碰撞。木匠工习得市场经济规则和工厂管理模式后，纷纷回乡置办家具工厂，其早期的打工积累和唐镇地方的脐橙果业经济共同构成了当地家具工业规模化的资源条件。尤其是当地父辈一代人留守农村从事脐橙生产，成为家庭经济资源积累的重要组成，形成了工耕相结合的家庭生计模式，推动了当地农民进城生产生活的县域城镇化发展，县域经济活力得到了当地农业资源和工业资源的双重支撑。

相比较而言，以山西新乡为典型代表的传统农业型乡村不仅远离区域性市场经济中心，而且内部产业资源匮乏，农民的城镇化流动主要表现为异地大城市务工和本地教育城镇化与婚姻城镇化。就农民在本地县域城镇化的实践来说，靠家庭代际资源整合与透支消费，勉强可以支撑起以追求教育资源和完成婚姻人生任务的进城买房目标，但是难以居住在县城。尤其是在农民家庭发展目标升级和教育竞争的情况下，农民家庭不得不抽出女性劳动力进城陪读，更加弱化了农民家庭资源积累能力，造成了农民家庭买房进城的资源内卷，增加了农民负担。

可以发现，县域社会的产业基础可以为农民县域城镇化提供资源基础，通过产业化推动非农就业，使得农民不仅可以买房进城，还可以生产在城，维持了农民家庭县域城镇化进程中的家庭完整性，保障了农民进城的生活质量。依托产业路径推动农民县域城镇化将使县域成为扩大内需的重要支撑点。

二　乡村产业化与县域城镇化的实践启示

产业发展是中国推进新型城镇化的基础力量。江苏的市场经济发育较早，同时也是最早开始探索工业化道路的区域，尤其是其南部与北部地区受到区域性市场中心的辐射程度较强，工业化体系发展较为成熟，形成了较为完整的本地务工市场。同时，由于地方经济发达，当地社会福利保障条件较为优越，体制资源多，大量青年群体通过本地正规就业实现了城镇化目标，完成了市民化的身份角色转型，农民家庭实现了完全"工薪式"进城目标。与东部沿海发达地区的工业型乡村不同，江西唐镇没有优越的市场条件，凭借当地的脐橙果业和传统手工业技术的民间传承形成了一定的轻工业发展基础。随着打工经济中市场经济的推动，当地形成了较为成熟的工业与农业相结合的产业体系。在此过程中，农民的生产生活实现了转型，既有乡村小农经济体系维持乡村社会结构，又能够在县城以工业生产体系支撑农民进城，无论是乡村农业生产还是县城工业生产都呈现出产业活力。而在一些中西部传统农业型乡村地区，如山西新乡，由于受到发达城市地区务工市场的吸引，这些地方的劳动力人口，尤其是青壮年劳动力在向大城市流动过程中，逐渐转化为二、三产业的产业劳动力。其中，绝大部分农民家庭无法通过外地务工在大城市定居，而是策略性地选择在老家这些三、四线城市，尤其是县城买房。在这个过程中，老年群体在留守村庄从事简单的农业生产，维持自养的资源所需，子代通过异地城市务工获得经济积累投入买房，父辈给予一定的经济支持，最终实现买房进城的城镇化目标，但是县域产业空心化的格局决定了这些地方的农民难以居住在城，进城买房仅是下一代进城接受教育和子代成婚的砝码，也正因此，传统农业型乡村的农民县域城镇化是被迫推动的非自愿行为，这个过程加重了农民负担。

通过前文第三到五章对三类不同村庄的产业发展基础及其城镇化实践路径的比较可以发现（参见表7.1），无论是江苏水镇的工薪式城镇化实践，还是江西唐镇的两栖式城镇化实践，产业基础在其中都扮演了非常重要的角色，东部沿海发达地区的先赋型产业经济条件使得当地较早完成了产业化的优化升级，形成了发达工业市场，构成了当地农民家庭进入城镇的重要资源条件。

表7.1　　　三种不同产业基础的乡村地区农民城镇化实践

乡村社会类型	工业型乡村—水镇	半工半农型乡村—唐镇	传统农业型乡村—新乡
产业基础	工商业高度发达，以本地务工市场为支撑	以"工""耕"为核心的半工半耕，以本地农业生产为支撑	本地留守型农业为特征，以全国务工市场为基础
城乡空间形态	离土不离乡	不离土且不离乡	离土且离乡

乡村社会类型	工业型乡村—水镇	半工半农型乡村—唐镇	传统农业型乡村—新乡
家庭劳动力配置	高度非农化	工农互补的"半工半耕"	以代际分工为基础的"半工半耕"
城镇化实践	工薪式城镇化	两栖式城镇化	突围式城镇化

江西唐镇的内部手工业传承和脐橙果业生产体系的支撑是重要内部因素，加上后天现代市场经济的进入，使低端、低门槛和劳动密集型的家具产业得以规模化发展，工业产业和农业产业形成的工耕结合产业体系留住了本地劳动力，使得县域生产体系较有活力，完成了非农就业结构的工业化发展，增加了农民收入和进入县城的能力。从这一点来说，中西部地区县域城镇化下的产业化发展路径不能脱离内部产业基础这一条件，因为仅仅依靠外部产业市场的嵌入容易陷入产业空心化陷阱，并且无法提升当地城镇化水平。山西新乡传统农业型地区的农民城镇化便验证了这一问题。如今，全国中西部地区，各个县市都在提倡"工业兴县"，创建工业园区，但是无一例外地遇到了一系列困境。产业转型并不能简简单单地理解为东部地区"腾笼换鸟"，把被淘汰且落后的产能转移到广大中西部内陆地区。中西部地方政府需要结合内部产业基础做好相关配套政策，以支持县域劳动力回流，从而发挥当地劳动力市场优势。例如，江西唐镇便是依靠早期农业产业结构调整发展了脐橙产业，得以留住了大量劳动力，并且进一步支撑起本地工业产业的发展。以脐橙产业为先导的农业产业发展给乡村农民家庭现代化转型带来了重要影响。具体分析如下。

第一，农业产业发展推动了乡村农业产业化，为工业产业化发展和农民家庭进城提供了资本原始积累。一方面，脐橙产业作为当地特色果业经济在本区域甚至全国范围内都具有市场优势，农民在家门口就可以实现较高的经济效益，吸引了一批壮年劳动力返乡，一定程度上抑制了乡村人口空心化。脐橙产业的发展提升了当地农民家庭的经济收入水平，尤其是随着脐橙产业规模化种植，相关产业配套服务也逐步完善，唐镇的商铺租赁、运输经济、物流、雇工市场等产业配套进一步提升了乡村农业产业活力，大量服务性岗位的出现为农民增收创造了巨大空间。同时随着当地果业经济的发展，地方政府对于唐镇基础设施的投入也进行了提档升级。另一方面，依靠脐橙产业带动的市场集聚优势，唐镇的产业结构逐渐优化升级，为乡村地区城镇化提供了充足动力，不仅推动了农业产业化发展，还推动了传统乡村社会向城乡社会的转型。在此过程中，绝大多数家庭的留守型劳动力实现了就近就业，就业类型包含果业经济和其延伸出的服务业工作以及部分木匠手工业。唐镇较为完整的就业空间和产业化发展吸引了部分外地大城市务工的一代农民工返乡创业，以脐橙经济支撑工业发展的产业体系在酝酿中成型。正是基于此，当地农民家庭的完整性得以维持，乡村社会传统得以维系，部分乡村空心化地区的留守问题得到了一定程度的缓解。在农业产业化发展过程中，低龄老人成为主力军，成为果业经济和服务业中最有活力的劳动力要素，壮年劳动力则可以从农业生产中解放出来投入县域工业生产中。因此，乡村农业产业化发展整合了家庭劳动力资源，使不同年龄阶段的劳动力可以最大化投入市场经济中，实现家庭劳动力配置最优化和经济积累最大化，为农民家庭在县域城镇化进程中的市民化和产业专业化转型提供重要的物质基础。

第二，传统手工业市场奠定了县域工业产业化的内在基础。唐镇作为千年古镇，历史悠久，在漫漫历史中形成了深厚而独特的木匠文化，其木匠技艺经过代代能工巧匠代代相传，成就了唐镇木匠。随着市场经济浪潮进入唐镇，唐镇的木匠赋予了这一技之长以特殊意义。90年代中期，一代农民工中的木匠人从打工经济浪潮中返乡创业，一门传统手艺演变成了一个新兴的产业，变成了集群化的家具工厂。家具工厂的涌现使得县域范围内的工业产业体系逐步建立，由于这一时期的脐橙产业留住了部分劳动力，随着脐橙产业的生产管理日臻成熟，当地低龄老人逐步成为脐橙产业的劳动主力，壮年劳动力则得以从农业生产中解放出来，支撑起工业化生产的劳动力市场，推动了家具产业的进一步发展壮大。与农业生产发展到一定程度会延伸出产业链一样，家具工业市场在不断发展的过程中逐步延伸出物流、电商、运输、设计、餐饮等不同类型的二、三产业，进一步拓宽了非农就业市场，形成了正规就业市场和非正规就业市场相结合的劳动力市场，增加了农民获取经济收入的渠道。基于此，当地农民家庭不同年龄阶段的劳动力得以完全进入市场经济中，从而整合了家庭劳动力资源。在此过程中，工业产业和农业产业的结构化嵌入，与当地乡村社会农民家庭生产生活节奏形成了高度契合，具体表现在农民家庭产业经营与家庭生活互为交织、产业发展与完善乡村公共服务体系同步、农民家庭城镇化与家庭发展目标得以整合，从而形塑了当地农民家庭以农业生产为支撑、"工""耕"相结合的农民家庭县域城镇化实践。

农业产业与工业产业共同发展形塑的稳固产业基础，不仅促进了乡村产业经济活力，还推动了地方工业产业的发展，为农民进入城镇并且生产生活在城提供了充足动力。其打破了城乡二元结构，推动了城乡一体化发展。农业产业和工业产业的共同发展为农民家庭不同年龄阶段的劳动力市民化提供了资源，在此过程中，农民家庭最大化参与市场经济以实现劳动力市场价值。这与乡村社会现代化转型目标和路径高度协同，构成了农民家庭县域城镇化的深层动力。不同产业基础条件下的农民城镇化路径呈现出显著差异，以农民家庭为核心的产业化与县域城镇化，通过在地化空间的嵌入①，推动了乡村现代化转型和乡村工业化发展。

工业产业与农业产业相结合推动的县域城镇化实践为农民城镇化道路提供了一种新的选择，尤其是对广大中西部乡村地区城镇化能够提供一定启发。其区别于传统城镇化实践道路下的城乡失衡秩序，成为多数乡村地区普通农民家庭相对低预期的城镇化生活需要。同时，它还推动了乡村社会现代化进程和农民家庭生活的现代化转型。虽然农业产业结构和工业产业化均需要一定的时间周期，短期内可能无法兑现市场经济效益以支撑农民家庭扩大化再生产目标的实现，从而为农民家庭进入县城并生产生活在城提供产业资源基础，但是从乡村振兴发展和县域经济发展的城乡一体化发展格局出发，推动乡村农业产

---

① 邱婷：《从"城乡失衡"到"城乡均衡"：乡村振兴背景下的农业产业化与就地城镇化实践》，《华中农业大学学报》（社会科学版）2022 年第 4 期。

业现代化，支持小农经济发展，提升乡村经济活力，为县域工业化发展提供基础支撑，推动乡村社会现代化建设和县域经济发展是具有深远战略意义的实践道路。基于产业基础推动农民县域城镇化，应以乡村社会发展和农民利益为核心优化调整产业结构。不仅要形成农业支持工业、工业反哺农业的工农互为支撑的基础格局，而且要在政策上推动城乡公共服务体系均等化，继续完善乡村农业产业体系，逐步缩小城乡差距，提升农民收入水平，以产业化推动乡村社会现代化，最终实现城乡融合发展，实现更高质量的以农民为主体的县域城镇化。

第二节　基层社会现代化与中国县域城镇化道路走向

可以看到，不同产业基础下的农民县域城镇化重构了县乡社会的家庭生活秩序，倒逼农民家庭做出策略性调适，以应对城镇化进程中的问题和实现城镇化目标。从广大中西部乡村地区的农民城镇化来看，产业发展与城镇化规模不相一致导致了农民家庭资源投入内卷、家庭传统伦理代际关系被冲击和生育意愿主观抑制、城镇化策略几大问题。在此过程中，虽然农民家庭以家庭内部劳动力配置的精细化分工和半脱产城镇化策略应对城镇化挑战，但是从长远来看，农民家庭策略的调适仍然需要县域产业经济发展的支撑，以减轻农民进城负担，扩大县域内需，最终实现以人为核心的城镇化。基于此，笔者认为应当从减轻负担、提供城乡均等化公共服务和推动产业发展几方面做出调整。

第一，减轻农民家庭负担和现实焦虑。农民家庭对于下一代教育的经营过于焦虑，形成家庭无限度参与以及市场投资"趁虚"而入的家庭经营策略，造成夫妻两地分居，出现离异和出轨问题，冲击家庭情感关系和稳定秩序。同时，父母对于子代教育的高期待，造成亲子关系紧张，学生自杀现象令人叹惋，因此，学生心理健康问题需要引起重视。家庭是温情的港湾，要还孩子一个心理栖息的心灵驿站，不要让孩子把手机当成陪伴者，造成手机依赖和网瘾现象。值得反思的是，虽然"双减"政策收缩了市场教育培训机构的办学，规范了学科类市场培训班的市场秩序问题，但是农村家庭又产生了新的焦虑。他们认为农村家庭与城市家庭教育上仍存在不公平，城市家庭的孩子即使不上培训班还可以请一对一的家教。笔者认为，造成这种教育焦虑的实质在于对学校教育的不信任。基于此，以学校为主阵地的县域教育要继续在城乡义务教育资源均衡上做出努力，不仅平衡城乡师资和教学环境的软硬条件资源，还要注意在城镇化过程中把握学校教育中农村家庭城镇化教育焦虑的负担问题，提供充分的学校教育支持，保证教育资源的投入速度与农民教育需求相适应。

　　第二，促进县、乡、村三级公共服务体系均等化。农民家庭县域城镇化推力是县城公共服务体系建设优越于乡村社会带来的农民家庭由乡到城的向上流动，比如县城教育资源的吸附力。当乡村教育体系无法满足农民家庭转型期的需求时，教育城镇化成为超出部分家庭能力范围的被迫选择，从而带来了农民家庭进城负担，导致农民进城的速度与农民家庭发展阶段和能力不相匹配，也无法提升县域城镇化质量。基于此，笔者认为推动县域城镇化需要进一步完善城乡公共服务体系建设，当县域公共服务承载力有限时，乡村公共服务体系应当成为兜底型保障，提供可以满足农民对美好生活日益需要的公共品供给服务。如此，农民可以基于家庭发展能力选择是否进城，而不是由于乡村公共服务劣于县城而被迫进城。同时，保障农民收入分配公平，针对返乡农民工带来的新一轮县域劳动力剩余以及产业结构调整，县域城镇化要在减轻农民负担和释放县城公共服务体系压力上，实现县域城镇化经济效益、政绩效益和农民利益多元共赢的高质量城镇化建设。

　　第三，推动县域发展和产业升级。县域产业发展要在县乡村现代家庭教育策略转型过程中起到稳定器作用，研判县域劳动力市场和新一轮的县域劳动力剩余以及产业发展空间。要保障农民家庭城镇化教育过程中教育融入权利，一方面要以教育政策，如"双减"政策引导县域教育环境建设和发展，保障合理公平的教育秩序；另一方面，要着力发展县域产业，完善县域市场就业，以工业发展带动农业发展，以形成县域经济发展和乡村振兴的新型工农互助模式。首先，要立足本地县域资源条件，建立优势产业，打造县域产业发展基础；其次，加快对接东部沿海发达地区第二、三产业转移契机，引进资本和企业，带动本地产业体系完善，扩大就业空间；再次，提供返乡的一代农民工劳动力就业机会，创造农民工返乡后增加经济收入的渠道，保障农民城镇生活稳定，以生产促消费，发展县域经济。"双减"政策解放了家庭在教育方面的资源投入和亲代陪伴的压力，学校重新主导学生学习安排，在教育关系上形成了合理的分工秩序。在农民工返乡回归家庭的背景下，亲代参与家庭教育和城市兼业可以解决家庭教育发展目标和家庭经济积累之间的矛盾，其中，县域产业发展在县乡村现代家庭教育策略转型过程中起到稳定器作用，稳定了县域教育结构和秩序，保障农民追求美好生活的权利。

基于上文的分析，要继续在新型城镇化发展规划下推进以县城为重要载体的城镇化，必须使城镇化发展与县域社会产业基础相契合。我国的产业基础具有以下两方面的基本特征，一方面，在地理空间上具有明显的区域差异。主要依据资源环境的空间分化形成以东部沿海发达地区为典型代表的工业型乡村和中西部地区的传统农业型乡村，半工半农型乡村本质上则还是以农业产业为支撑建立起的工农互补型产业体系的乡村，其内发性的产业基础更加接近农业型乡村，但是与传统农业型乡村相比，其乡村社会经济剩余更丰沛、社会结构的现代化程度也更高。另一方面，产业基础的经济社会效益形成需要一定的周期。我国资源分布和经济发展不均衡的国情决定了各个区域的产业结构各有差异，大部分乡村地区仍处在且将在较长周期内以农业产业为主。因此，要形成与县域社会现代化转型相契合的现代产业基础需要较长的周期。这两方面特征决定了我国当前推进县域城镇化的基本方向。

从整体来看，东部沿海发达地区依据先天的市场经济优势和由此形成的发达工业产业体系，已经形成覆盖家庭不同年龄阶段劳动力的非农就业市场体系，实现了高度非农化的家庭劳动力配置，在一定程度上实现了县域发展与乡村建设的相互统一，为农民进城生产生活，实现有质量的市民化生活提供了充足条件。需要注意的是，以县城为重要载体的城镇化建设本质上是以实现人的城镇化为根本目标，并以更好地满足农民到县城就业安家为动力，从而为实施扩大内需战略、协同推进新型城镇化和乡村振兴提供有力支撑。为了实现这一目标，各地县城掀起了一股"招商引资"热潮，积极发展产业以求扩大社会就业面，以调整和优化产业结构，形成符合县域城镇化需求的产业基础。然而，就全国大部分乡村地区看，全国务工市场对乡村市场的挤压，不仅冲击了传统小农生产体系，而且吸附了大批青壮年劳动力。在本地剩余劳动力难以匹配工业生产需求，并且现有产业基础无法承接低端制造业转移的背景下，需要基于内部条件，形成较为稳定的产业基础，尤其是基于农业产业对工业产业的基础性支撑作用，形成农民有主体性参与的县域城镇化。唐镇在市场经济发展初期因地制宜发展脐橙产业留住了劳动力，并且为家具工业生产提供了资源基础和稳固的后方支持，补充了工业生产市场短板，形成工农互促的产业基础格局，推动了县乡社会的现代化转型和县域城镇化。正如有学者指出，"农业产业区将小规模的分散经营者聚合在一起，形成了小规模经营者与大市场的有效连接机制，实现以小博大，有利于区域合理分工和布局，提高生产效率，减少市场的波动性"①。

在大部分中西部传统农业型乡村地区，由于受到市场经济的冲击，当地农民家庭青壮年劳动力进入大城市务工，农民仍然处在买房进城的初级县域城镇化阶段。显著可见的是，近年来，部分乡村地区的传统社会生活秩序被重构：一是随着大量劳动力流失，乡村地区小农生产体系难以维持，农田基础设施建设难见效益，大部分以资本或企业进驻的规模化农业普遍亏损折返，只留下一个烂摊子，低龄老人既无经济收入又无产业可靠；二是市场经济的高速发展使得农民的城镇化实践先于市民化身份的转型，尤其表现在为下一代教育和子代结婚而买房进城的实践行为。由于工业生产体系缺位，农民家庭经济负担较重，且不得不面临一个家庭三重空间的差异化生活制度，导致家

---

① 郑风田、程郁：《从农业产业化到农业产业区——竞争型农业产业化发展的可行性分析》，《管理世界》2005 年第 7 期。

庭生活完整性的缺失。需要说明的是，小农生产体系的建立并不是农民家庭进城的充分必要条件，而是农业生产作为地方产业生态的基础性因素。从农民城镇化角度看，中国小农生产体系不仅使每个农民都可以从农村获得城镇化所需的资源，而且限制了市民通过市场化方式占有稀缺的农村资源（王海娟，2015）。因此，在有条件发展现代农业的地方和较适合调动小农生产体系的地方，实现因地制宜，激活农业生产对工业的支持性作用，为劳动力回流和工业化生产提供保障。

　　这就需要进一步发挥地方政府的行政作用，在以农业和工业结构化调整基础上建立起面向农民市场化需要的非农就业产业体系。正如有学者指出，"产业结构调整是一种全局性、倾向性、先导性的行为，往往走在市场行为的前面，需要运用行政的力量加以干预，最核心的问题并不是争论市场主导还是政府主导，而是政府到底怎么做才能做到恰如其分、恰到好处"①，建立与地方社会发展相适配的产业基础。在实践中，一些地区已经做出了有效的探索，例如，浙江一些地区加工发展迅猛，几乎遍布浙江省所有欠发达地区乡村，基于当地产业基础将乡村劳动力与城市连接起来，推动了城乡发展②；一些中西部乡村地区，以家庭经营为乡村产业的经营基础，乡村产业依托既有城镇节点、历史传统、自然资源、劳动力以及社会关系，形成了一个多元、分散、灵活的非农化就业体系③。在这些地区，不是由外至内的产业转移输入，而是由内部生发的基于一定传统生产秩序的产业基础支持，推动了农民县域城镇化与产业化的一体式发展，最终达到与人的城镇化目标相匹配的结果。通过产业基础的建立，农民家庭县域城镇化的能力得以提升，乡村社会结构的传统性和家庭生活的完整性得以维系，这些均构成农民家庭县域城镇化的关键要素。

　　它们的核心都在于，避免外部产业转移的直接叠加而依靠内部产

---

① 顾丽敏：《论产业结构调整中政府的角色定位与作用发挥》，《现代管理科学》2013年第 6 期。

② 付伟：《城乡融合发展进程中的乡村产业及其社会基础——以浙江省 L 市偏远乡村来料加工为例》，《中国社会科学》2018 年第 6 期。

③ 付伟：《城镇化进程中的乡村产业与家庭经营——以 S 市域调研为例》，《社会发展研究》2018 年第 1 期。

业基础逐步完善非农产业结构，以增加农民收入，提升乡村社会经济剩余，并由此实现乡村社会向县域社会的现代化转型，从而实现农民家庭现代化转型。而且，区别于依赖外部工业资源输血式的产业转移，这些实践探索基于内部产业基础和优势保持了乡村社会的生产生活秩序，地方政府只需要提供产业生产上的基础服务，其核心仍然是以农民为主体的市场化参与和城镇化融入。可以说，以人为核心的城镇化建设，同样达到了服务于基层社会现代化转型的目的。

可以看到，通过产业化推动县域城镇化只有匹配与乡村社会产业基础相一致的产业体系，才能够实现以县城为重要载体的城镇化，并达到城乡均衡发展秩序。我国的产业基础具有区域空间与发展阶段上的不平衡性特征，因此，实现县域城镇化不在于盲目吸附乡村要素资源进入城镇，例如，"有些地方政府建设教育新城，大力推进以教育新城为主导的县域城镇化模式，即大力兴办各类学校，吸引学生入城读书，再以房地产与入学指标相挂钩，实现县域城镇化。在此过程中，地方政府通过'土地财政＋银行贷款'、城投公司、融资平台等方式获得了超前发展的机会，但是城投债的大规模、无监管式放开，可能导致地方金融风险积累进而引发系统性金融风险、危及宏观经济稳定"①。

中国社会现代化转型与乡村经济社会的复杂性构成了推动工业化与城镇化的基本特征。中国城镇化道路的选择应当尊重农民主体性参与和城乡发展规律，以产业基础为抓手，走工业化和城镇化良性互动、城乡一体化发展的"渐进式城镇化道路"。缺乏产业基础，仅仅靠县城基础设施和公共服务来吸引农民进城买房的县域城镇化，显然是不可持续的。对我国来说，以县城为载体的分类式城镇化特色路径正是基于对中国产业基础复杂性的认识做出的实践调适，并在这一基础上，建构以产业基础内发为核心且面向非农就业体系的产业体系，从而渐进式地推动农民县域城镇化，实现乡村社会现代化转型和农民对美好生活的追求。

---

① 刘超：《城镇化进程中的农民家庭策略与发展型家庭秩序——基于"一家三制"的讨论》，《宁夏社会科学》2022 年第 1 期。

第三节　产业基础视角下的县域城镇化研究

本书以产业基础视角为切入点，打破了原有的单线性资源嵌入视角与城乡二元结构视角，围绕县域城镇化不同的产业基础条件进行了探讨，为当前县域城镇化的实践逻辑提供了一个较为完善的分析框架。本书认为，产业基础是农民县域城镇化进程中经济—社会互动性关系的显化要素，并进一步反思了城乡均衡发展与基层社会现代化转型的条件，论述了产业基础与我国县域城镇化、基层社会现代化之间的相互作用。文章构建出以城乡一体化结构为中心的城镇化实践分析范式，以及资源环境与行动取向的分析框架，将三个典型乡镇作为范例，基于产业基础的差异特征将村庄分为了现代型乡村、半工半农型乡村、传统农业型乡村三个典型，并由此引申出中西部地区县域城镇化面临的问题，并将县域城镇化的实践逻辑进一步延伸到城乡经济社会系统发展与基层社会现代化转型的层次，实现了微观到中观的理论结合。探索产业基础视角下的县域城镇化实践对于在城乡一体化发展的大背景以及未来的中国式现代化背景下的县域现代化发展具有重要的现实意义。

从文章的内容来看，本书从乡村产业发展进程的现状入手，以它为引子，在梳理不同时期乡村产业发展脉络的基础上，按照不同产业基础的村庄类型，结合产业发展理论构建出以城乡一体化为中心的城镇化实践分析范式，以及资源环境与行动取向的分析框架。在分析不同产业基础的乡村县域城镇化问题的基础上，对当前的产业基础理论进行反思，并提炼出县域城镇化与县域经济社会均衡关系的建构逻辑，最终对于县域城镇化进程中经济—社会系统之间不相匹配的悖论进行思考，逐渐揭示产业基础的理论意义以及它的转型对于县域城镇化的相互作用。

作为乡村与城市互为关联的城镇化要素，农民县域城镇化实践深刻受到产业基础的影响，农民家庭的劳动力配置、资源配置、家庭发展目标是其中的关键要素。从产业基础的性质看，产业基础是基于县域产业中的传统社会结构的一种内发，其虽然受到外部市场经济的影响，但是由于产业基础扎根，乡村社会结构并未受到市场经济冲击，依托这一产业基础，乡村生产生活秩序未被冲击，并进一步增加了经济剩余和建构了非农产业体系。在这一背景下，县域经济—社会系统才能够以均衡的生产体系实现农民县域城镇化的目标，同时扩大市场内需和推动国家基层社会现代化转型。基于此，可以看到，产业基础作为影响国家基层社会现代化转型的重要变量，其背后是经济与社会互动性关系的系统调适，县域城镇化战略制定和策略执行需要处理好经济系统与社会系统的均衡关系，并逐步实现县乡社会公共服务体系均等化。

参考文献

一 中文文献

【著作类】

埃米尔·涂尔干：《社会分工论》，渠敬东译，生活·读书·新知三联书店 2005 年版。

保罗·巴兰：《增长的政治经济学》，蔡中兴等译，商务印书馆 2014 年版。

布迪厄等：《再生产——一种教育系统理论的要点》，邢克超译，商务印书馆 2002 年版。

凡勃伦：《有闲阶级论》，蔡受白译，商务印书馆 2017 年版。

费孝通：《江村经济》，上海人民出版社 2007 年版。

费孝通：《江村经济》，上海人民出版社 2013 年版。

费孝通：《乡土中国—生育制度》，北京大学出版社 1998 年版。

费孝通：《学术自述与反思》，生活·读书·新知三联书店 1996 年版。

贺雪峰：《城镇化的中国道路》，东方出版社 2014 年版。

贺雪峰：《华中村治研究（2016 年卷)》，社会科学文献出版社 2016 年版。

胡锦涛：《坚定不移沿着中国特色社会主义道路前进　为全面建成小康社会而奋斗——在中国共产党第十八次全国代表大会上的报告》，人民出版社 2012 年版。

黄宗智：《长江三角洲小农家庭与乡村发展》，中华书局 2000 年版。

林挺进、宣超：《中国新型城镇化发展报告》，北京大学出版社 2015 年版。

刘彦随等：《中国乡村发展研究报告——农村空心化及其整治策略》，科学出版社 2011 年版。

马尔图切利：《现代性社会学：二十世纪的历程》，姜志辉译，译林出版社 2007 年版。

马克思、恩格斯：《马克思恩格斯选集：第三卷》，人民出版社 2012 年版。

马克思：《资本论·第一卷》，马克思恩格斯列宁斯大林著作编译局，人民出版社 2012 年版。

马克思：《资本论·第三卷》，马克思恩格斯列宁斯大林著作编译局，人民出版社 2012 年版。

麦克·布洛维：《公共社会学》，沈原译，社会科学文献出版社 2007 年版。

潘维：《农民与市场——中国基层政权与乡镇企业》，商务印书馆 2003 年版。

皮埃尔·布迪厄、华康德：《实践与反思》，李猛、李康译，中央编译出版社 1998 年版。

施坚雅：《中国农村的市场和社会结构》，史建云、徐秀丽译，中国社会科学出版社 1998 年版。

塔尔科特·帕森斯：《社会行动的结构》，张明德等译，译林出版社 2003 年版。

项飚：《跨越边界的社区：北京"浙江村"的生活史》，生活·读书·新知三联书店 2000 年版。

谢勒：《产业市场结构与经济绩效》，萧峰雄译，台湾：国民出版社 1991 年版。

尤尔根·哈贝马斯：《重建历史唯物主义》，社会科学文献出版社 2000 年版。

詹姆斯·C.斯科特：《国家的视角：那些试图改善人类状况的项目是如何失败的》，王晓毅译，社会科学文献出版社 2012 年版。

【论文类】

安永军：《中西部县域的"去工业化"及其社会影响》，《文化纵横》2019 年第 5 期。

白景坤、张双喜：《专业镇的内涵及中国专业镇的类型分析》，《农业经济问题》2003 年第 12 期。

白永秀、王颂吉：《城乡发展一体化的实质及其实现路径》，《复旦学报》（社会科学版）2013 年第 4 期。

陈家喜、刘王裔：《我国农村空心化的生成形态与治理路径》，《中州学刊》2012 年第 5 期。

陈向明：《社会科学中的定性研究方法》，《中国社会科学》1996 年第 6 期。

陈义媛：《资本下乡：农业中的隐蔽雇佣关系与资本积累》，《开放时代》2016 年第 5 期。

崔援民、刘金霞：《中外城市化模式比较与我国城市化道路选择》，《河北学刊》1999 年第 4 期。

董翀：《产业兴旺：乡村振兴的核心动力》，《华南师范大学学报》（社会科学版）2021 年第 5 期。

段成荣、吕利丹、王宗萍：《城市化背景下农村留守儿童的家庭教育与学校教育》，《北京大学教育评论》2014 年第 3 期。

樊烨、龙粤泉、李昱霖：《我国产业转移的现状、问题及建议》，《中国发展观察》2020 年第 Z2 期。

方创琳：《中国新型城镇化高质量发展的规律性与重点方向》，《地理研究》2019 年第 1 期。

费孝通：《个人·群体·社会——一生学术历程的自我思考》，《北京大学学报》（哲学社会科学版）1994 年第 1 期。

冯小：《陪读：农村年轻女性进城与闲暇生活的隐性表达——基于晋西北小寨乡"进城陪读"现象的分析》，《中国青年研究》2017 年第 12 期。

付伟：《城乡融合发展进程中的乡村产业及其社会基础——以浙江省 L 市偏远乡村来料加工为例》，《中国社会科学》2018 年第 6 期。

付伟：《城镇化进程中的乡村产业与家庭经营——以 S 市域调研为例》，

《社会发展研究》2018 年第 1 期。

付伟：《乡土社会与产业扎根——脱贫攻坚背景下特色农业发展的社会学研究》，《北京工业大学学报》（社会科学版）2019 年第 5 期。

高鹏：《农村地区特色产业经济发展现状与改善对策研究》，《现代经济探讨》2022 年第 1 期。

高万芹：《双系并重下农村代际关系的演变与重构——基于农村"两头走"婚居习俗的调查》，《中国青年研究》2018 年第 2 期。

"工业化与城市化协调发展研究"课题组：《工业化与城市化关系的经济学分析》，《中国社会科学》2002 年第 2 期。

辜胜阻、李正友：《中国自下而上城镇化的制度分析》，《中国社会科学》1998 年第 2 期。

顾朝林：《改革开放以来中国城市化与经济社会发展关系研究》，《人文地理》2004 年第 2 期。

关信平、刘建娥：《我国农民工社区融入的问题与政策研究》，《人口与经济》2009 年第 3 期。

桂华：《城乡"第三极"与县域城镇化风险应对——基于中西部地区与东部地区比较的视野》，《中州学刊》2022 年第 2 期。

桂华：《城乡三元结构视角下的县域城镇化问题研究》，《人民论坛》2021 年第 14 期。

郭芹、高兴民：《农民工半城镇化问题的多维审视》，《西北农林科技大学学报》（社会科学版）2018 年第 3 期。

何倩倩：《城市近郊农民市民化的路径研究——基于家庭策略的视角》，《中共宁波市委党校学报》2019 年第 5 期。

何颖、刘洪：《乡村振兴战略背景下劳动力回流机制与引导对策》，《云南民族大学学报》（哲学社会科学版）2020 年第 5 期。

贺雪峰：《半市场中心与农民收入区域差异》，《北京工业大学学报》（社会科学版）2020 年第 4 期。

贺雪峰：《"老人农业 + 中坚农民"的结构 中西部农村社会结构发生了哪些变化》，《人民论坛》2019 年第 14 期。

贺雪峰、仝志辉：《论村庄社会关联——兼论村庄秩序的社会基础》，《中国社会科学》2002 年第 3 期。

洪秀敏、杜海军、张明珠：《乡村振兴战略背景下幼儿园教师队伍建设"中部塌陷"的审思与治理》，《华中师范大学学报》（人文社会科学版）2021 年第 2 期。

侯慧丽：《市场化教育与公共教育对教育不平等的作用机制》，《中国青年研究》2020 年第 12 期。

黄佳鹏：《联合式家庭：新冠肺炎"家庭聚集型"传播及其防控的经验启示》，《中国农业大学学报》（社会科学版）2020 年第 5 期。

黄佳鹏：《农民工城市社会融入的组织整合路径》，《华南农业大学学报》（社会科学版）2019 年第 1 期。

黄宗智：《连接经验与理论：建立中国的现代学术》，《开放时代》2007 年第 4 期。

黄宗智：《认识中国——走向从实践出发的社会科学》，《中国社会科学》2005 年第 1 期。

姜长云：《关于构建乡村产业体系的思考》，《山西师大学报》（社会科学版）2022 年第 2 期。

姜长云：《新发展格局、共同富裕与乡村产业振兴》，《南京农业大学学报》（社会科学版）2022 年第 1 期。

焦长权、董磊明：《从"过密化"到"机械化"：中国农业机械化革命的历程、动力和影响（1980—2015 年）》，《管理世界》2018 年第 10 期。

孔祥智：《产业兴旺是乡村振兴的基础》，《农村金融研究》2018 年第 2 期。

雷万鹏、张子涵：《公平视野下农民工随迁子女教育政策研究》，《华中师范大学学报》（人文社会科学版）2022 年第 6 期。

李爱民：《中国半城镇化研究》，《人口研究》2013 年第 4 期。

李炳坤：《发展现代农业与龙头企业的历史责任》，《农业经济问题》2006 年第 9 期。

李克强：《协调推进城镇化是实现现代化的重大战略选择》，《行政管理改革》2012 年第 11 期。

李强、陈宇琳、刘精明：《中国城镇化"推进模式"研究》，《中国社会科学》2012 年第 7 期。

李晓琳：《进一步完善农民工随迁子女教育政策——基于对 46 个地级及以上城市的问卷调查》，《宏观经济管理》2022 年第 6 期。

李永萍：《功能性家庭：农民家庭现代性适应的实践形态》，《华南农业大学学报》（社会科学版）2018 年第 2 期。

李永萍：《家庭发展能力：农村家庭策略的比较分析》，《华南农业大学学报》（社会科学版）2019 年第 1 期。

李永萍：《农民城市化的区域差异研究——市场区位条件的视角》，《经济社会体制比较》2021 年第 1 期。

李永萍：《维持型家庭与贫困再生产——基于对贵州石阡县集中连片贫困地区的实证调查》，《吉首大学学报》（社会科学版）2020 年第 4 期。

李永萍：《新家庭主义与农民家庭伦理的现代适应》，《华南农业大学学报》（社会科学版）2021 年第 3 期。

李勇、王莉：《劳动力市场分割与滞后城镇化：理论与经验证据》，《经济问题探索》2017 年第 10 期。

李云峰：《中国家庭伦理共同体的时代变迁、现状审视及逻辑建构》，《伦理学研究》2022 年第 1 期。

林毅夫、李永军：《比较优势、竞争优势与发展中国家的经济发展》，《管理世界》2003 年第 7 期。

林永新：《乡村治理视角下半城镇化地区的农村工业化——基于珠三角、苏南、温州的比较研究》，《城市规划学刊》2015 年第 3 期。

刘爱梅：《农村空心化对乡村建设的制约与化解思路》，《东岳论丛》2021 年第 11 期。

刘超：《城镇化进程中的农民家庭策略与发展型家庭秩序——基于"一家三制"的讨论》，《宁夏社会科学》2022 年第 1 期。

刘菁华：《乡村振兴下的农村"空心化"治理分析》，《中国集体经济》2021 年第 34 期。

刘丽娟：《新生代农民工就近城镇化形成机制、实践基础及发展路径》，《重庆社会科学》2020 年第 10 期。

刘利鸽、包智俊、刘红升：《"老有所依"抑或"劳有所依"：乡村特色产业发展视角下农村老人的经济支持研究》，《宁夏社会科学》2020

年第 4 期。

刘彦随、严镔、王艳飞：《新时期中国城乡发展的主要问题与转型对策》，《经济地理》2016 年第 7 期。

刘彦随、杨忍：《中国县域城镇化的空间特征与形成机理》，《地理学报》2012 年第 8 期。

刘彦随：《中国新时代城乡融合与乡村振兴》，《地理学报》2018 年第 4 期。

刘益东：《面向用户的开放评价与一流学科建设——从"以尖识才"力破"五唯"开始》，《科技与出版》2021 年第 2 期。

刘永飞、徐孝昶、许佳君：《断裂与重构：农村的"空心化"到"产业化"》，《南京农业大学学报》（社会科学版）2014 年第 3 期。

刘志刚、陈安国：《乡村振兴视域下城乡文化的冲突、融合与互哺》，《行政管理改革》2019 年第 12 期。

龙斧、王今朝：《核心消费决定论——从市场与消费的结构性扭曲看中国内需不足的根本影响因素》，《河北经贸大学学报》2015 年第 6 期。

龙茂乾、项冉、张践祚：《梯度城镇化的村庄解析：以福建上杭为例》，《地理科学》2016 年第 10 期。

卢晖临、李雪：《如何走出个案——从个案研究到扩展个案研究》，《中国社会科学》2007 年第 1 期。

卢青青：《经营村庄：项目资源下乡的实践与困境》，《西北农林科技大学学报》（社会科学版）2021 年第 6 期。

陆大道、姚士谋、李国平、刘慧、高晓路：《基于我国国情的城镇化过程综合分析》，《经济地理》2007 年第 6 期。

陆铭、陈钊：《城镇化、城市倾向的经济政策与城乡收入差距》，《经济研究》2004 年第 6 期。

陆益龙：《后乡土性：理解乡村社会变迁的一个理论框架》，《人文杂志》2016 年第 11 期。

陆益龙：《乡土中国的转型与后乡土性特征的形成》，《人文杂志》2010 年第 5 期。

吕德文：《县域城镇化如何服务乡村振兴》，《乡村振兴》2022 年第 6 期。

吕德文：《"一家两制"：城乡社会背景下美好生活的实践逻辑》，《探索》2021 年第 5 期。

马骏、童中贤、杨盛海：《我国县域新型城镇化推进模式研究——以湖南省域 71 县为例》，《求索》2016 年第 4 期。

马克·贝磊、廖青：《"影子教育"之全球扩张：教育公平、质量、发展中的利弊谈》，《比较教育研究》2012 年第 2 期。

毛一敬：《"全面二孩"何以不"全"？——家庭转型视角下农村青年生育意愿研究》，《湖北行政学院学报》2020 年第 5 期。

毛一敬：《乡村振兴背景下青年返乡创业的基础、类型与功能》，《农林经济管理学报》2021 年第 1 期。

倪鹏飞：《新型城镇化的基本模式、具体路径与推进对策》，《江海学刊》2013 年第 1 期。

聂飞：《农村留守家庭研究综述》，《华南农业大学学报》（社会科学版）2017 年第 4 期。

宁薛平、文启湘：《金融中介发展与城乡收入差距——基于我国经济发展战略的经验研究》，《北京工商大学学报》（社会科学版）2011 年第 3 期。

彭红碧、杨峰：《新型城镇化道路的科学内涵》，《理论探索》2010 年第 4 期。

齐燕：《"县中模式"：农村高中教育的运作与形成机制》，《求索》2019 年第 6 期。

齐燕：《新联合家庭：农村家庭的转型路径》，《华南农业大学学报》（社会科学版）2019 年第 5 期。

邱婷：《从"城乡失衡"到"城乡均衡"：乡村振兴背景下的农业产业化与就地城镇化实践》，《华中农业大学学报》（社会科学版）2022 年第 4 期。

曲衍波、赵丽銮、柴异凡、李砚芬、朱伟亚、平宗莉：《乡村振兴视角下空心村多维形态识别与分类治理——以山东省禹城市房寺镇为例》，《资源科学》2021 年第 4 期。

任浩琦：《浅谈"空心村"现象及其发展构想》，《建筑与文化》2022 年第 3 期。

申明锐、张京祥：《新型城镇化背景下的中国乡村转型与复兴》，《城市规划》2015 年第 1 期。

沈妉：《城乡一体化进程中乡村文化的困境与重构》，《理论与改革》2013 年第 4 期。

沈山、田广增：《专业镇：一种创新的农村小城镇发展模式》，《农村经济》2005 年第 1 期。

盛世豪、张伟明：《特色小镇：一种产业空间组织形式》，《浙江社会科学》2016 年第 3 期。

石忆邵：《专业镇：中国小城镇发展的特色之路》，《城市规划》2003 年第 7 期。

石智雷、邵玺、王璋、郑州丽：《三孩政策下城乡居民生育意愿》，《人口学刊》2022 年第 3 期。

苏永乐、王竹林：《产业基础与制度创新：小城镇发展的二维因素分析——兼论西部地区农村城镇化的路径选择》，《农村经济》2007 年第 6 期。

孙敏：《中国农民城镇化的实践类型及其路径表达——以上海、宁夏、湖北三省（区、市）农民进城为例》，《中国农村经济》2017 年第 7 期。

唐灿：《家庭现代化理论及其发展的回顾与评述》，《社会学研究》2010 年第 3 期。

陶自祥、桂华：《论家庭继替——兼论中国农村家庭区域类型》，《思想战线》2014 年第 3 期。

涂圣伟：《工商资本下乡的适宜领域及其困境摆脱》，《改革》2014 年第 9 期。

王长江：《乡村振兴战略研究中应避免的若干“误区”——基于现代化视角的思考》，《云南民族大学学报》（哲学社会科学版）2020 年第 1 期。

王春光：《第三条城镇化之路：“城乡两栖”》，《四川大学学报》（哲学社会科学版）2019 年第 6 期。

王春光：《农村流动人口的“半城市化”问题研究》，《社会学研究》2006 年第 5 期。

王春光：《我国城镇化发展的"量"与"质"》，《人民论坛》2018 年第
18 期。

王春光：《新生代农村流动人口的社会认同与城乡融合的关系》，《社会
学研究》2001 年第 3 期。

王春光：《中国城市化与社会结构变迁》，《中国农业大学学报》（社会
科学版）2008 年第 3 期。

王德福：《弹性城镇化与接力式进城——理解中国特色城镇化模式及其
社会机制的一个视角》，《社会科学》2017 年第 3 期。

王国刚：《城镇化：中国经济发展方式转变的重心所在》，《经济研究》
2010 年第 12 期。

王海娟：《人的城市化：内涵界定、路径选择与制度基础——基于农民
城市化过程的分析框架》，《人口与经济》2015 年第 4 期。

王珺：《衍生型集群：珠江三角洲西岸地区产业集群生成机制研究》，
《管理世界》2005 年第 8 期。

王黎：《城镇化背景下农民家庭消费策略》，《华南农业大学学报》（社
会科学版）2021 年第 4 期。

王绍琛、周飞舟：《困局与突破：城乡融合发展中小城镇问题再探究》，
《学习与实践》2022 年第 5 期。

王旭清：《寒门温室：城镇化中农家子弟教育的家庭参与机制》，《中国
青年研究》2021 年第 12 期。

文军：《农民市民化：从农民到市民的角色转型》，《华东师范大学学
报》（哲学社会科学版）2004 年第 3 期。

吴福象、沈浩平：《新型城镇化、基础设施空间溢出与地区产业结构升
级——基于长三角城市群 16 个核心城市的实证分析》，《财经科学》
2013 年第 7 期。

吴文恒、李同昇、朱虹颖、孙锦锦：《中国渐进式人口市民化的政策实
践与启示》，《人口研究》2015 年第 3 期。

吴重庆：《超越"空心化"：内发型发展视角下的县域城乡流动》，《南
京农业大学学报》（社会科学版）2021 年第 6 期。

夏柱智、贺雪峰：《半工半耕与中国渐进城镇化模式》，《中国社会科
学》2017 年第 12 期。

夏柱智：《新生代农民工市民化的社会机制研究》，《当代青年研究》
　　2020 年第 1 期。

谢小芹：《"接点治理"：贫困研究中的一个新视野——基于广西圆村
　　"第一书记"扶贫制度的基层实践》，《公共管理学报》2016 年第
　　3 期。

谢志岿：《村落如何终结？——中国农村城市化的制度研究》，《城市发
　　展研究》2005 年第 5 期。

邢成举：《新土地抛荒现象值得关注》，《中国老区建设》2011 年第
　　6 期。

熊景维、张冠兰：《农民工市民化权能：一个综合视角的理论》，《社会
　　主义研究》2022 年第 4 期。

熊万胜、袁中华：《城市与地方关系视角下的城乡融合发展》，《浙江社
　　会科学》2021 年第 10 期。

熊晓云：《珠江三角洲产业集群的机制分析》，《中国软科学》2004 年
　　第 6 期。

徐立成：《"半工半耕"、差序场与农户的差别化食品消费——"一家两
　　制"调查与农户"个体自保"行为分析》，《清华社会学评论》2018
　　年第 2 期。

徐勇：《"接点政治"：农村群体性事件的县域分析——一个分析框架及
　　以若干个案为例》，《华中师范大学学报》（人文社会科学版）2009
　　年第 6 期。

许佳君、孙安琪：《农村空心化背景下乡村文化治理困境及对策研究》，
　　《湖北农业科学》2020 年第 19 期。

杨雄、刘程：《关于学校、家庭、社会"三位一体"教育合作的思考》，
　　《社会科学》2013 年第 1 期。

姚士谋、张平宇、余成、李广宇、王成新：《中国新型城镇化理论与实
　　践问题》，《地理科学》2014 年第 6 期。

叶青、向德平、万兰芳：《中国小农的生存策略与乡村社会的团结再
　　造——基于农民间换工与雇工现象的分析》，《学习与实践》2017 年
　　第 9 期。

印子：《分家、代际互动与农村家庭再生产——以鲁西北农村为例》，

《南京农业大学学报》（社会科学版）2016 年第 4 期。

袁银传、康兰心：《论新时代乡村振兴的产业发展及人才支撑》，《西安财经大学学报》2022 年第 1 期。

翟文华、周志太：《农业资本化替代小农经济势在必然》，《现代经济探讨》2014 年第 10 期。

张龙飞：《乡村振兴背景下劳动力回流机制的探讨》，《农场经济管理》2021 年第 5 期。

张培丽、张培梅：《"三农"问题研究新进展》，《黄河科技学院学报》2020 年第 4 期。

张蔚文、卓何佳、麻玉琦：《特色小镇融入城市群发展的路径探讨》，《浙江大学学报》（人文社会科学版）2018 年第 5 期。

张杨波：《新型城镇化、扩大内需与消费升级》，《浙江学刊》2017 年第 3 期。

张一晗：《教育变迁与农民"一家三制"家计模式研究》，《中国青年研究》2022 年第 2 期。

张占斌：《新型城镇化的战略意义和改革难题》，《国家行政学院学报》2013 年第 1 期。

赵润田：《欠发达地区城镇化与县域经济发展》，《理论学刊》2012 年第 11 期。

郑秉文：《"中等收入陷阱"与中国发展道路——基于国际经验教训的视角》，《中国人口科学》2011 年第 1 期。

郑殿元、文琦、黄晓军：《农村贫困化与空心化耦合发展的空间分异及影响因素研究》，《人文地理》2020 年第 4 期。

郑风田、程郁：《从农业产业化到农业产业区——竞争型农业产业化发展的可行性分析》，《管理世界》2005 年第 7 期。

郑胜利、周丽群、朱有国：《论产业集群的竞争优势》，《当代经济研究》2004 年第 3 期。

周飞舟：《地方产业和就地就近城镇化》，《城市与环境研究》2016 年第 2 期。

周飞舟、王绍琛：《农民上楼与资本下乡：城镇化的社会学研究》，《中国社会科学》2015 年第 1 期。

周飞舟、吴柳财、左雯敏、李松涛：《从工业城镇化、土地城镇化到人口城镇化：中国特色城镇化道路的社会学考察》，《社会发展研究》2018 年第 1 期。

周加来：《城市化·城镇化·农村城市化·城乡一体化——城市化概念辨析》，《中国农村经济》2001 年第 5 期。

朱永新：《家校合作激活教育磁场——新教育实验"家校合作共育"的理论与实践》，《教育研究》2017 年第 11 期。

朱云：《代际差异：农民家庭现代化转型实践与调适》，《华南农业大学学报》（社会科学版）2022 年第 2 期。

朱云：《县域城镇化实践的差异化类型及其形塑机制》，《城市问题》2021 年第 12 期。

朱战辉：《城市化背景下乡村教育转型与农民家庭策略——基于已婚青年妇女陪读现象的经验考察》，《中共宁波市委党校学报》2020 年第 1 期。

朱战辉：《农民城市化的动力、类型与策略》，《华南农业大学学报》（社会科学版）2018 年第 1 期。

【转引文献】

狄金华、郑丹丹：《伦理沦丧抑或是伦理转向？现代化视域下中国农村家庭资源的代际分配研究》，《社会》2016 年第 1 期，转引自吴小英《寻找韧性：代际实践中的情感转向与伦理再造——评〈活在心上：转型期的家庭代际关系与孝道实践〉》，《妇女研究论丛》2021 年第 4 期。

【报纸类】

莫兰：《家庭教育中父职母职都不可缺位》，《中国妇女报》2019 年 1 月 8 日第 3 版。

周忠丽：《作为策略的个案研究：局限及其超越》，《中国社会科学报》2011 年 3 月 17 日第 7 版。

朱云：《从"打工潮"到"返乡潮"》，《社会科学报》2019 年 3 月 14 日第 6 版。

【未刊文献】

仇叶：《村级治理行政化的实践逻辑——基于社会基础的分析视角》，
博士学位论文，华中科技大学，2019 年。

张金涛：《新形势下县级干部队伍的结构优化研究》，博士学位论文，
燕山大学，2014 年。

中华人民共和国国家统计局：《2008 中国统计年鉴》，中国统计出版社
2008 年版。

朱战辉：《落脚县城：县域城镇化的农民参与机制研究》，中国社会科
学出版社 2023 年版。

二　英文文献

Couyoumdjian, J., Larroulet, C., & Díaz, D. A., "Another case of the middle – income trap: chile, 1900 – 1939." *Revista De Historia Económica / Journal of Iberian and Latin American Economic History*, 2022, 40 (1).

Geertz, C., *Agricultural Involution: The Process of Ecological Change in Indonesia*, University of California Press, 1970.

Goldenweiser, A. A., "History, Psychology and Culture." *Nature*, 1933.

Liang, L., Chen, M. & Lu, D., "Revisiting the Relationship Between Urbanization and Economic Development in China Since the Reform and Opening – up." *Chinese Geographical Science*, 2022, 32.

Paul, Krugman, "Increasing Returns and Economic Geography." *Journal of Political Economy*, 1990, 99 (3).

后　记

县域研究领域受到政界和学界极大的关注。学界诸多大家或为推进县域政策优化提出真知灼见，或基于县域研究前沿做出多元解释。学者们的研究从家国情怀出发，立足中华优秀传统文化之根源而孜孜以求，不懈探索，并以服务国家、服务社会、服务家乡作为激励达至一定的学术高度。故此，不论是学术价值的高度还是现实价值的情感温度都引人入胜，激发笔者将生命历程中离我很近却也不那么熟悉的县域作为我的田野，展开对县域城乡关系的研究。本书的案例重点选取了涵盖中国东部和中西部、南方地区和北方地区不同区域特点的县域，前期的县域调查还涉及到其余 24 个县域地区，正是长时期的长线调查和后期集中的田野提炼为本书提供了学术源泉和经验启发。当然，田野调查的过程并非一人之功，日积月累的厚重经验获得，那些数不清多少个夜晚与团队小伙伴激烈讨论的挑灯夜战，基层干部们和乡亲们的耐心帮助等都是这一心血的最美勋章。

本书修改自笔者攻读博士学位期间所完成的博士论文。值此书稿完成之际，虽感不易，但何其有幸得到许多的帮助。我要特别感谢我的导师龙斧教授。龙老师放弃了国外优越的待遇和条件，受邀返回国内从事中国研究，其高尚的学术情操、谦和的为人和严谨治学的人格魅力令人敬佩。龙老师在学生培养上充满耐心，因才施教，总是不遗余力的致力于学生学术能力的提升，从研究方法、论文写作和博论创作到日常学习生活，龙老师都给予了我细心关怀。老师时常以他在国外刻苦求学的研究经历鼓励我攻坚克难，正是由于龙老师积极引导和培养，我才逐渐取得进步和成长，在增长人生阅历的同时顺利完成学业。每每想起这些，我都深感只有做出更好的研究才能不负老师的教导和期待。同时，十分感谢贺雪峰教授的支持，贺老师的学术情怀与热忱深深地感染着我，督促我向前。感谢武汉大学社会学院的桂华教授、张扬波教授、吕德文教授、杨华教授、西北农林科技大学赵晓峰教授、华中科技大学郭亮教授、华中农业大学的李祖佩教授、华中师范大学中国农村研究院的田先红教授、中国地质大学王海娟副教授、南开大学杜鹏副教授等阅读了书稿并提供了宝贵建议。感谢华中科技大学社会学院丁建定教授、吴毅教授、石人炳教授、曹志刚教授、鄢庆丰老师等在我硕士学习期间对我学术生活上的指导和关心。感谢在我本科时期指导我学习的李晓方教授，是他鼓励我进一步深造并不吝支持。

感谢我的工作单位中山大学支持我出版专著，很幸运加入中山大学马克思主义学院大家庭，这是一个优秀的集体，相信我可以在这里继续成长并为单位贡献自己的学术力量。感谢中国社会科学出版社的支持，专家老师们认真负责的编审工作为本书出版增添了许多亮点。在此，特别感谢郭鹏主任和高俐老师的辛勤付出，为本书顺利出版做了大量工作。

当然，能够通过学术之路领略到不一样的成长经历和人生风景，得益于这个伟大的时代和无数默默无闻并付出艰苦卓绝努力的人。由衷感谢曾支持我们调查的父老乡亲们和辛勤工作的基层干部，他们接受我们访谈的每一分钟对我来说都弥足珍贵，这也成为我做好研究的不竭动力。

由衷感谢家人对我的帮助和支持，特别感恩父母对我的培育，是他们坚定了我以学术为志业的理想和信心。我的爱人为家庭付出很多，书本问世之际，我们也即将迎来爱情的结晶。同时，希望自己不负这个时代，做一个对国家有用，对家人充满呵护和爱的人。

最后，这本书献给我无比怀念的外公，外公因病于去年逝世，他没有看到书稿正式出版对我而言是一个遗憾。外公是我们国家第一代村干部，在我的童年记忆里，上个世纪 90 年代，外公总是早出晚归，忙于村里的大小事情，奉献了自己最精干的生命时光，他永远是我爱戴和敬爱的人，我们永远不会忘记他。也许，早在那无忧无虑的童年，就已经在少年心里埋下了一颗关注"三农"的种子。

篇章总有结尾，来日之路方长。致时光，敬未来。

2024 年 9 月 27 日
朱云写于中山大学格致园